Claudia Mayerhofer

Dorfzigeuner

Kultur und Geschichte der Burgenland-Roma
von der Ersten Republik bis zur Gegenwart

Picus Verlag Wien

Gedruckt mit Unterstützung des Fonds zur Förderung
der wissenschaftlichen Forschung in Österreich

CIP-Kurztitelaufnahme der Deutschen Bibliothek

Mayerhofer Claudia:
Dorfzigeuner: Kultur u. Geschichte d. Burgenland-
Roma von d. Ersten Republik bis zur Gegenwart /
Claudia Mayerhofer. - Wien: Picus, 1987.
ISBN 3-85452-201-0

2., verbesserte Auflage 1988

Umschlag und Layout:
Dorothea Löcker
Satz und Lithographie:
Fotosatz Rizner, Salzburg · Wien
Druck und Verarbeitung:
Remaprint, Wien
Printed in Austria

ISBN 3-85452-201-0

INHALT

VORWORT

Das vorliegende Werk soll die Veränderung der traditionellen Kultur der Zigeuner im Burgenland, die sich nach dem Zweiten Weltkrieg vollzogen hat, darstellen.

Um diese Entwicklung aufzuzeigen, war es notwendig, die historische Ausgangssituation darzulegen, weil aus der Kenntnis der funktionalen Zusammenhänge in der Vergangenheit die Gegenwartsprobleme besser beurteilt werden können. Zu diesem Zweck habe ich historische Quellen, die sich auf das westungarische Gebiet beziehen, benützt. Angaben über Zigeuner finden sich ab dem 15. Jahrhundert. Nach den historischen Recherchen führte ich eine Dreigenerationenbefragung durch und baute somit meine Forschungen auf die in Wien entwickelte »oral-culture« Methode auf.

So entstand, nicht nur durch die Arbeit in Archiven, sondern auch durch persönliche Gespräche mit Gewährspersonen und Forschern, das Bild eines, bis heute in Österreich noch nicht erforschten Stoffes über die traditionelle Kultur der Zigeuner des Burgendlands. Der Schwerpunkt dieser Arbeit liegt nicht in der Untersuchung der sozialen Ungerechtigkeiten, sondern in der traditionellen Kulturforschung. Alle Faktoren, die die kulturelle Entwicklung beeinflußt haben, wurden berücksichtigt. Es liegt nicht in der Absicht dieser Arbeit, romantische oder politische Klischees zu bestätigen, sondern es sollten die besondere Lebensform und die ungeschriebenen Gesetze der Burgenland-Roma aufgezeigt werden. Nicht den Festtagen und auffallenden Festtagserscheinungen galt das Hauptinteresse, sondern dem Alltag und der gesamten Alltagskultur. Es war daher notwendig, längere Zeit mit dieser Gruppe zu verbringen.

Besonderer Dank gilt allen Gewährspersonen, ohne deren zahlreiche wichtige Informationen diese Arbeit nicht zustande gekommen wäre. Viele Freunde, besonders Herr Mozes Heinschink und Frau Dr. Selma Steinmetz, unterstützten mit wertvollen Hinweisen meine Arbeit. Meiner Mutter, die mit mir viele Fahrten unternahm und mir die gesamte Feldforschung ermöglichte, und meinem Vater, der meine Arbeit in der Phase von Niederschrift und Endfassung unterstützte, möchte ich besonders danken.

HERRSCHAFTSGEBIETE IM 17. UND 18. JAHRHUNDERT

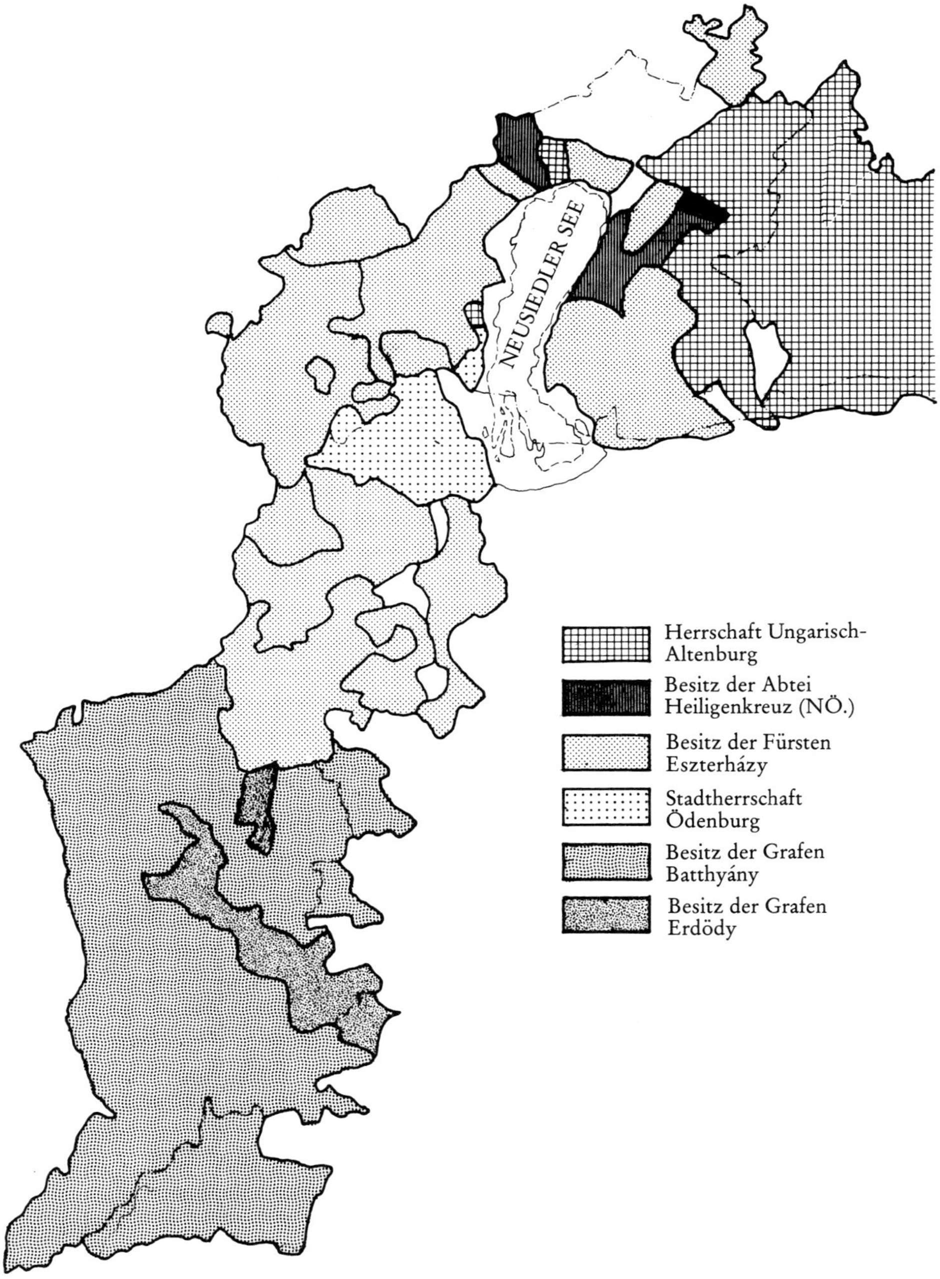

GESCHICHTLICHE VORAUSSETZUNGEN

Seit dem 15. Jahrhundert wanderten verschiedene Gruppen von Zigeunernomaden vom Osten her nach Westungarn ein und durchstreiften das Land. Maria Theresia und ihr Nachfolger Joseph II. versuchten, die Zigeuner zur Seßhaftigkeit zu zwingen. Obwohl diese Versuche zunächst größtenteils scheiterten, haben diese Zigeuner den pannonischen Raum seit damals nicht mehr verlassen und sind noch heute hier seßhaft. Diese Gruppe seßhafter Zigeuner ist unter dem Namen Ungrika-Roma bekannt (Einzahl Rom, Mehrzahl Roma; Roma ist auch die Bezeichnung der Zigeuner in der Zigeuner-Sprache). Durch die Seßhaftigkeit haben diese Zigeuner eine eigene Lebensform entwickelt, die der Region entspricht, und sie von allen anderen Zigeunern Europas deutlich abgrenzt. Obwohl sich meine Arbeit ausschließlich auf die traditionelle Kultur der Ungrika-Roma im Burgenland beschränkt, können die hier lebenden Zigeuner daher nicht vom gesamt-pannonischen Raum losgelöst betrachtet werden.

Das Burgenland entstand 1921 aus den Westteilen der Komitate Moson (Wieselburg), Sopron (Ödenburg) und Vás (Eisenburg) und gehört seither zur Republik Österreich. Da der Sitz des Landesherrn als wirtschaftliches, geistiges und kulturelles Zentrum der jeweiligen Region ausschlaggebend war, müssen hier die landesherrlichen Grenzen der Eszterházy, Batthyány und Erdödy und die Besitzungen des Stiftes Heiligenkreuz im Seewinkel, die in den vorigen Jahrhunderten von größerer Bedeutung als die Landesgrenzen waren, berücksichtigt werden.[1]

Die geschichtlichen Voraussetzungen können durch historische Angaben aus Komitatsarchiven, durch Konskriptionen, Urbarien, Angaben aus Herrschaftsarchiven und den Archiven des Stiftes Heiligenkreuz erhellt werden.

Von dem gebräuchlichen Wort »Romungri« (Rom-Ungar), einer anderen Bezeichnung für Burgenland-Roma, wird in dieser Arbeit abgesehen, da die Gruppe selbst es als Beleidigung empfindet und andere Zigeunerstämme es als Schimpfwort mit der Bedeutung »Zigeuner-Ungar«, »Mischling« oder »Seßhafter« verwenden.

Im Vordergrund der Untersuchung stehen Befragungen und Beobachtungen im gesamten Burgenland unter Zigeunern und Nichtzigeunern bei drei Generationen. Zum Vergleich wurden Befragungen im benachbarten Ungarn berücksichtigt, und die Angaben durch Berichte der Tagespresse, Gesetze, Rundschreiben, Gerichtsbeschlüsse, Tagebucheintragungen, Rechnungen und Chroniken erweitert. Es liegt somit ein dicht gestreutes Dokumentationsmaterial der letzten 200 Jahre vor. Nur wenig berücksichtigt wurden hingegen alle allgemein bekannten Angaben und Theorien der Sekundärliteratur.

Am Ende des 19. Jahrhunderts siedelten sich auch einige Familien des in ganz Europa weit verbreiteten Lowara-Stammes im Seewinkel an. Da sich die Lebensweise dieser Gruppe von den Burgenland-Roma deutlich unterscheidet, wird sie in einigen Kapiteln gesondert erwähnt.

15.-18. Jahrhundert

Die erste Angabe über das Auftreten von Zigeunern in dem behandelten Gebiet von Westungarn stammt aus dem Jahr 1400. Georgius Chigan, ein herrschaftlicher Diener, war Stallknecht in Vasár, im Komitat Eisenburg.[2] Der Familienname Chigan könnte auf die zigeunerische Herkunft des Mannes hindeuten.

Mögen auch einzelne Vorläufer schon früher aufgetaucht sein, so wanderten größere Zigeunergruppen doch erst zu Beginn des 15. Jahrhunderts durch Ungarn. Überall in Europa häuften sich damals die Angaben über Zigeuner. Daraus ist zu schließen, daß in dieser Zeit eine starke Einwanderungswelle von Osten nach Westen stattfand. Der erste auf ungarischem Boden ausgestellte Schutzbrief, der erhalten geblieben ist, trägt die Unterschrift von Sigismund, seit 1386 König von Ungarn und seit 1410 auch Deutscher König. Kaiser des Heiligen Römischen Reiches Deutscher Nation wurde er erst im Jahre 1433. Der Brief wurde am 23. April 1423 in »Sepus« (Zips)[3] ausgestellt. Tatsächlich ist belegt, daß sich König Sigismund genau zu dieser Zeit für wenige Tage auf der Burg Zips, seiner Sommerresidenz, aufhielt, um Verhandlungen mit dem polnischen König zu führen.[4]

Schon sechs Jahre zuvor, als Sigismund am Großen Konzil in Konstanz am Bodensee teilnahm, empfing er 1417 in Lindau, der Nachbarstadt von Konstanz, eine Schar von Zigeunern. Sigismund war ein vielbeschäftigter Mann, und so mag es ein Zeichen seines starken Interesses gewesen sein, daß er sich Zeit für diese Audienz nahm. Jedenfalls stellte er dem Anführer dieser Zigeunergruppe, dessen Namen wir nicht kennen, einen Geleitbrief aus.

In der Zigeunerliteratur ist die Theorie verbreitet, Sigismund hätte nur einen einzigen Schutzbrief für Zigeuner ausgestellt, einen Brief, der allen »Zigeunern« des Reiches Schutz und Privilegien gewährt hätte. Das ist ein Irrtum. Schutzbriefe waren die Vorläufer unserer Reisepässe. Jeder Schutzbrief galt nur für den namentlich genannten Anführer und — wie es gewöhnlich heißt — »seine Gesellschaft«. Sigismund hat nicht nur einen, sondern mehrere Schutzbriefe für Zigeunergruppen ausgestellt.

Der hochgelehrte Chronist von Regensburg, der Presbyter (Kirchenälteste) Andreas, schrieb im August 1424 den Hauptinhalt eines Briefes an einen Woiwoden Ladislaus ab, so daß uns der Inhalt dieses Briefes erhalten geblieben ist.

Freibrief für die Zigeuner, im Jahre 1423.
Sigismund, von Gottes Gnaden Römischer König und stets Mehrer des Reiches, sowie König von Ungarn, Böhmen, Dalmatien, Kroatien, etc.

Einen huldvollen Gruß all unseren treuen Edlen, Soldaten, Burgherren, Beamten, Steuerträgern, freien Bürgerschaften, Landstädten und deren Richtern, die im Reich und in unserem Herrschaftsbereich eingesetzt sind und leben.

Unsere getreuen Untertanen Ladislaus Waywoda und einige andere seiner Zigeuner-Unterführer sind an uns herangetreten und haben an uns die untertänigsten Bitten gerichtet und zwar haben sie hier in Sepus in unserer persönlichen Gegenwart mit größtem Nachdruck darum gebeten und gefleht, wir mögen ihnen aus unserer übergroßen Gnade Schutz gewähren. Daher haben wir, bewogen von ihrem Flehen, geglaubt, daß wir ihnen diesen Freibrief gewähren sollen.

Sooft daher dieser Ladislaus Waywoda und sein Stamm in unser oben erwähntes Herrschaftsgebiet, inbegriffen der Bügerschaften oder Landstädte, gelangt, so vertrauen wir fest auf die von Euch geleisteten Treuegelübde und tragen Euch auf, daß Ihr eben diesen Ladislaus Waywoda und die ihm untergebenen Zigeuner vor jedem Grenzhindernis und jeder Schwierigkeit schützen und bewahren sollt; schließlich sollt Ihr sie vor allen Übergriffen und Angriffen schützen:

Wenn es aber unter ihnen selbst aus ihren eigenen Reihen zu irgendeiner Streiterei oder Unruhe kommen sollte, dann sollt weder Ihr, noch irgendein anderer von Euch, sondern nur eben dieser Ladislaus Waywoda die Befugnis haben, Urteile und Freisprüche zu fällen.

Nach jeweiliger Einsichtnahme muß dieser Freibrief dem Vorzeiger zurückgegeben werden.

Gegeben in Zips (Sepus) am Sonntag vor dem Fest des Heiligen Georg, des Märtyrers, im Jahre des Herrn 1423.

Im 36. Jahre unserer Herrschaft über Ungarn, im 12. Jahre (unserer offiziellen Herrschaft) über Rom (als römisch-deutscher »Kaiser«), im 3. Jahre (unserer wirklichen Herrschaft) über Böhmen.[5]

Sigismund betont in dem Schutzbrief, daß Ladislaus in des Königs Gegenwart um Schutz gefleht habe. Ladislaus wurde also vom höchsten weltlichen Herrscher der Christenheit empfangen. In seinem Schutzbrief spricht Sigismund den Wunsch aus, daß alle ihm, dem König, untertänigen Grundherren und Amtsträger dem Woiwoden Ladislaus und den von diesem abhängigen »Cigani« Schutz gewähren und ihnen gestatten sollen, sich »ohne Gefährdung und Beschwer« innerhalb der Mauern der Städte und Dörfer aufzuhalten. »Daß dieser Brief nur für Ladislaus galt, wird auch dadurch deutlich, daß anderen Zigeunergruppen zur gleichen Zeit von den meisten Städten jeder Zutritt verwehrt wurde. Vermutlich hat Sigismund diesen Schutzbrief aus eigenem politischem Interesse ausgestellt, weil Ladislaus mit seiner Gruppe aus türkischem Gebiet kam und für den König als Nachrichtenquelle wichtig war. Die Türken bedrohten Ungarn und 1396 hatte Sigismund bei Nikopol eine schwere Niederlage gegen sie erlitten. Jede zuverlässige Nachricht darüber, ob die Türken zu einem neuen Krieg rüsteten oder nicht, war für Sigismund sehr wichtig.«[6] Möglicherweise gab es auch ökonomische Gründe, einen Schutzbrief auszustellen. In späteren Jahrhunderten jedenfalls mußte man für ein gewährtes Privileg eine beträchtliche Summe Geld oder Gold bezahlen. 1859 berichtete Steinhard, wie diese »Pilger«

ausgesehen haben, die, seiner Meinung nach, sieben Jahre lang das Reich frei bereisen durften. Die Schilderung scheint einzig auf Spekulation zu beruhen, denn es ist keine historische Quelle bekannt, die Steinhards Theorie belegen würde. Der Kuriosität halber sei die sehr bildhafte Schilderung jedoch trotzdem wiedergegeben.

> Den Zug eröffneten die Frauen, ihre Kleinkinder auf den Rücken gebunden, die Größeren führten sie an der Hand. Darauf folgten zerlumpte Männer, die Zwerchsäcke, Bündel und Schläuche auf den Schultern, Hahnenfedern auf den Mützen und kurze Messer an der Seite trugen. Hinterher kam eine Schar von Spielleuten und Sängern mit Trommeln, Handpauken, Schellen, blechernen Klingdeckeln, Dudelsäcken und kleinen Mohrenpfeifen, die gewaltigen Lärm erzeugten. Es folgten einige Bewaffnete auf ihren Eseln, hinter ihnen wurde eine mit vergoldetem Knopf und mit Büscheln von Roßhaaren geschmückte Stange getragen, von der, an goldenen Schnüren, der pergamentene Freibrief Sigismunds, herunterhing. Neben dieser Stange ritt Woiwode Ladislav auf einem mit Glöckchen geschmückten Maultier. Er trug ungarisches Gewand, das von goldenem Zierrat starrte, seine Mütze war mit Pelz verbrämt, es steckten auch rote Hahnenfedern darauf. Nach ihm wurde das Kochgeschirr der Horde, Schläuche mit Wein und Säcke mit Mundvorrat getragen. Den Abschluß bildeten kräftige Frauen und Männer mit Speeren und ein Schwarm von Troßvolk mit langen Knebelbärten, welche die Sippe vor Angriffen verteidigen sollten. An beiden Seiten der Gruppe liefen Hunde mit.[7]

Ladislaus wird 1424 in Regensburg erwähnt, danach aber finden wir nirgends mehr einen Hinweis auf ihn und seine Gruppe.[8] Der Name Ladislaus war zu jener Zeit in Ungarn und Polen gebräuchlich. Fahrende Zigeuner behielten Vornamen, die in ihrem jeweils letzten Aufenthaltsland gebräuchlich waren, über einige Generationen bei. Daraus kann zunächst geschlossen werden, daß Ladislaus weder in der Türkei, noch in Rumänien geboren worden war.

Da außerdem die ersten Berichte über Zigeuner zunächst aus Ungarn und erst zu späterer Zeit aus Polen aufgetaucht sind, kann angenommen werden, daß sich die Eltern und Großeltern des Ladislaus in Ungarn aufgehalten haben.

Die nächste Angabe, die speziell das Grenzgebiet zwischen Ungarn und Österreich betrifft, stammt aus dem Jahr 1612. Am 16. März erhob der Palatin Graf Georg Thurzo im Auftrag von Erzherzog Ferdinand von Österreich vor König Matthias I. Klage gegen etliche Zigeuner, die von Diebstahl und Raub lebten. Hierauf befahl König Matthias, alle Zigeuner, die ihren Nachbarn Schaden und Belastung zufügten und aus dem Fürstentum Steiermark kommend, Streifzüge im Komitat Eisenburg in den Gebieten des Grafen Thomas Erdödy unternahmen, zu vertreiben und ihnen die Möglichkeit der Niederlassung in Hinkunft nicht mehr zu gewähren.

Alle Zigeuner, die sich bereits im Komitat Eisenburg niedergelassen hatten, sollten wieder vertrieben werden. Auch in jedem anderen Komitat sollte ihnen der Aufenthalt verwehrt werden. Es sollte keine Nachsicht geübt werden, um den Klagen der Bauern zuvorzukommen.

Den Hochwürdigen, Hochherzigen, Edlen, Durchlauchten und Vorzüglichen Herren dem Obergespan und den Vicegespanen, den Stuhlrichtern, den Geschworenen und der Gesamtheit der Herren und Vorzüglichen des Komitats Eisenburg und im übrigen den Herren Freunden, die wir sehr ehren.

Hochwürdige, Hochherzige, Edelste, Vortreffliche und Vorzügliche Herren Freunde, die wir sehr ehren.

Zuallererst unseren Gruß und die Empfehlungen unseres Amtes. Der Durchlauchtigste Fürst und Herr, Ferdinand Erzherzog von Österreich, Fürst von Burgund, Steiermark, Kärnten, Krain, Graf von Tirol und Görz, hat durch sein an Seine Geheiligte Königliche Majestät Unseren Gnädigsten Herrn gerichtetes Schreiben gegen die Zigeuner, einen Volksstamm, der von Diebstahl und Räubereien zu leben gewohnt ist, viele Beschwerden und schwere Klagen vorgebracht, daß dieselben in Gebieten Seiner Majestät Diebstähle und Räubereien begehend sich in Teile des Ungarischen Königreichs und Slavoniens, uzw. jene Teile, die an das Fürstentum Steiermark direkt angrenzen, vorpirschen und von dort gleichsam wie von einem sichereren Unterschlupf aus durch recht häufiges Ausbrechen ihre gewohnten Diebstähle ganz ungehindert begehen; nach deren Beispiel und unter deren Bewachung (Schmiere) nehmen es auch die anderen zum Anlaß, Ähnliches zu probieren — nicht ohne den größten Nachteil und Schaden der Untertanen. Deshalb ersucht uns die besagte Geheiligte Königliche Majestät durch ein besonderes Schreiben im Guten und verlangt, daß wir dem Hochwürdigen und Edlen Herrn Grafen Thomas Erdödy von Eberau Montis Claudii als auch dem erblichen Obergespan des Warasdiner Komitats, ferner dem Banus der Königreiche Dalmatien, Kroatien, Slavonien Ratgeber Seiner Geheiligten Königlichen Majestät, sowie den dem Fürstentum Steiermark benachbarten Komitatsbeamten und Offizialen streng auftragen, daß sie die betreffenden Zigeuner, die ihren Nachbarn schwere Schäden und Nachteile zufügen, sowohl aus den Grenz-

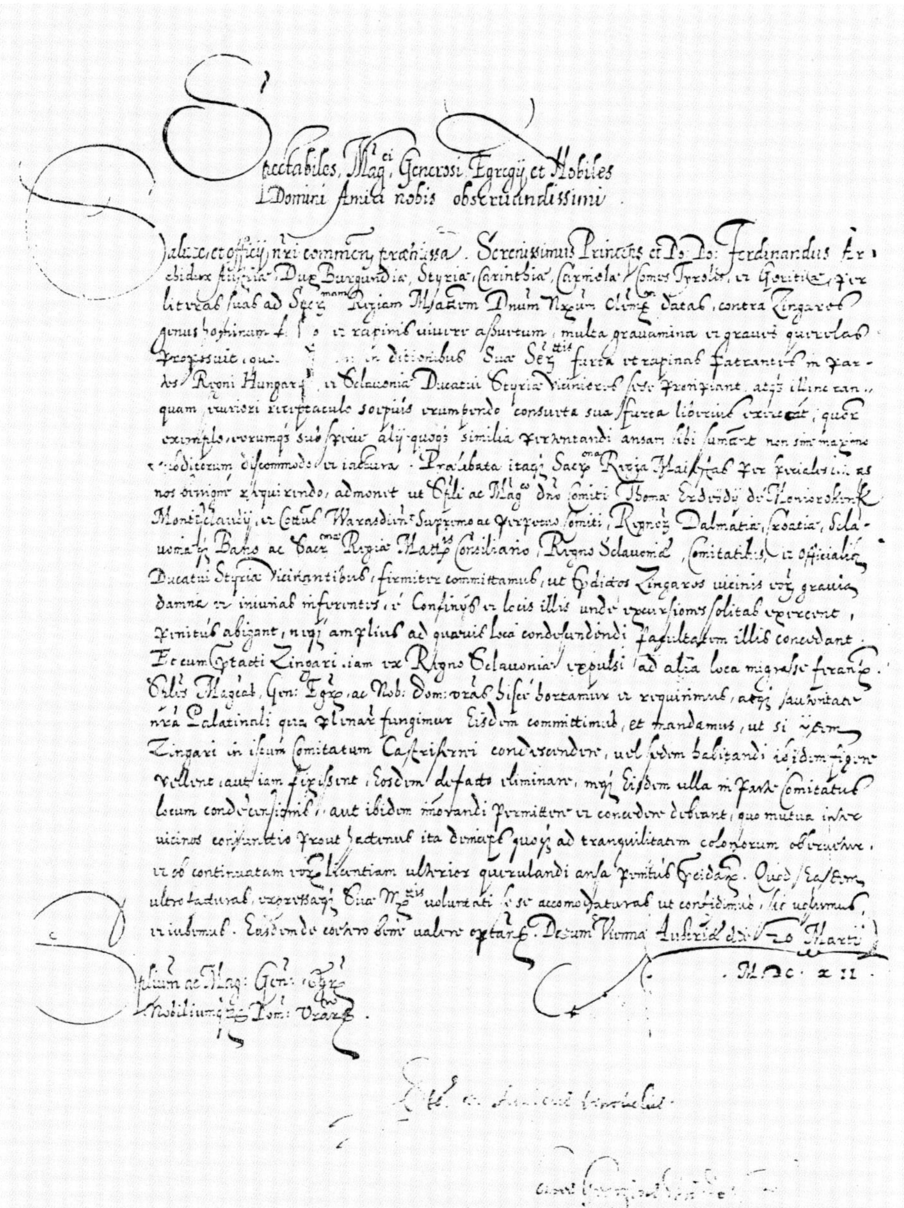

Spectabiles, Mag^ci, Generosi, Egregij et Nobiles
Domini Amici nobis observandissimi.

Originalbrief des Grafen Georg Thurzo in lateinischer Sprache
aus dem Jahr 1612

gebieten als auch aus jenen Gegenden, von wo aus sie die gewohnten Raubzüge machen, gänzlich vertreiben sollen und jenen fürderhin keine Möglichkeit geben dürfen, sich auf irgendwelche Gebiete niederzulassen. Und weil es heißt, daß die erwähnten Zigeuner bereits aus dem Königreich Slavonien vertrieben wurden und in andere Gebiete gezogen sind, bitten wir die Hochwürdigen Beamten, eure Edlen, Vortrefflichen und Vorzüglichen Herrschaften und fordern sie mit allem Nachdruck und kraft unserer Autorität als Palatin, über die wir in vollem Ausmaß verfügen, auf und befehlen, daß, falls diese selbigen Zigeuner sich in das Komitat Eisenburg herablassen oder eine Behausung ebendort errichten wollen oder bereits errichtet haben, sie dieselben unbedingt vertreiben müssen und ihnen in keinem Teil des Komitats einen Platz zur Niederlassung oder zum Aufenthalt ebendort zugestehen oder einräumen dürfen, wodurch unter den Gutsnachbarn eine (räumliche) Verbindung für jetzt und auch für die Zukunft zur Ruhe der Bewohner sichergestellt und ein weiterer Anlaß zu Klage wegen deren ständigem liederlichen Treiben ganz abgeschafft werden möge. Daß dieselben (=Herrschaften) dies von selbst erledigen werden und dem ausdrücklichen Willen Seiner Majestät entsprechen werden, erwarten wir nicht nur, sondern fordern und befehlen es. Im übrigen wünschen wir, daß dieselben (=dominationes) gesund bleiben.

Gegeben in Wien in Österreich am 20. März 1612[9]

Von Graf Georg Thurzo, Palatin des Königreichs Ungarn, ist noch ein anderes Schreiben erhalten, aus dem ersichtlich ist, daß jede Zigeunergruppe gesondert behandelt wurde.

Konnte eine Gruppe nützliche Leistungen erbringen, so erhielt sie das Recht, sich weiterhin im jeweiligen Herrschaftsgebiet aufzuhalten. Graf Thurzo stellte am 20. Februar 1616 folgenden Schutzbrief aus:

Graf Georg Thurzo von Bethlenfalva, Pfalzgraf des Königreiches Ungarn und Richter der Kumanen (Cumani) usw. an alle Prälaten, Barone, Grafen, Burggrafen, Kastellbewohner, an die Auserlesenen, an die Adeligen und Erzbischöfe und die anderen getreuen Untertanen der Kaiserlichen und Königlichen Majestät von jedem Rang und Stand, an die kirchlichen und weltlichen Grundbesitzer, an alle, die in diesem Königreich Ungarn eingesetzt und vorhanden sind, und die das gegenwärtige Schreiben sehen werden Gruß und Empfehlung unseres Amtes und allen, denen wirklich daran gelegen ist, Gunst.

Während die Vögel des Himmels ihre Nester haben, die Füchse ihren Bau, die Wölfe ihre Schlupfwinkel, Löwen und Bären ihre Höhlen und wie alle Tiere ihre Heimstätten wiedererkennen, so ist der fürwahr erbärmliche ägyptische Volksstamm, den wir Czingari nennen, gewiß erbärmlich, obwohl man nicht weiß, ob er so sehr vom Schicksal herausgefordert wurde. Nach seinem alten Brauch und Herkommen ist er daran gewöhnt, auf Feldern und Wiesen außerhalb der Städte unter sogar abgenutzten Zelten ein sehr saures Leben zu führen. Und so haben gemeinschaftlich Greise und Männer, Jugendliche und Kleinkinder dieses Volksstammes gelernt, Regen, Winterkälte und allerheftigste Sommerhitze außerhalb von Wänden zu ertragen, sie haben nicht auf Erden vererbte liegende Güter, nicht Städte, nicht Burgen, weder Festungen noch fürstliche Wohnungen wünschen sie, sondern dieser Volksstamm sucht immer von Wohnsitz zu Wohnsitz irrend, keinen Reichtum kennend, ohne jede Ruhmsucht, eifrig Nahrung und Kleidung, indem er täglich und stündlich nur unter freiem Himmel mit Ambossen, Blasebälgen, Hämmern und Feuerzangen Handarbeit verrichtet. Und er ist gewöhnt, für seinen Lebensunterhalt und für die nötige Beschaffung von Nahrung nicht nur die verschiedenen Teile Ungarns, sondern die der ganzen Welt zu durchwandern, und über Meer und Land, über Felsen, (durch Blitze) zu irren und die Armut zu fliehen. Deshalb erachten wir diesen Volksstamm (der Barmherzigkeit) und jeder Gunst für würdig und ermahnen Euch und verlangen, daß Ihr, so oft eine Schar des ägyptischen Volksstammes, besonders aber eine Schar (ein Haufe) des Wojewoden Franciscus, des Verursachers und Aushändigers des gegenwärtigen Schreibens (er ist nicht der letzte Nachkomme seines Stammes) mit den ihm unterstellten und unter seinem Befehl Kriegsdienst tuenden Czingari, zusammen mit ihren Kindern, Familien, Zelten, Ambossen, Blasebälgen, Schmiedehämmern, Feuerzangen und mit ihrem übrigen Hab und Gut in Eure Länder, Landsitze, Herrschaften, Besitztümer, Lehen und Amtsstuben kommen oder bei Euch vor Gericht auftreten, daß Ihr dann also beschließet und verpflichtet seid, denselben mit Freuden die Gelegenheit zu geben, in den Vorstädten, Feldern, Wiesen und in Euren Ländern sich niederzulassen, Zelte aufzuschlagen, ihr Schmiedehandwerk und ihre gewohnte Lebensweise anständig auszuüben. Und sie in persönlicher wie sachlicher Hinsicht gegen gewalttätige Aufwiegler, Peiniger, und vor Leuten, die sie verdammen wollen, zu schützen, in Obhut zu nehmen und zu verteidigen. Anders werdet Ihr nicht handeln.

Nach Verlesung dieses Schreibens und nach Wiederherstellung der alten Rechte für den Aushändiger, gegeben in Byche südlich von Lublin am 20. Februar im Jahre des Herrn 1616.[10]

Es ist ist anzunehmen, daß der Woiwode Franciscus mit seiner Sippe unter Thurzos Schutz gestellt wurde, weil er kriegswichtige Rüstungsarbeiten verrichtete und die »unter seinem Befehl Kriegsdienst tuenden Czingari« im Notfall eine ansehnliche Anzahl von Soldaten stellen konnten.

1664 wollten die Türken in der Schlacht von Mogersdorf und St. Gotthard im Komitat Vás gegen die Habsburger eine Entscheidungsschlacht herbeiführen. Die Brüder Christoph und Paul von Batthyány, Grafen von Güssing (Németujvár), kämpften an der Seite der Türken und schlugen sich tapfer als Feldherren. Ihre eigenen Besitzungen lagen in dem unkämpften Gebiet. Die Bewohner dieses Landes, darunter auch etliche Zigeuner, zogen sich in die sicheren Herrschaftsgebiete der Batthyány rund um Güssing zurück. 1664 und 1674 wurden unter Christoph Batthyány eine Reihe von Zigeunersiedlungen im Raum des heutigen Südburgenlands gegründet.[11]

Eine Urkunde aus dem Jahr 1674 wurde in Rechnitz im heutigen Südburgenland ausgestellt. Graf Christoph Batthyány erteilt darin dem Zigeunerwoiwoden Mártony Sárközi und dessen Sippe die Erlaubnis, auf Batthyányschen Besitzungen im Komitat Vás mit ihren Zelten frei umherzuziehen und ihren Beruf frei auszuüben. Die Art des Berufes und die Anzahl der Zelte und Personen ist leider nicht erwähnt. Es wird den Zigeunern verboten, ihren eigenen Woiwoden Sárközi abzusetzen und einen anderen Woiwoden aus den eigenen Reihen zu wählen. Als übergeordnete Instanz, sozusagen als Oberwoiwode, wird ihnen ein Ungar vorgesetzt. Außerdem müssen sie alljährlich am Aschermittwoch ihre Steuer bezahlen. Diese beträgt 25 Taler oder ein Pferd im gleichen Wert.[12]

Es ist heute nicht mehr feststellbar, zu welchem Zigeunerstamm die Sippe von Sárközi gehörte. Die Erwähnung, daß sie ihren Beruf frei ausüben durften, läßt darauf schließen, daß sie nicht Pferdehändler waren, sondern Handwerksberufen nachgingen. Vielleicht waren sie Schmiede. Heute ist der Name Sárközi bei den Ungrika-Roma des Südburgenlands sehr verbreitet. Wahrscheinlich ließen sich irgendwelche heutige Sárközi auf Mártony Sárközis Sippe zurückverfolgen. Es ist jedenfalls anzunehmen, daß Sárközis Sippe keine Ausnahme darstellte und zur selben Zeit auch andere Zigeunersippen nach Südwestungarn vordrangen und in diesem Gebiet blieben.

Andere unbenannte Sippen durchzogen von Ungarn kommend auch das heutige Nordburgenland. Belege dafür sind in den Kirchenbüchern zu finden: »Eine auf der Durchreise befindliche Familie ließ am 9. Oktober 1667 in Jois, Komitat Wieselburg, ihren Sohn auf den Namen Adam taufen. Der ansässige Marktrichter Adam Lager übernahm die Patenschaft.«[13]

Im Gegensatz zu den Batthyány versuchten die kaisertreuen Eszterházy, die ihre Besitzungen im nordwestlichen Ungarn hatten, sich der Zigeuner zu entledigen. So wurden 1671 im Pantaiding von Lackenbach und Kloster Marienberg allen Zigeunern die Ansiedlung in der Herrschaft Deutschkreutz verboten. Bei Zuwiderhandeln wurde eine Strafe von 24 Gulden angedroht. (Pantaiding war die Bezeichnung für die Versammlung der Dorf- und Hofgenossen, in der das Recht und die Gesetze aufgezeichnet wurden.)

Zur Zeit der Türkenherrschaft in Ungarn fühlten sich die Bewohner an der österreichisch-ungarischen Grenze von den Zigeunern stark bedroht. So wurden etwa 1676 alle Zigeuner aus den Gebieten des Zisterzienserstiftes Lilienfeld an der steirisch-ungarischen Grenze und aus den Gebieten der Abtei Heiligenkreuz im Seewinkel vertrieben:

> Weil auch die Zigeuner nichts anderes, als lauter Ungelegenheit procreiren, sich bloß allein mit Stehlen unter den Untertanen erhalten, ist ihnen also die Herrschaft gänzlich verboten. Wer darohalben einem Aufenthalt zu geben sich untersteht, ist der Wandel (Strafe) von 24 Gulden.[14]

Die genannten Verordnungen zeigen, daß auf Batthyányschem Gebiet die kaiserlichen Verordnungen nicht befolgt wurden, wohl aber auf Eszterházyschem und kirchlichem Hoheitsgebiet. Willkürlich wechselten Freibriefe, Vertreibungen, Ansiedlungserlaubnisse, Verfolgungen und Hinrichtungen. Diese Tatsache ist folgendermaßen zu verstehen: die höchste Instanz, der jeweilige Herrscher, verordnete zum Beispiel die generelle Vertreibung der Zigeuner aus dem gesamten Machtbereich, um allen Klagen Genüge zu tun. Seine Macht war aber nicht unumschränkt, und er wußte zum Teil auch nicht um die Wichtigkeit der Zigeuner für gewisse Bereiche des Wirtschaftslebens. Als gute Schmiede, Musiker oder Soldaten waren sie fast unentbehrlich geworden. So beschlossen nur einige Landesfürsten dem Gebot Folge zu leisten, andere handelten ihm zuwider, vergaben Freibriefe, setzten Zigeuner als Soldaten ein oder verteilten Land an sie. Dies war besonders in den von Türken besetzten Gebieten üblich. Jeder Landesfürst handelte nach eigenem Gutdünken. So konnte es vorkommen, daß gleichzeitig in einem Land die Verbannungsbefehle verschärft wurden, eine solche Verordnung hingegen in der Nachbarherrschaft entweder noch gar nicht vorhanden oder bereits wieder abgeschafft worden war. So wanderten die Zigeuner von einem Herrschaftsgebiet zum anderen.

In Ungarn tendierte man, eher als in den österreichischen Erbländern, zu einer Duldung der Zigeuner. Aus den Erbländern Niederösterreich und Steiermark wurden die Zigeuner vertrieben, die ungarischen Magnaten hingegen fühlten sich in ihrem dünn besiedelten Gebiet weder durch fahrende, noch durch ansässige Zigeuner gestört.

In jedem ungarischen Komitat wurde vom Palatin ein Zigeuner-Woiwode aus dessen eigenem Stamm eingesetzt, der den Titel »Egregius« führte. Dieser Woiwode durfte als spektakuläre Attribute des Sippenchefs ein Szepter, Silberknöpfe, einen Prismenbecher, eine Peitsche und einen Bart tragen. Er konnte außerhalb seines Clans heiraten, war zuständig in allen rechtlichen Belangen und hatte innerhalb der Sippe richterliche Gewalt über 200 bis 300 Menschen.

1683 vernichteten die Türken fast die gesamte Bevölkerung von Westungarn und Ostösterreich. Besonders die Orte entlang des Leithagebirges, im Eszterházyschen Herrschaftsgebiet, erlitten große Verluste. Aus diesem Grund zogen sich die Menschen in den Süden, in das Gebiet des Grafen Batthyány, zurück. Dieser hatte sich bereits mit den Türken verbündet, so daß sein Gebiet verhältnismäßig frei von Krieg und Zerstörung geblieben war. Für die Zigeuner gestalteten sich die Lebensbedingungen unter der Herrschaft der Türken weit einfacher. Jedes Volk konnte im osmanischen Reich eine Heimat finden, unabhängig von seiner Muttersprache und seiner Hautfarbe. Wesentlich war nur, daß es die »wahre Lehre Mohammeds« akzeptierte, oder zumindest nicht bestritt.

Während der Türkenherrschaft lebten bereits mehrere Tausend Zigeuner auf dem Gebiet des dreigeteilten Ungarn und sie traten größtenteils zum Islam über. In dieser Zeit wanderten sie zum Teil in Karawanen übers Land, kleinere Gruppen ließen sich auch am Rand von Städten oder in diesen selbst nieder. Wie aus türkischen Quellen hervorgeht, arbeiteten sie hauptsächlich als Waffenschmiede, aber auch als Zeltbauer, Barbiere, Scharfrichter und Henker. [15]

Als große Teile Westungarns im Jahr 1688 von den Ungarn zurückerobert wurden, durften auf Grund eines Vertrages nur die als Mohammedaner geborenen Bewohner mit den Türken abziehen, da man an einer möglichst starken Besiedlung des Landes interessiert war. So blieben auch die Zigeuner zurück. Aber der Herrschaftswechsel brachte für sie nur Nachteile. Denn im Herrschaftsbereich von Kaiser Leopold I. galt immer noch ein Beschluß des Reichstags von Augsburg aus dem Jahr 1498, wonach derjenige, der Zigeuner schädige, keine Sünde begehe. Mit dem Machtwechsel waren die Zigeuner weitestgehend rechtlos geworden. Für viele bedeutete das auch den Verlust ihrer Arbeit, da es nun keine Soldaten mehr gab, die sie musizierend in den Krieg begleiten und deren Waffen sie reparieren konnten. Mangels entsprechender Kenntnisse war es ihnen auch nicht möglich, Ackerbau zu betreiben. In den infolge der Türkenkriege menschenleer gewordenen Gegenden Westungarns konnten sie sich auch nicht als Händler behaupten. So zogen sie plündernd in Richtung Westen.[16]

Zur Abwehr dieser plündernden Zigeuner wurde am 1. Oktober 1689 ein offenes Patent publiziert:

> Alle im Land herumstreifenden Zigeuner samt ihren Frauen und Kindern und anderem Gesindel seien des Landes zu verweisen. Männer, die in flagranti erwischt würden und Frauen, die ohne ihren richtigen Ehemann angetroffen würden, sollten ohne Prozeß und Urteil sofort mit dem Schwert hingerichtet werden. Frauen, die ordentlich verehelicht seien und ihren Männern folgten, weiters Söhne und Töchter bis zum 18. Lebensjahr, die mit ihren Eltern zögen, sollten nicht hingerichtet, aber lebenslänglich eingesperrt und zur Arbeit condemniert werden, und deren Kinder sollten in die Spitäler oder in Dienst getan werden.[17]

Dasselbe Patent wurde am 22. November 1689 nochmals allen Ämtern zur Kenntnis gebracht.[18] Die Wiederholung einer Verordnung mag ein Hinweis darauf sein, wie wenig sich diese in der Praxis durchsetzte.

1720 bestimmte eine kaiserliche Verordnung Karls IV., daß die »Zigeuner und jegliches liederliche Gesindel in Österreich« ausgerottet werden sollten, weil die Wanderzigeuner eine Bedrohung des Landes darstellten. Im Zug dieser Ausrottungsaktion flüchteten etliche Zigeuner nach Ungarn. Es ist anzunehmen, daß die deutschnamigen Zigeuner im heutigen Burgenland zu diesem Zeitpunkt einwanderten.[19]

Am 15. Jänner 1725 erließ Kaiser Karl IV. eine Verordnung, die wiederum auf das Zigeunerproblem aufmerksam machte:

> Die vagabundierenden Zigeuner fallen in Horden in die österreichischen Herzogtümer ein, nachts plündern sie Häuser und gefährden die Reisenden. Aus diesem Grund sollten alle Zigeuner aufgelesen werden, diejenigen, denen man Straftaten nachweisen konnte, sollten hingerichtet werden, die anderen aber mit einem Brandwarf auf ihrem Rücken und der Drohung mit der Enthauptung bei Rückkehr, abgeschoben werden.[20]

Es gibt keinerlei Hinweise darauf, daß in irgendeinem ungarischen Komitat diese Verordnung vollzogen wurde.

1726 verordnete Kaiser Karl VI., alle männlichen Zigeuner hinzurichten und den Frauen sowie Kindern unter 18 Jahren ein Ohr abzuschneiden.

Am 12. Oktober 1748 wurde ein Currens ausgeschickt, das auf herrschaftlichen Befehl in der Herrschaft Eszterházy auf Schloß Eisenstadt ins Protokoll aufgenommen wurde:

> In den fürstlichen Ortschaften sollen weder ungarische, noch deutsche Zigeuner geduldet werden. Bei Zuwiderhandeln soll der Ortsrichter zur Verantwortung gezogen werden und selbst eine Strafe von 12 Gulden erlegen, wenn er Zigeuner nur eine Stunde lang in der Nähe des Dorfes oder Marktes dulde.[21]

Als Folge dieses Rundschreibens trachtete nun die Bevölkerung, die Zigeuner zu verjagen. Das sogenannte »Zigeunerjagen« galt als lustiges, abenteuerliches Ereignis. Ausgerüstet mit Waffen und Proviant zogen einige starke Dorfbewohner auf die »Jagd«.

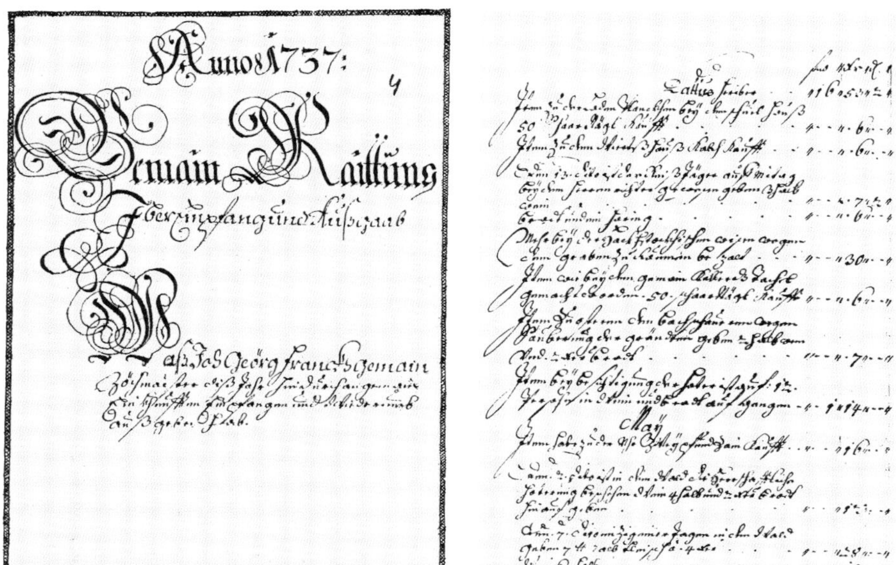
Anno 1737:
Gemain Raittung

Rechnungsbuch der Gemeinde Kleinhöflein aus dem Jahr 1737

Aus Kleinhöflein ist aus dem Jahr 1737 eine Gemeinderechnung erhalten, in der es heißt:

Den 7. Mai im Zigeunerjagen in den Wald geben

7 Laib Kalbfleisch	à 4 Kronen	28 Kronen
Wein 6 Halb		18 Kronen
Brod		6 Kronen.

Am 9. April 1758 wurden die Androhungen gegenüber den Richtern noch verschärft. So erging im Komitat Ödenburg folgende Order:

> Wo die Richter die herumschweifenden Zigeuner, wie auch andere liederliche Leuth in denen Dörffern oder dessen Hotterungen (Wiesen, Wälder und Äcker, die zum Dorf gehören), gestatten und solche nicht nach lauth Befehl des Comitats wegtreiben, so werden ebenfalls die Richter selbst darvon mit 40 Brügln gestraffet werden.[22]

Maßnahmen unter Maria Theresia und Joseph II.

Die Zeit Maria Theresias und Josephs II. war von der Idee eines früh-demokratischen Gesamtrechts geprägt. Das Ziel war es, ein einheitliches Recht zu schaffen und Sonderprivilegien, sowohl für die Zünfte, als auch für den Adel, die Klöster, die Zigeuner usw. aufzuheben. Aus diesem Grund war die genaue Erfassung und Eingliederung aller Zigeuner des Reiches wünschenswert.

Sachverständige wurden mit der Aufgabe betraut, verschiedene Verordnungen auszuarbeiten. Beide Regenten konnten jedoch ihre Vorstellungen damals noch nicht vollständig realisieren. Erst nach weiteren zwei bis drei Generationen setzten sich die neuen Ideen einigermaßen durch, und mit Abschaffung der Privilegien des Marktrechts (1848) wurde auch die Entwicklung einer neuen Wirtschaftsform möglich.

Die Regierungszeit Maria Theresias ist von einschneidenden Änderungen in der Politik gegenüber den Zigeunern geprägt. Jetzt galt es nicht mehr, die Zigeuner zu bestrafen, zu vertreiben, zu verfolgen oder auszurotten, sondern sie umzuerziehen und so weit wie möglich in den Gesellschaftsverband zu integrieren. Dieses Bemühen war Teil des umfassenden Konzeptes einer allgemeinen Organisierung des Staates. So wie zu dieser Zeit das Beamten-, Schul- und Fürsorgewesen geregelt wurde, so sollten auch die Zigeuner, die immer ein unkontrollierbares Ärgernis darstellten, kontrollierbar gemacht werden.

Kaiserin Maria Theresia versuchte zu Beginn ihrer Regierungszeit ebenfalls, die Zigeuner aus ihrem Herrschaftsgebiet zu verbannen, ließ sich aber bald davon überzeugen, daß dieses Vorhaben nicht durchführbar sei. Ein Argument, das sie in ihrer Meinung beeinflußt haben mag, war die damals verbreitete Annahme, daß die Zigeuner deswegen wanderten, weil sie ihre Instinkte nicht beherrschen konnten.

In der Folgezeit erließ die Kaiserin vier wesentliche Verordnungen.

1. Verordnung

Am 10. Dezember 1758 verbot sie den Zigeunern den Besitz von Pferden und Kutschen, um diesem Instinkt entgegenzuwirken. Sie verpflichtete sie, sich niederzulassen. Die Grundbesitzer versuchte sie dazu zu bringen, den Zigeunern Material zum Hausbau zur Verfügung zu stellen und Leibeigenbesitz zu überlassen. Wenn sich die Zigeuner dann niederließen und sich ein Haus »in linea« oder »in seria« bauten oder ein solches von der Herrschaft zugeteilt erhielten, mußten sie dieselben Abgaben leisten wie die anderen Untertanen. So waren sie, wie die übrigen Leibeigenen, verpflichtet, für ein Söllnerhaus (auch »Zigeuner Tschater« oder »Zigeiner Csader«) 1 Gulden Zins zu bezahlen und 18 Tage Handrobot zu verrichten. Die Robot lösten die Zigeuner meist in Geld ab.[23]

Ihre Dörfer durften Zigeuner nur mit Erlaubnis und genauer Zielangabe verlassen. Die Reiseroute mußte durch die Behörden bestätigt werden. Der Dorfrichter übte die Kontrollfunktion aus und erstattete monatliche Meldung bei den vorgesetzten Behörden. Auf Verstoß gegen diese Anordnungen stand die Prügelstrafe.

Die Durchsetzung dieser Verordnung stieß allerdings auf den Widerstand der Nichtzigeuner: In Unterpetersdorf wird die Anordnung des Komitats erwähnt, daß ein Zigeuner am Ortsende, jedoch »in linea« bauen dürfe; der Herrschaftsverwalter berichtete vom Widerstand der Gemeinde, den die Eszterházysche Domänendirektion (Zentralverwaltung) allerdings zurückwies. Als in Kaisersdorf ein Feuer ausbrach, führte das die Gemeinde darauf zurück, daß der Zigeunerschmied sorglos mit dem Feuer umgegangen sei, deshalb sollte er aus der »linea« vertrieben werden.[24]

In der Folge arbeitete die Statthalterei noch weitere Vorschläge zur »domicilierung der Zigeuner« aus, die von Maria Theresia am 13. November 1761 genehmigt wurden.[25]

2. Verordnung

In dieser Verordnung ging es darum, den bei Zigeunern üblichen Nachnamen »Zigani« durch die Namen Neubürger (Ujpolgár), Neubauer (Ujparasztok), Neuungar (Ujmagyar) oder Neusiedler (Ujlakosok oder Neocolonus) zu ersetzen. So sollte mit dem alten Namen auch die alte Lebensweise abgelegt und der Integrationsprozeß vorangetrieben werden. Die solchermaßen gleichgestellten und von ihrer namentlichen Erkennbareit befreiten jungen Zigeuner sollten bei körperlicher Tauglichkeit ab dem 16. Lebensjahr zum Militär einberufen werden. Letztere Bestimmung hatte wenig Erfolg, denn die Heereskommandanten nahmen Zigeuner höchst ungern auf (und wenn, dann nur je einen Zigeuner auf acht Ungarn). Weiters wünschte man, daß 12- bis 16jährige Zigeunerknaben ein Handwerk erlernten. Es erging eine Weisung an alle Handwerker, künftig Zigeunerknaben als Lehrlinge anzustellen und anzulernen. Auch in diesem Punkt gab es keinen Erfolg, da die Manufakturen Zigeuner einfach nicht anstellten.

3. Verordnung

Am 27. November 1767 wurde ein neuerlicher Entschluß bekanntgegeben. Die Gerichtsbarkeit der »Woiwoden« über die Zigeuner wurde verboten; alle Zigeuner sollten der örtlichen Gerichtsbarkeit unterstellt werden. Weiters waren die Gerichte verpflichtet, die Seßhaftwerdung zu beschleunigen, indem sie das Vagabundieren zu unterbinden und darüber zu wachen hatten, daß die Zigeuner sich in Kleidung, Sprache, Eßgewohnheiten und Beruf nicht von den Ansässigen unterschieden.

Zugleich wurde eine genaue Registrierung der Zigeuner angeordnet, die in jedem Dorf durchgeführt werden mußte. Die diesbezüglichen Konskriptionslisten sind teilweise erhalten geblieben. Sie sind meist in lateinischer, manchmal aber auch in deutscher Sprache verfaßt.[26]

4. Verordnung

Am 3. Februar 1773 wurde unter Maria Theresia die vierte Verordnung herausgegeben. Darin wurde die Ehe einer Zigeunerin mit einem Zigeuner allgemein verboten. Vielmehr sollten Mischehen mit Nichtzigeunern gefördert werden; wenn sich eine Zigeunerin mit einem Nichtzigeuner verehelichen wollte, mußte sie ein Zeugnis beibringen, daß sie in dem Haus eines Edelmannes, Bürgers oder Bauern fleißig gedient habe und in den Grundsätzen der katholischen Glaubenslehre bewandert sei. Für diesen Fall sollte der Zigeunerbraut eine Aussteuer von 50 Gulden aus der Staatskasse bewilligt werden.

Ein Zigeuner sollte nur dann heiraten dürfen, wenn er nachweislich durch anständige Arbeit Frau und Kinder ernähren konnte.

In der Praxis scheiterten alle diese Verordnungen, da der Staat nicht genügend Geld und Beamte zu ihrer Durchsetzung hatte.

Weiters sollten den Zigeunern alle Kinder über fünf Jahre abgenommen und zu christlichen Bürgern oder Landleuten in entfernten Ortschaften zur Erziehung übergeben werden, damit gute Handwerker oder Bauern aus ihnen gemacht würden. Den Pflegeeltern sollte für ein Mädchen von fünf bis zehn Jahren und für einen Knaben von fünf bis zwölf Jahren zwölf Gulden jährlich aus der Komitatskasse bezahlt werden. Für ein Mädchen von zehn bis vierzehn Jahren aber nur mehr 4 Gulden jährlich. Den Pflegeeltern wurde auch die erste Kleidung angewiesen. Eine andere Quelle gibt als Bezahlung für Pflegeeltern täglich 3 Kreuzer an.[27]

Der Befehl der Kinderabnahme war für ganz Ungarn erlassen worden. Von einer gewissenhaften Durchführung wissen wir nur aus den Komitaten Preßburg und Ödenburg. In Fahlendorf in der Schütt, Komitat Preßburg, wurden in der Nacht des 21. Dezember 1773 alle Kinder der Neubauern, die über fünf Jahre alt waren, in Wagen abgeführt und in weit entfernte Orte gebracht, um ihnen »eine bessere Erziehung« angedeihen zu lassen und sie an Arbeit gewöhnen. Die Bauern, die ein Pflegekind aufnahmen, erhielten auf allerhöchsten Befehl jährlich 18 Gulden.

Am 24. Februar 1774 wurden in Fahlendorf und am 2. März 1774 in Hideghid in der Früh zwischen 5 und 6 Uhr weitere Zigeunerkinder abgeführt, um zu Adoptiveltern gebracht zu werden. Dabei nahm man auch eine Vierzehnjährige mit, die gerade im Begriff war, zu heiraten. Sie wurde im Brautkleid, kreischend und sich die Haare raufend, abgeführt. Aber schon im Fasching erhielt sie die Erlaubnis, zurückzukehren und ihre Heirat zu vollziehen.[28]

Ein Reisebericht einer französischen Schriftstellerin aus dem 19. Jahrhundert schildert rückblickend, welch schrecklichen und nachhaltigen Eindruck dieser »Kinderraub seitens der Behörden« auf die Zigeuner gemacht hatte:

> An einem für dieses Volk entsetzlichen Tag, an den es noch mit Schrecken zurückdenkt, erschienen Soldaten mit mitgeführten Karren, die Kinder, vom eben entwöhnten Säugling bis zu den Jungvermählten, die noch ihre Hochzeitskleider trugen, von den Zigeunern fortnahmen. Die Verzweiflung dieser unglücklichen Bevölkerung läßt sich nicht beschreiben. Die Eltern warfen sich vor den Soldaten auf den Boden und klammerten sich an die Karren, die ihre Kinder fortführten. Sie wurden mit Stöcken und Gewehrkolben weggestoßen, und da sie nicht fähig waren, den Wagen zu folgen, auf dem das Teuerste auf der Welt aufgeladen war, nämlich ihre kleinen Kinder, begingen viele Eltern auf der Stelle Selbstmord. Die Wegführungen konnten die Zigains weder von der großartigen Moral überzeugen, die man ihnen predigte, noch von der Nützlichkeit der Opfer, die man ihnen auferlegte.[29]

Als sich herumgesprochen hatte, wie sehr die Zigeuner an ihren Kindern hingen, setzte man dies auch zur Lösung von privaten Konflikten als wirksames Druckmittel ein. Blieb ein Zigeuner einem Bauern zu lange Zeit eine Geldsumme schuldig, so raubte der Bauer einfach ein Kind der Zigeunerfamilie. Um das Kind zu erretten, wurden die Schulden dann umgehend beglichen.[30] Aus dem Komitat Ödenburg sind Rechenschaftsberichte aus den Jahren 1774, 1777 und 1778 erhalten, aus denen ersichtlich ist, daß bereits Kinder im Alter von nur zwei Jahren ihren Eltern entzogen wurden.[31]

Weiters wurde 1774 befohlen, daß Kinder, die vom Pflegeort entwichen waren, gleich gemeldet werden sollten, um eine Züchtigung zu ermöglichen.

Der folgende Erlaß befaßt sich ebenfalls mit Kindern und Jugendlichen.

> Es ist zu beachten, daß Kinder, die bereits zwölf Jahre alt sind, keine Verpflegung mehr bei den Pflegeeltern bekommen, sondern in anderen Dienst eingestellt werden, um ihr Brot zu verdienen. Alle Kinder sollten im Beten, in der christlichen Lehre, in guten Sitten und Lebenswandel erzogen werden. Wenn katholische Zigeunerkinder in Ermangelung katholischer Bauern, lutherischen Bauern anvertraut werden, müssen sie trotzdem in katholischem Sinne erzogen werden. Daher müssen die geistlichen Herren wegen solcher Kinder in lutherische Häuser hineingehen, da es ihre Aufgabe ist, die Kinder zu unterrichten. Der lutherische

> Hausvater und seine Mitgenossen dürfen sich nicht im mindesten als widerspenstig erweisen. Es ist ihrer K. und K. Majestät eigener Will und Höchste Verordnung, daß Waisenkinder von lutherischen Zigeunern oder solche, die sich noch keiner Religion zugesellt haben, im Christlich-Katholischen Glauben erzogen werden.[32]

Weiters gab der Oberstuhlrichter des Ödenburger Komitats, Ladislaus von Toth, am 9. November 1774 ein Currens an alle Ortsrichter aus, worin die Grundherren daran erinnert wurden, daß Zigeuner keine Pferde besitzen durften, außer wenn sie ein Grundstück als Acker oder Wiese, ebenso wie andere Bauern, bewirtschafteten. In der Bezahlung der herrschaftlichen Abgaben sollten die Zigeuner in diesem Fall den Bauern gleichgestellt werden. Ein Zigeuner, der zum Ackern ein Pferd hielt, sollte nicht von einem Markt zum anderen »herumvagiren«, sondern zu Hause bleiben und fleißig der Bauernarbeit nachgehen. Einem, der ungesetzlicherweise mit einem Pferd angetroffen wurde, sollten die Pferde gleich »contrabondiert« werden.

Der Nachfolger Maria Theresias, Joseph II., führte die Politik der Integration der Zigeuner fort. Seine erste große Tat war die Befreiung der bis dahin leibeigenen Zigeuner der Bukowina. Bis 1783 hatten einige Zigeunerfamilien in Klöstern und bei Großgrundbesitzern Haus-, Hof- und Küchendienste verrichtet. Der Reichtum eines Gutsherrn war unter anderem nach Zigeunerseelen gemessen worden.[33] Weil aber die »Vagabundage« auch unter Joseph II. noch nicht beendet war, wurden von den Behörden neuerlich Vorschläge für Verordnungen unterbreitet, in denen die Grundsätze der Seßhaftmachung und der Bindung an gewisse Bezirke herausgestrichen wurden.

Am 9. Oktober 1783 erschienen die grundsätzlichen Richtlinien »de Domiciliatione et Regulatione Zingarorum«.

- Es wurde den Zigeunern verboten, sich mit Zelten in Wäldern (partibus sylvosis) anzusiedeln, sie sollten vielmehr in den Orten mit waldlosen Gebieten zum Land- und Ackerbau angehalten werden.
- Die Zigeuner unterstanden, nachdem ihre Woiwoden schon früher abgesetzt worden waren (cassatis jam aliquim Vajdis), ausschließlich dem Ortsrichter.
- Die Pfarrer und Seelsorger mußten für den Unterricht sorgen.
- Das Wandern der Zigeuner wurde verboten. An bereits regulierte (ansässige) Zigeuner durften nur zum Besuch der Jahrmärkte oder in Fällen ausgewiesener Notwendigkeit, unter besonderer Vorsicht, Pässe erteilt werden.
- Das Halten der Pferde zum bloßen Zweck des Verkaufes war den Zigeunern verboten (Pferdeschachern). Die Leibeigenen durften zwar Pferde haben, diese aber nur zur Arbeit verwenden und keinesfalls damit Handel betreiben.
- Die Zigeuner wurden verpflichtet, die Kleidung und Sprache der Bewohner, in deren Orten sie seßhaft waren, anzunehmen.
- 24 Stockstreiche galten als Strafe für den Gebrauch der Zigeunersprache.
- Die gleiche Strafe traf jene, die das Fleisch gefallener Tiere (Aasfleisch) verzehrten.
- Es war auch streng verboten, den Namen zu wechseln.

- Die Häuser mußten numeriert werden.
- Zigeuner durften untereinander nicht heiraten.
- Zigeunerpaare, die sich für verehelicht ausgaben, mußten einen Trauschein vorweisen.
- Über die Lebensweise der Zigeuner hatten die Gerichtstafelbeisitzer (Jurassores) für ihre Bezirke monatlich Bericht zu erstatten.
- Nur jenen wurde die Ausübung des Schmiedehandwerks gestattet, die ein Zeugnis ihrer Behörde über die wahre Notwendigkeit oder Nützlichkeit desselben beibrachten.
- In den Bergwerksbezirken galten besondere Normen. (Dieser Punkt bezieht sich auf die sogenannten Fiscal-Zigeuner, die ordentlich konskribiert waren, bestimmte Abgaben an den Aerar bezahlten und eigene Anführer, Vajdas, hatten. Sie waren Goldwäscher, die unter einem eigenen Aufseher standen, einen kleinen festgesetzten Anteil am Gewinn ihrer Arbeit hatten, einen Zins an die königliche Kammer zahlten, aber dafür einige Freiheiten genossen).
- Die Zahl der musizierenden Zigeuner war zu beschränken.
- Das Betteln war nur wirklich Hilfsbedürftigen erlaubt und sollte im allgemeinen verboten werden.
- Arbeitsfähige sollten nicht als Insassen (inquilini), sondern als Dienstleute leben und auch mit strengeren Mitteln zur Arbeit angehalten werden. Diejenigen, die ihre Wohnsitze oder Dienstplätze verließen, mußten zurückgebracht und als Vagabunden behandelt werden. Die zurückgelassenen Kinder entlaufener Zigeuner sollten wie Waisen versorgt werden.
- Die Kinder der Zigeuner sollten, vom vierten Lebensjahr an, wenigstens alle zwei Jahre unter die benachbarten Orte (per gremiala loca) verteilt werden.[34]

	LISTE DER NACH NAGYGENCS UMGESIEDELTEN ZIGEUNERKINDER IM JAHR 1782			PFLEGEELTERN
Aus Nagygencs	Kinder d. Johann Baranyai	Judith	11 Jahre	Witwe d. Johann Kis
		Stephan	8	Franz Gerö
		Johann	7	Johann Zabo
	Waisen des Martin Nyári	Anna	10	Johann Polgár
		Ladislaus	8	Michael Abérr
Aus Apathi (heute Gencsapáti)	Waisen d. Stephan Hodossi	Catharina	12	Michael Kovács
		Eva	10	Johann Vincze
		Elisabeth	8	Johann Törnä
Aus Böd (Nemesböd)	Kind des Anton Bodor	Andreas	11	Paul Nemeth
Aus Benkeháza	Kinder d. Ladislaus Vak	Joseph	10	Christoph Gaspar
		Judith	8	Michael Horváth
Aus Doroszlo (Köszegdoroszlò)	Waisen des Michael Tököli	Eva	12	Michael Toth
		Anna	9	Johann Horváth
		Catharina	7	Georg Törnö
Aus Kamony (Kàmon)	Kind des Michael Sipos	Stephan	6	Andreas Törnö
Aus Puszta Csó	Kinder des Johann Papai	Stephan	11	Stephan Nardaj
		Judith	8	Michael Malovics
Aus Nemcs Csó	Kind des Johann Ratko	Catharina	8	Stephan Viszket
In Doroszlo	Kind der Helena Tököli	Georg	6	Witwe d. Georg Nagy

Gegeben zu Steinamanger 14. Jänner 1782, durch Joseph Symon Vizeadelsrichter des Bezirkes e. h.

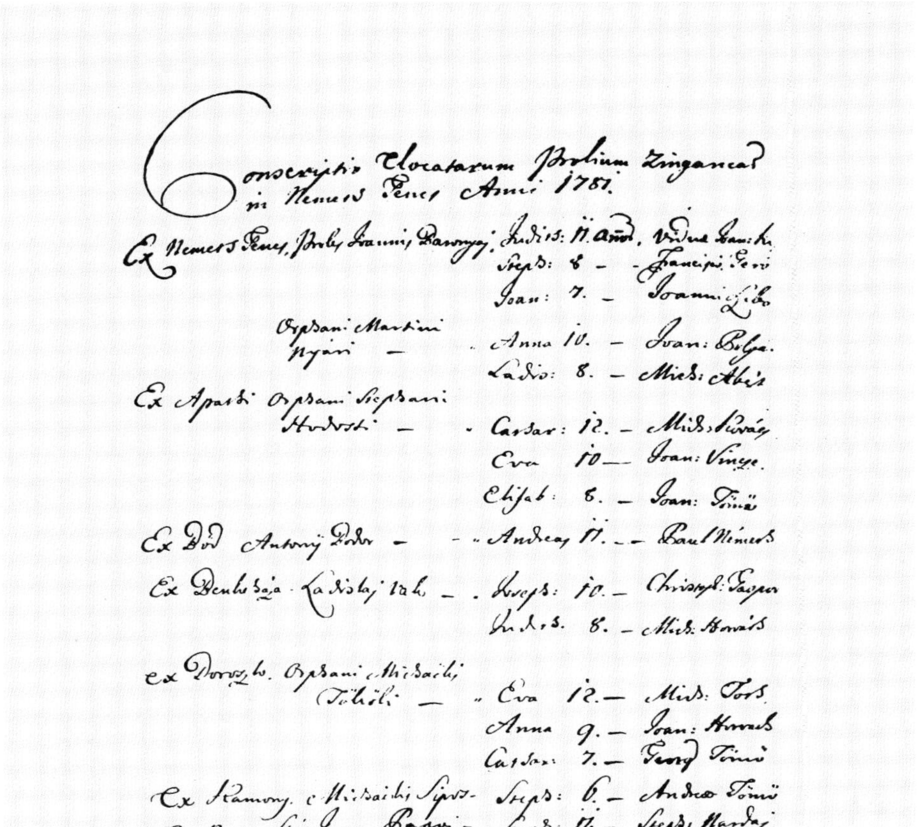

Conscriptio Elocatarum Prolium Zinganear(um) in Nemes Pencs Anni 1781.

Ex Nemes Pencs, Proles Joannis Banyai: Ladis: 11. Ann. — Vidua Banik
Steph: 8 — Francisci Beri
Joan: 7. — Joannis Liba
Orphani Martini Nyari — Anna 10. — Joan: Bolga.
Ladis: 8. — Mich: Abis
Ex Apathi Orphani Stephani Horvath — Caspar: 12. — Mich: Kovács
Eva 10 — Joan: Vincze.
Elisab: 8. — Joan: Tóth
Ex Dod Antonii Toth — Andreas 11. — Paul Nemeth
Ex Benkő Ladislai Tak — Steph: 10. — Christoph: Tagon
Ladis. 8. — Mich: Horváth
Ex Dorozlo. Orphani Michaelis Tököli — Eva 12. — Mich: Toth
Anna 9. — Joan: Horvath
Caspar 7. — Georg Tóth
Ex Kamony. Michaelis Sipos — Steph: 6. — Andreas Tóth
Ex Puszta Cső: Joan Papai — Steph: 11. — Steph: Nardai
Ladis: 8 — Mich: Malovics
Ex Nemes Cső. Joan Rasko — Caspar. 4. — Steph: Vizlei
In Dorozlo. Helena Tököli — Georg 6. — Vidua Georgii Nagy

Relat. Sabar 14. Januar 1782

Per Stephanum ...

Originalliste der 1781 nach Nagygencs umgesiedelten Kinder

ZIGEUNERBESIEDLUNG VON 1762 — 1789

Auch die Registrierung der Zigeuner führte Joseph II. weiter fort.

Der Grund der dichteren Besiedlung des Südens des heutigen Burgenlands liegt darin, daß sich 1683, im Jahr der Belagerung Wiens durch die Türken, Graf Batthyány den Türken und aufständischen Magyaren anschloß. Viele Bauern und Zigeuner flüchteten auf seine Besitzungen. Die Besitzungen der kaisertreuen Eszterházy hingegen, wurden von den Türken verwüstet und die gesamte Bevölkerung stark dezimiert.

Über die Zahl der Zigeuner in den Komitaten Eisenburg, Wieselburg und Ödenburg gibt eine Statistik Auskunft, aus der hervorgeht, daß sie zwischen 1780 und 1783 um 1.855 Personen abnahm.Der Grund für diese auffallende Abnahme ist freilich ein formaler: die bereits in feste Wohnsitze und Lebensweise übergegangenen Neubauern betrachtete man nicht mehr als Zigeuner.[35]

Eine Zusammenfassung der gesamten Konskriptionsarbeit in den Jahren 1780-1783 für Ungarn ist aus einer Statistik ersichtlich.[36] Interessant sind die 40 Rubriken, die zeigen, welche Kriterien und Merkmale der Behörde als erfassungswürdig erschienen.

Wie angeordnet, wurde unter Joseph II. die Verteilung der Zigeunerkinder fortgesetzt. Die Pflegekinder wurden nach Möglichkeit in Orte einer anderen Herrschaft geschickt, um sie von den leiblichen Eltern zu isolieren und so den Kontakt zu der eigenen Familie zu unterbinden. Aus dem Komitat Vás sind diesbezügliche Rechenschaftsberichte aus den Jahren 1780, 1781 und 1782 erhalten. In den vollständigsten dieser Listen waren der ursprüngliche Wohnort, der Name und das Alter der Kinder, der Name der Plegeeltern und die an sie ausgefolgte Zahlung von 18 Gulden jährlich, angegeben.

Ein zeitgenössischer, in lateinischer Sprache verfaßter Umsiedlungsbericht aus dem Jahr 1780/1781 betrifft Kinder aus den Orten Zuberbach, Großpetersdorf, Mischendorf, Grafenschachen, Rotenturm, Pinkóc und Hannersdorf im Komitat Vás:

> In Befolgung der gültigen königlichen Entschlüsse zum Zweck der Ordnung der Zigeuner und der Erziehung ihrer Kinder wurden die Kinder teils nach Entfernung von ihren Eltern in den Schulen ausgebildet, teils konnten sie wegen ihres zarten Alters nicht weggenommen werden. Am 1. Dezember des unten angeführten Jahres haben wir die Geeigneten zur Handwerksausbildung, die wegen ihrer Jugend Schwachen, an die unten genannten Bürger zur Versorgung mit Nahrung und Kleidung folgendermaßen verteilt: Ivan Turbo, der Sohn des Ladislaus Turbo, 14 Jahre alt, der bisher die Trivialschule besuchte, wurde von den Eltern genommen und dem Stefan H. in kostenlosen Unterhalt gegeben, zur Ausbildung als Schneider.
>
> Georg Baranyai, 13 Jahre alt, Sohn des Michael, kommt an den edlen Herrn Stephan Szemo als Diener.[37]

Andere Rechenschaftsberichte enthalten detailliertere Angaben, aus denen ersichtlich ist, daß Kinder teils als Knechte und Mägde bei Bauern, teils als Diener bei Adeligen und teils als Lehrlinge bei Handwerkern aufgenommen wurden. Etliche Knaben wurden an Pfarrherren gegeben, die versichern mußten, »für eine gute Ausbildung« der Kinder zu sorgen.

Großteils kehrten die Jugendlichen nicht mehr zu ihren leiblichen Eltern zurück, sondern verblieben zeitlebens als Knechte und Mägde am Hof der Pflegeeltern. Wenn aus ihnen erfolgreiche Handwerker geworden waren, blieben sie ebenfalls bei ihrem Meister und heirateten eine Nichtzigeunerin. In damaliger Zeit war nämlich nicht die ursprüngliche Herkunft, sondern die augenblickliche Lebensweise ausschlaggebend für eine Eheschließung. Sogenannte »Mischehen« waren zu dieser Zeit an der Tagesordnung, so mancher Burgenländer, der heute Ahnenforschung betreiben würde, könnte nachweisen, daß am Ende des 18. Jahrhunderts auch in seine Familie Zigeuner eingeheiratet haben.

Von den ehemals vielfältigen Familiennamen, wie sie die Zigeunerkonskriptionen aufweisen, sind viele nicht mehr existent, was darauf schließen läßt, daß eine große Zahl von Familien aufgesogen wurde.

Eine Auswertung der Konskriptionen aus dem Jahre 1786 gibt folgendes Bild: In den heutigen Bezirken Eisenstadt, Mattersburg und Oberpullendorf lebten etwa 17 Familien, in den heutigen Bezirken Oberwart, Güssing und Jennersdorf hingegen waren 72 Familien ansässig. Als Familie wurde sowohl ein Ehepaar, als auch eine Witwe oder ein Witwer mit Kindern angesehen. Die Familien zählten im Durchschnitt zwischen zwei und fünf Kinder.

Insgesamt gab es in diesen Bezirken 227 Zigeunerkinder. 74 Kleinkinder bis zu zwei Jahren wohnten bei den Eltern, 30 Buben und 30 Mädchen lebten bei Pflegeeltern, 46 Burschen und 47 Mädchen arbeiteten als Knechte und Mägde bei Bauern und waren dort auch untergebracht.[38]

Es wird geschätzt, daß sich am Ende des 18. Jahrhunderts insgesamt etwa 450 bis 500 Zigeuner im heutigen Burgenland aufgehalten haben.[39]

Bei der Betrachtung der Konskriptionen in josephinischer Zeit könnte man annehmen, daß die Maßnahmen ein voller Erfolg gewesen waren. Alle Anordnungen scheinen befolgt worden zu sein, denn die Auswertung sämtlicher angeführten Konskriptionen ergibt, daß alle Zigeuner in festen Häusern und Hütten innerhalb des Dorfes lebten, daß sie Voll-, Halb-, Viertel-, Achtelbauern oder Kleinhäusler waren, sich konform zur übrigen Bevölkerung kleideten, keine Diebe und Betrüger waren, sondern als Schmiede und Musiker lebten, nicht dem eigenen Woiwoden, sondern dem Ortsrichter unterstanden, kein Aasfleisch aßen, nicht mit Pferden handelten und regelmäßig ihre Abgaben an die Komitats- und Militärkasse entrichteten.[40]

Es ist aber anzunehmen, daß diese Konskriptionen entweder ohne Kenntnis der echten Situationen ausgefüllt wurden, die befragten Zigeuner falsche Aussagen machten, oder die Gemeindeschreiber angewiesen wurden, nur Angaben zu machen, die mit den Wünschen der Obrigkeit konform gingen und der Gemeinde so zu gutem Ansehen verhalfen, ohne Rücksicht darauf, ob die vorgelegten Statistiken nun der Wahrheit entsprachen oder nicht. Sicher ist jedenfalls, daß die Eingliederung und endgültige Assimilation der Zigeuner auch im 18. Jahrhundert tatsächlich nicht abgeschlossen war.

Das 19. und frühe 20. Jahrhundert

Nach dem Tod Josephs II. wurden die Konskriptionen eingestellt. Für kurze Zeit dürfte eine Entspannung des Zigeunerproblems eingetreten sein, da die politischen Zustände (Interventionskriege) es der Regierung kaum mehr erlaubten, sich mit dieser Minderheit zu beschäftigen. Das änderte freilich nichts an der allgemeinen Grundeinstellung den Zigeunern gegenüber, die auch im 19. Jahrhundert durchaus auf der Linie Josephs II. lag. Nun drangen aus dem Osten neue Zigeunergruppen ein. Dies beweist eine Verordnung aus Moson, aus dem Jahr 1811:

> Zigeuner, die das Land betreten, sind zurückzuweisen. Mehrere Zigeuner haben sich aber trotz dieses Verbotes ins Land eingeschlichen und sich unter dem Vorwand des Straßensammelns auf dem Land verbreitet und die öffentliche Sicherheit dadurch gefährdet. Das Herumziehen der Zigeuner ist in Österreich verboten, als Straßensammler kommen nur Inländer mit gutem Ruf in Frage. Zigeuner sind also in ihre Heimat zurückzuschicken und der Eintritt in das Land muß ihnen an der Grenze verwehrt werden.[41]

Ein anderes diesbezügliches Rundschreiben wurde am 15. Juli 1819 ebenfalls in Moson verfaßt und erging an alle Gemeinden. In dem Schreiben heißt es:

> Es ist glaubwürdig angezeigt worden, daß eine Zigeunerbande aus drei bespannten Wägen, mit mehreren Manns- und Weibspersonen, dann Kindern beladen, in diesen Comitaten von Ort zu Ort wandern, sich außer denen Ortschaften belagern, und verschiedene Schmidt- und Schloßer-Arbeiten zum Vorwande verrichten, zugleich aber das Publikum hinsichtlich der Diebstähle gefährden. Nachdem aber schon durch vielmale republizierte allerhöchste Verordnungen nachtrügsamst befohlen worden ist, daß solche Zigeuner-Horden, sie mögen was immer für Pässe haben, alsogleich angehalten, und unter hinlänglicher Bewachung anher in das Comitats-Haus eingeliefert werden sollen, Ursach dessen wird diese sträflich Sorglosigkeit denen Markt und Ortsgerichten hiemit ernstlich verwiesen zugleich aber wiederholt aufgetragen die obgedachte Zigeunerbanda wenn sie noch irgendwo vorfindig wäre, als auch künftighin zu erscheinen solcher Horden ohne Verzug anzuhalten und unter schwersten Verantwortung mit sicheren Begleitung in das Comitats-Haus einzuliefern.[42]

1837 wurde im Komitat Wieselburg eine neuerliche Konskription durchgeführt, in der aber nur mehr das Alter und der ausgeübte Beruf jeder Person erhoben wurde.

Drei der insgesamt 25 Personen tragen den Vermerk, bei Holzdiebstählen erwischt worden zu sein und dafür 15 Stockhiebe erhalten zu haben. Neben dem Jahr ihrer Ansiedlung wurde lediglich vermerkt, daß alle Personen bereits in den jeweiligen Orten geboren wurden und einzelne Ehepartner aus anderen, umliegenden Orten zugezogen waren.[43]

Aus dem Jahr 1848 liegen in Unterwart Strafprotokolle über etwa 60 Ehrenbeleidigungsprozesse vor. Das Wort »Zigeuner« galt zu dieser Zeit eindeutig als Schimpfwort. Leute, die als Zigeuner beschimpft worden waren, konnten diese Schande nicht auf sich sitzen lassen. Sie erhoben Klage und es mußte daraufhin in aller Öffentlichkeit bestätigt werden, daß der Beleidigte »aus ehrlichem Bette stamme« und kein Zigeuner sei, wodurch der Tatbestand der Beleidigung erwiesen war. Als »echte Zigeuner« wurden nur Heimatlose bezeichnet.

Aus den Jahren 1850-1860 sind in den Orten Eisenstadt, Zemendorf, Lövö, Mattersburg und Schattendorf verschiedene Eintragungen zu finden, aus denen hervorgeht, daß Zigeuner aus dem Arrest flüchteten, ihnen keine Reisepässe ausgefolgt wurden und häufig Zigeunerbanden aus Ungarn unbefugt die österreichische Grenze überschritten. Diese straffälligen Zigeuner trugen die Namen Stoika, Lakatos, Horvath und Pfeiffer (die beiden ersten Namen weisen darauf hin, daß diese Familien der Gruppe der Lowara angehörten). 1867 wurde von der ungarischen Regierung angeordnet, Sicherheitsmaßnahmen gegen die vielen stehlenden Zigeuner zu treffen.[44] 1870 wies der Vizegespan des Komitats Eisenburg die zuständigen Ämter an, alle Zigeuner auch mit ihrem Spitznamen zu registrieren, um eine bessere Kontrolle über sie zu ermöglichen.[45] 1873, 1880 und 1893 wurden neuerliche Konskriptionen im Komitat Wieselburg durchgeführt. Leider sind echte Vergleiche mit der früheren Zigeunerbevölkerung, teils wegen der starken Mobilität, teils wegen der veränderten administrativen Einteilung, nicht möglich.

Am 14. September 1888 gab das Ministerium des Inneren einen Erlaß heraus, in dem die wirksame und einheitliche Bekämpfung der bestimmungslos herumziehenden Zigeuner und Zigeunerbanden auf dem Boden des heutigen Burgenlands gefordert wurde.[46] Bereits 1890 wird von den Erfolgen dieses Erlasses berichtet:

> Es wir ausgesagt, daß etliche Zigeuner ihre nomadisierende Lebensweise aufgegeben und in verschiedenen Orten das Heimatrecht erworben haben, daß diese Leute ferner zu öffentlichen Arbeiten im Straßenbau herangezogen wurden, daß sie in festen Wohnungen hausen und ihre Kinder die Schule regelmäßig besuchen. Man freute sich darüber, daß ganze Familien seßhaft wurden und fortan für die Gemeinde keine Auslagen mehr verursachten.[47]

Die Konskriptionen im Komitat Wieselburg in den Jahren 1873, 1880 und 1893 und das Zirkular des Ödenburger Vizegespan aus dem Jahre 1888 lassen darauf schließen, daß sich in dieser Zeit eine neue größere Gruppe von Wanderzigeunern im Komitat Wieselburg aufgehalten hat.

Der Konskription aus dem Jahr 1873 zufolge treten in den Orten Frauenkirchen,

Deutsch Jahrndorf, Wallern, Nickelsdorf, Illmitz, St. Andrä, Apetlon, Mosony, Zurndorf, Gattendorf, Pusztasomorja, St. János, Andau und Tadten plötzlich Pferdehändler auf. In jedem dieser Orte leben maximal drei Zigeunerfamilien. Späteren Sprachforschungen zufolge dürfte es sich um eine neue Einwanderungswelle von Lowara gehandelt haben, die ursprünglich aus der Karpatukraine kommend, sich vornehmlich im Seewinkel aufhielten.[48]

Aufgrund dieser neuen Invasion wurde das Zigeunerproblem wieder akut, und 1909 rückte man den Lowara zu Leibe. Der Vizegespan von Ödenburg erließ eine Zirkularverordnung an alle Stuhlämter und Gemeindevorsteher und forderte sie auf, alle Wanderzigeuner und Zigeunerkarawanen sofort zu verhaften. Die Gepflogenheit einzelner Gemeinden, ihnen zumindest 24 Stunden Aufenthalt zu gewähren, sollte aufgehoben werden. Wenn sie unbefugterweise gebettelt, oder feldpolizeiliche Vergehen begangen hätten, sollten Pferde und Wagen konfisziert werden.[49] Die Zusammenarbeit zwischen Gendarmerie und Gemeinden außerhalb des Bezirks wurde intensiviert, um ein Entfliehen der Zigeuner zu verhindern. Auch sollte bei der Durchführung der Anweisungen nach einem bestimmten System vorgegangen und von den anderen Gemeinden Hilfe bei der Ansiedlung geleistet werden.[50]

Da Gesetze zur Seßhaftmachung der Zigeuner in ausreichendem Maße vorhanden waren, ging es in den nächsten Jahrzehnten vor allem um verbesserte Registrierungsmöglichkeiten. In dieser Absicht wurden von der Regierung immer wieder Konskriptionen vorgenommen. Daß aber viele der Zigeuner trotz der Verordnungen in Ungarn noch immer nicht seßhaft waren, beweisen Erlässe von 1888, 1909 und 1916, die das Herumziehen verhindern sollten.

1916 wurde ein neuerlicher Erlaß veröffentlicht, da die Zahl der Diebstähle und Betteleien angestiegen war. Alle Wanderzigeuner wurden dort, wo sie aufgefunden wurden, konskribiert und untergebracht. Um sie am Weiterwandern zu hindern, nahm man ihnen Zugtiere und Wagen ab. Die Pferde wurden dem Militär zur Verfügung gestellt. Pferde, Maultiere und Esel durften von Zigeunern nur mehr mit polizeilicher Erlaubnis gekauft werden.[51]

Als sich im Ersten Weltkrieg die ersten Schwierigkeiten in der österreichischen Armee einstellten, wurden auch die Zigeuner eingezogen. Alle Männer zwischen 18 und 25 Jahren wurden gemustert und einberufen. Jedem Zigeuner wurde sein Aufenthaltsort zugeteilt, den er ohne polizeiliche Zustimmung nicht verlasssen durfte. Frauen und untaugliche Männer wurden zu Arbeiten im Sinne des Kriegsleistungsgesetzes herangezogen. Kriegsunterstützungen und Arbeitslöhne wurden den Zigeunern nicht in Geld, sondern in Form von Naturalien ausbezahlt. Ihre Löhne waren niedriger als die der übrigen Bevölkerung. Die sanitäre Betreuung dieser Zigeuner übernahmen die Behörden.[52] So wurden 1916 alle Zigeuner geimpft.[53]

Bis zum Ende des Ersten Weltkriegs durchstreiften in den Sommermonaten aus Mittelungarn stammende Gruppen von Trogmacherzigeunern, auch Olah-Cigan genannt, das Land; es handelte sich um walachische Zigeuner, die mit Pferd und Wagen unterwegs waren und sich dort im Wald niederließen, wo es Arbeit für sie gab. Man stellte ihnen bestimmte Baumstämme, meist Pappeln, zur Verfügung, aus denen sie ihre Waren erzeugten: der klassische Trog entstand aus der Hälfte eines sehr dicken Baumstammes und wurde von den Bäuerinnen zum Brotteigkneten oder beim Schweineschlachten verwendet. Heute sind die Trogmacherzigeuner im Ort Ercsi bei Budapest ansässig. Tröge stellen sie allerdings nur mehr auf Bestellung des örtlichen Museums her.

Angaben über die vermutliche Dichte der Zigeunerbesiedlung vom Ende des 19. bis zum beginnenden 20. Jahrhundert lassen sich am ehesten auf der Grundlage der Volkszählung machen.[54] Allerdings sind auch die Ergebnisse dieser Volkszählungen nur bedingt verwendbar, da die Protokolle nur Deutsche, Kroaten, Magyaren und »Sonstige« auswiesen. Die als Sonstige ausgewiesenen können sowohl Zigeuner als auch Slowaken, tschechische Mähren oder Wenden gewesen sein. Diese Volkszählungen lassen jedenfalls der Interpretation einen großen Spielraum; so vertritt Koo die Theorie, die Zahl der Zigeuner hätte sich innerhalb von 30 Jahren verdreifacht: 1880 seien es 1.000, 1910 bereits 3.000 Personen gewesen. Diese Interpretation würde den Schluß nahelegen, daß bis zum Ende des 19. Jahrhunderts nur eine geringe Zahl von Zigeunern in Westungarn lebte, 1890 sogar eine gewisse Stagnation eintrat, und daß es am Anfang des 20. Jahrhunderts zu einem starken Zigeunerzuwachs kam. Eine Erklärung für diese Fluktuation findet sich bei Schwicker:

> ... so liegt auch die Vermutung nahe, daß die meisten dieser Zigeuner sich aus solchen Comitaten und Ortschaften, wo man die Verordnungen ernsthaft behandelte, eiligst entfernten, um anderwärts unter weniger gewissenhaften Behörden das freie Wanderleben fortzusetzen. Auf diese Vermutung bringen uns vor allem die sonst unerklärlichen Fluktuationen im Seelenstande der Zigeuner in den einzelnen Comitaten und Städten.[55]

Den Grund des Zuwachses zu Beginn des 20. Jahrhunderts sieht Koo darin, daß die ungarische Regierung die Ansiedlung von Zigeunern in deutschsprachigen Gebieten begünstigte und im Zuge der Magyarisierungsbestrebungen die Maßnahmen gegenüber Zigeunern gelockert wurden.[56] Sie weist auch darauf hin, daß in Orten, in denen durch die Auswanderung nach Amerika[57] ein Schwund der deutschen Bevölkerung zu verzeichnen ist, gleichzeitig ein vermehrtes Auftreten von Zigeunern zu bemerken ist, da offensichtlich die freigewordenen Arbeitsplätze der Auswanderer von Zigeunern übernommen wurden.[58] Diese Vermutung deckt sich mit der Tatsache, daß in etlichen Orten des heutigen Nordburgenlands Erstansiedlungen von Zigeunerschmieden in diese Zeit fallen.

Die Zeit nach 1921 - Zwischenkriegszeit

1921 kamen mit der Angliederung des nunmehrigen Burgenlands gleichzeitig etliche Zigeuner zu Österreich. Portschy schätzt ihre Zahl auf 7.000,[59] was stark übertrie-

Numerierte Zigeunerhütte im Südburgenland, ca. 1926

ben scheint. Mit dieser Minderheit mußte sich die junge österreichische Regierung auseinandersetzen. Zunächst verhielt man sich abwartend, dann folgten massive Reglementierungen: Durch Personenzählungen, das Anlegen einer Fotokartei und das Numerieren der Häuser von Zigeunern erreichte man eine lückenlose Registrierung; man verbot die Obdachgewährung und unterband Neuzuwanderungen. Schon 1922 erging ein Erlaß der Burgenländischen Landesregierung, alle Zigeuner in ihren Heimatgemeinden festzuhalten, sie am Umherwandern zu hindern und gegen fremde Zigeunerfamilien mit der Ausweisung und Abschiebung vorzugehen, denn man ging generell von der Vermutung aus, alle kriminellen Zigeuner würden falsche Daten und falsche Namen angeben, und schob die Schuld an der »Zigeunerplage« zunächst der ungarischen Regierung zu.[60]

In den folgenden Jahren beschäftigten sich auch die verantwortlichen Stellen im Burgenland mit der Verringerung des Zuwachses an Zigeunern. Strenge Auflagen für Neuankommende und bereits Angesiedelte dienten einer möglichst lückenlosen

Zigeuner aus Walbersdorf, ca. 1926

Zigeuner aus Walbersdorf, ca. 1926

Registrierung. 1924 wurden alle Bürgermeister angewiesen, neu eintreffenden »Zigeunerbanden« nicht mehr unentgeltlich Unterkunft in den Gemeinden zu gewähren. Aus einem Bericht der Burgenländischen Landesgendarmerie an die Landesregierung geht hervor, daß »in manchen burgenländischen Gemeinden noch immer nach ungarischem Gesetz gehandelt würde, wonach die Gemeinden verpflichtet waren, unterstandslosen und herumziehenden Personen unentgeltliche Unterkunft bei den Ortsbewohnern anzuweisen.«[61]

Da das Burgenland erst seit kurzem zu Österreich gehörte, war der Prozeß des Abbaus althergebrachter ungarischer Rechtsgewohnheiten noch keineswegs abgeschlossen. Unter dem Vorwand, Zigeuner würden bei ihren Unterkunftsgebern Brände verursachen, Diebstähle und Betrügereien begehen, wurde verboten, »zigeunerischen Vagabunden« fortan Unterkunft zu gewähren.[62]

Vom Landesgendarmeriekommando wurden gleichzeitig Erhebungen über die Personalien aller ansässigen Zigeuner durchgeführt.[63] Zigeuner unterstanden der genauen und strengen Meldepflicht. Ausweislosen Personen wurde der Unterstand verwehrt, die Lizenzvergabe an Zigeunerhandwerker eingeschränkt. Jede neu eintreffende Zigeunergruppe mußte an Gemeinde und Gendarmerie Meldung erstatten.[64]

Man richtete sogar bei allen Gendarmeriestellen eine eigene Ausforschungsabteilung für Zigeuner ein. 1925 wurden alle im Burgenland wohnhaften, über 14 Jahre alten Zigeuner daktyloskopiert. In diesem Jahr zählte man 5.480 Zigeuner, 2.481 davon waren noch nicht 14 Jahre alt.[65] Eine andere, vom Landesgendarmeriekommando durchgeführte Zählung im selben Jahr ergab insgesamt 5.199 Zigeuner.[66]

Zigeuner aus Podersdorf, ca. 1926

Zigeuner aus Schattendorf, ca. 1926

Die Heimatrechtsnovelle des Jahres 1925 bot nunmehr eine amtliche Basis, den Zigeunern eine Heimat anzuweisen. 1926 wurden alle Zigeuner fotografiert. Ein Lichtbild blieb beim Gendarmerieposten des Wohnorts, ein zweites ging an die Landesevidenz Eisenstadt. Ausländische Zigeuner wurden abgeschoben, auch weil man auf Grund der allgemeinen Arbeitslosigkeit und des wirtschaftlichen Notstands bestrebt war, einem Zuwachs an Zigeunern entgegenzuarbeiten. Die Erfolge all dieser rigorosen Maßnahmen blieben aber aus: die Zahl der Zigeuner stieg weiter.

1927 wurden im gesamten Burgenland neuerliche Zählungen durchgeführt und insgesamt 6.032 Zigeuner registriert. Im selben Jahr führte auch die Gendarmerie des Burgenlands eine Erhebung durch. Dabei wurden 7.164 Zigeuner gezählt, was immerhin eine Divergenz von 1.132 Personen ergibt.[67] Bei der allgemeinen Volkszählung am 22. März 1934 wurden insgesamt 6.507 Zigeuner gezählt.[68]

Im Jahr 1936 wurde in Wien eine eigene »Zentralstelle zur Bekämpfung des Zigeunerwesens« errichtet.[69]

Die Zwischenkriegszeit war in Österreich geprägt von Arbeitslosigkeit und wirtschaftlicher Not, was sich im Burgenland, dem jüngsten und ärmsten Bundesland, am stärksten auswirkte. Die Ursachen der schlechten Wirtschaftslage waren vielschichtig und die Angst und Unzufriedenheit der Bevölkerung wuchs stetig. Auf der Suche nach einem Sündenbock für diese mißliche Lage wurde man bald bei der schwächsten Minderheit fündig: im Burgenland waren dies vor allem die Zigeuner. Die Schuldzuweisungen an die Zigeuner fanden bald Aufnahme in das Repertoire von Demagogen und Hetzern, deren Parolen von einer Gefährdung des Landes durch die Zigeuner auf fruchtbaren Boden fielen: Rasch breiteten sich Haß, Miß-

ZIGEUNERBESIEDLUNG
UM 1927

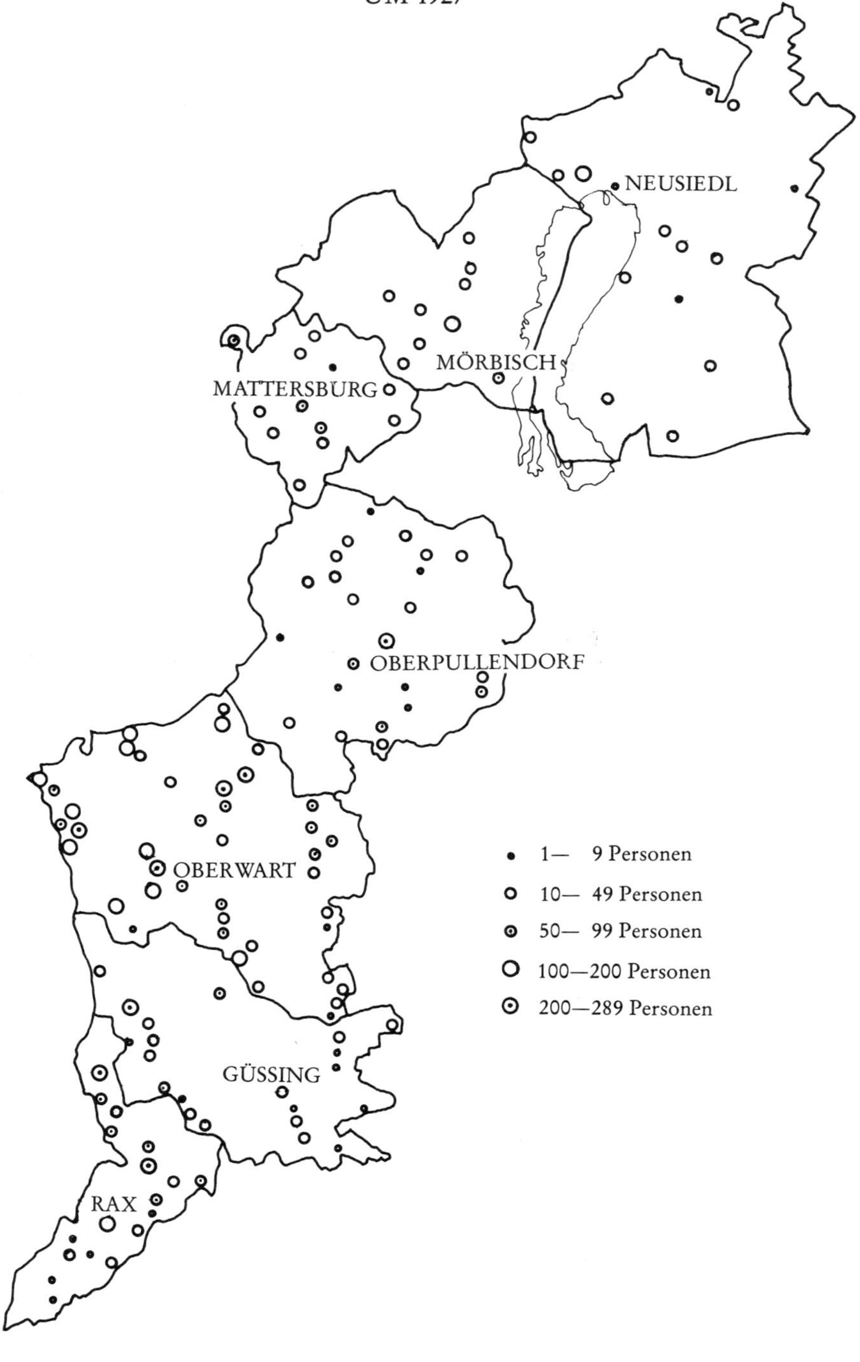

gunst und offene Feindschaft aus und es kam zu ersten konkreten Racheaktionen gegen Zigeuner:

In der Gemeinde Sulzriegel etwa befürchteten die Bewohner, daß die Zigeunerminderheit zur Mehrheit heranwachsen und eine Zigeunergemeinde entstehen könnte. Bei den Gemeinderatswahlen im Jahr 1933 enthielten sich die Bauern in ihrer allgemeinen Protesthaltung der Stimme und mußten dann zu ihrer Überraschung feststellen, daß auf den als zweiten Kandidaten aufgestellten Zigeuner die meisten Stimmen entfallen waren. In ihrem Ärger begannen die Bauern, aus Protest Milch und andere Lebensmittel zu vernichten, statt sie den Konsumenten zu verkaufen. Schließlich wurde das Wahlergebnis mit der Begründung angefochten, daß die Stimmen einiger Zigeuner wegen ihrer Vorstrafen nichtig seien.[70]

In Pinkafeld wurde den Zigeunern während der Nachtstunden, von 18 bis 7 Uhr, der Aufenthalt im gesamten Ortsgebiet untersagt, da man sich angeblich vor ihren Diebstählen fürchtete.

Ein anderer Vorfall ist typisch dafür, wie ein harmloses Mißverständnis zu einer politischen Affäre hochgespielt wurde. Am Sonntag, dem 22. Mai 1932, um 19.10 Uhr strahlte der Rundfunk eine 40minütige Direktübertragung aus Stegersbach unter dem Titel, »Besuch im burgenländischen Zigeunerdorf« aus. Der Reporter Andreas Reischek führte mit dem damaligen »Zigeunerbürgermeister« Karl Horvath ein längeres Gespräch, in dem er seinen Gesprächspartner als »Herr Bürgermeister« titulierte, was nur als höfliche Anrede für den als Zigeuner-Chef geltenden Horvath gedacht war. In der Orts- und Pfarrchronik von Stegersbach liest sich das Ereignis dann folgendermaßen:

> Die Sendung wurde in ganz Österreich ausgestrahlt. So verbreitete sich die Ansicht, daß Stegersbach eine Zigeunergemeinde sei und einen Zigeuner als Bürgermeister habe.
>
> Kurz darauf hat sich folgendes ereignet: Ein Reisender kam von Graz nach Burgau und wollte von dort über Stegersbach nach Güssing fahren. Da erkundigte er sich in Burgau, ob es ratsam sei, durch Stegersbach zu fahren, nachdem er im Radio gehört hat, Stegersbach sei eine Zigeunergemeinde mit einem Zigeuner als Bürgermeister. Erst als er in Burgau die richtige Aufklärung über Stegersbach erhalten hat, wagte er es, durch Stegersbach nach Güssing zu fahren.
>
> Auch von verschiedenen Gegenden Österreichs mußten wir die Erfahrung machen, daß sich diese Radio-Reportage sehr zum Schaden der Gemeinde ausgewirkt hat.[71]

In der Zeitung »Burgenländische Heimat« verwendete man im ersten Beitrag der Serie »Der Südburgenländer« diese Radiosendung nur als Aufhänger, um darauf aufmerksam zu machen, daß die Südburgenländer die »Lösung der Zigeunerfrage selbst in Angriff zu nehmen hätten.«[72]

Auch andere burgenländische Zeitungen reagierten auf den Vorfall. In dem Blatt »Der Freie Burgenländer« äußert man sich am 2. Oktober 1932 negativ über diese

Rundfunksendung. In dem Artikel »Die Zigeunerfrage — eine Lebensfrage der burgenländischen Bauernwirtschaft« heißt es wörtlich:

> Vor einiger Zeit hatte die »Ravag« eine Übertragung aus Stegersbach und der Herr Regisseur sprach dort einen Zigeuner als Bürgermeister an! Seitdem ist Stegersbach der Zigeunerort, dem mancher in weitem Bogen ausweicht! Hätte damals nicht ein Proteststurm von der Gemeindevertretung einsetzen und alle Zeitungen für die Frage interessiert werden sollen? Stegersbach hat den günstigsten Zeitpunkt versäumt, es hätte für das ganze Burgenland die Ordnung der Zigeunerfrage bringen können! Heute kennt man Stegersbach als Zigeunerort, wo sogar ein Zigeuner als Bürgermeister residieren soll, das Radio hat es in alle Richtungen der Windrose verkündet.[73]

Ein anderer Autor wiederum meint: »... man überträgt ihr Schreien und Musizieren im Radio — doch man hilft ihnen nicht. Man faselt erregt von einer Kulturschande — doch man hilft ihnen nicht.«[74]

Die Haltung der Gemeindevertretung von Stegersbach übertrug sich auch auf einzelne Personen, die die Zigeuner als bedrohliche Gefahr ansahen, der man von offizieller Seite nicht Herr werden konnte. Obwohl nicht alle Burgenländer negative Vorurteile gegen Zigeuner aufgebaut hatten, begann die Bevölkerung nun, in Selbsthilfeaktionen gegen die Zigeuner vorzugehen.

1935 wurde in Stegersbach eine Zigeunerin beim »Christbaumdiebstahl« ertappt. Der Bauer erschoß sie auf der Stelle, obwohl nach ungeschriebenen Gesetzen jeder Ortsbewohner aus dem Wald einen Christbaum holen durfte, ohne daß dies als Diebstahl galt.[75]

Ein Zigeuner, ein Scherenschleifer, der sich gegen Abend einem Gehöft näherte, wurde ebenfalls von einem vorbeikommenden Bauern ermordet, angeblich um einer Brandstiftung vorzubeugen.[76]

Auch bei allen unaufgedeckten Diebstählen, Einbrüchen, Morden, Raubfällen und Bränden wurden zunächst die Zigeuner verdächtigt. Allerdings bot das Verhalten vieler Zigeuner im Überlebenskampf in den Zwischenkriegsjahren Vorwände für solche Reaktionen. So war es etwa jedermann gestattet, dürres Holz in den Wäldern einzusammeln, es heimzuschaffen und als Brennholz zu verwenden. Als nicht mehr genügend Brennholz herumlag, weil sich allzuviele arme Leute auf diese Weise für den Winter eingedeckt hatten, begannen einige Zigeuner, schöne Bäume heimlich zu ruinieren, um sie dann legal als Brennholz verwenden zu können.

In Zeiten der Hungersnot nahmen das Wildern und der Felddiebstahl bei Zigeunern und armen Gadje (Nichtzigeunern) zu. Verendete Tiere aßen aber nach wie vor nur die Zigeuner. Eine Zigeunerin aus St. Martin an der Raab brachte angeblich eine Sau im Stall eines Bauern absichtlich zum Verenden. Sie tauchte einen Schwamm in heißes Schmalz, preßte ihn und ließ ihn erkalten, dann warf sie ihn heimlich in den Sautrog. Nachdem die Sau den Schwamm gefressen hatte, quoll dieser im Magen auf, verstopfte die Verdauungswege und brachte das Tier zum Verenden.

Einige Zigeuner versuchten auch, sich falsche Papiere zu verschaffen, indem sie sich an verschiedene Pfarrämter mit der Bitte wandten, ihnen als noch ungetaufte Erwachsene das heilige Sakrament der Taufe zu spenden, und sich dann Taufscheine mit falschem Geburtsort, falschem Alter und falschem Vor- und Zunamen ausstellen ließen, die sie nachher zu gesetzeswidrigen Manipulationen verwendeten. Sie gaben an, alle sonstigen Ausweispapiere verloren zu haben.[77]

In Mattersburg sollen Zigeuner bei einer größeren Einbruchsaktion Waren aus einem Kaufhaus und Geld aus einer Bank entwendet haben. Die Diebsbeute wurde später in den Zigeunersiedlungen von Oberpullendorf und Kleinmutschen sichergestellt.[78] Dazu sei angemerkt, daß solche von langer Hand organisierte Aktionen kaum der Mentalität der Zigeuner entsprechen, und es eher denkbar scheint, daß sie dabei als Handlanger beteiligt waren.

Daß vermutlich tatsächlich etliche Straftaten in dieser Zeit auf das Konto von Zigeunern gingen, ist nicht zuletzt mit der sozialen Stellung, der allgemeinen Not der Zigeuner, zu erklären.

Die Zeit des Nationalsozialismus

Mit dem Aufkommen des Nationalsozialismus in Deutschland und in Österreich und im Zusammenhang mit der wirtschaftlichen Notlage, machte sich der Rassismus immer stärker bemerkbar. Die Verfolgung aller »nichtdeutschen Volksgruppen« wurde vorangetrieben. Dazu gehörten natürlich auch die Zigeuner. Thobias Portschy, der im März 1938 von Hitler als Gauleiter, SA-Führer und Landeshauptmann eingesetzt wurde, veröffentlichte damals eine Denkschrift, aus der hier einige Auszüge zitiert seien:

> Willst du, Deutscher, Totengräber des nordischen Blutes im Burgenland werden, so übersehe nur die Gefahr, die ihm die Zigeuner sind.
>
> Kampf dem Eindringling und Schmarotzer im nationalsozialistischen Reich. Beschütze dein Blut vor der Zersetzung durch die orientalischen Pestträger.[79]

Einige Programmpunkte der Denkschrift:

1. Der Geschlechtsverkehr zwischen Zigeunern und Deutschen gilt als Verbrechen der Rassenschande.
2. Zigeuner dürfen die allgemeine Volksschule nicht besuchen.
3. Die Sterilisierung der Zigeuner soll die Nachkommenschaft verhindern.
4. Haus- und Personendurchsuchungen haben regelmäßig stattzufinden.
5. Zigeunerhütten (eine Kulturschande) werden abgerissen und die Zigeuner in Arbeitsbaracken untergebracht.

6. In den Arbeitslagern arbeiten die Zigeuner als geschlossene Gruppe.
7. Die Ausübung von Privatberufen außerhalb des Arbeitslagers ist den Zigeunern verboten.
8. Die Zigeuner dürfen keine Waffenträger der deutschen Nation sein.
9. Die freiwillige Abwanderung ins Ausland wird gefördert.[80]

Ab 13. März 1938 setzte die erste Vernichtungswelle ein. Die Verfolgungsmaßnahmen gegen Zigeuner wurden von Portschy persönlich angeordnet und in den Bezirkshauptstädten Eisenstadt, Mattersburg, Neusiedl, Oberpullendorf, Oberwart, Güssing und Jennersdorf durchgeführt. Nun wurde in allen Gemeinden eine Heimatrolle angelegt und der Personenstand aller Zigeuner in eigenen Listen aufgenommen. Man erreichte damit eine lückenlose Erfassung aller Zigeuner. In Girm bei Deutschkreutz ist diese Heimatrolle für Zigeuner noch vorhanden, in allen anderen Gemeindeämtern wurde sie in der Nachkriegszeit skartiert (ausgeschieden).

Grenzmark-Zeitung

Erscheint einmal wöchentlich. Schriftleitung und Verwaltung: Eisenstadt, Hauptstraße 5, Tel. 78

Herausgeber Dr. Tobias Portschy, Eisenstadt — Folge 27

4. September 1938

Kein Schulbesuch von Zigeunern

Im Sinne einer Weisung des Landeshauptmannes dürfen Zigeunerkinder nicht mehr eingeschult werden.

Man kann es unseren deutschen Volksgenossen nicht zumuten, daß sie ihre Kinder mit Zigeunern auf die gleiche Schulbank setzen lassen, da es doch eine Tatsache ist, daß die Nachkommen dieses Parasitenvolkes oft mit bösen Krankheiten behaftet sind und in sittlicher Hinsicht eine Gefährdung der deutschen Schüler bedeuten.

Im Mai 1938 wurde allen Zigeunerkindern der Schulbesuch für das kommende Jahr untersagt. Das teilweise Analphabetentum der heute 40- bis 50jährigen Zigeuner ist auch auf diese Maßnahme zurückzuführen. In einem Erlaß entzog man den Zigeunern das allgemeine Wahlrecht, sie durften bereits an der Volksabstimmung am 10. April 1938 nicht mehr teilnehmen und wurden als »Fremde« unter Sondergesetze gestellt.[81]

Am 5. Juni 1938 richtete das Reichskriminalpolizeiamt Berlin an die Kriminalpolizeileitstelle Wien den Befehl, alle männlichen Burgenlandzigeuner abzuholen und nach Dachau und Buchenwald zu verschicken, sofern sie nicht bei der Ernte eingesetzt waren. In den Konzentrationslagern sollten sie in »Vorbeugungshaft für kriminell Anfällige« gestellt werden. Von dieser Maßnahme waren alle Wanderhandwerker und Hausierer betroffen, die als »Landstreicher« eingestuft wurden. Weiters fahndete man nach »arbeitsscheuen Elementen«. Alle in der Zeit der allgemeinen Arbeitslosigkeit so zahlreich gewordenen Bettler fielen unter diese Kategorie. Als arbeitsscheu und asozial galten nach Auffassung der Polizei aber auch alle Berufs- und Gelegenheitsmusiker, von denen die meisten Zigeuner waren. Musikanten, die erwischt wurden, mußten entweder 100 Reichsmark (RM) Strafe bezahlen oder sie kamen für zwei Wochen in Arrest.[82]

232 Zigeuner wurden festgenommen und der polizeilichen Vorbeugungshaft zugeführt. Auf Grund einer vertraulichen Order des Reichskriminalpolizeiamtes Berlin an die Kriminalpolizeileitstelle Wien wurden auch einige Hundert andere Zigeuner in die Konzentrationslager nach Dachau und Ravensbrück gebracht. Nur die in der Landwirtschaft tätigen Zigeuner, die für die Einbringung der Ernte unentbehrlich waren, konnten ihren Arbeitsplatz zunächst noch beibehalten.

Im Juli 1938 verbot Landeshauptmann Portschy die Schließung von Mischehen, gleichzeitig verordnete er auch die Arbeitspflicht für alle arbeitsfähigen Zigeuner an öffentlichen Bauten und in Privatunternehmungen. Die Zigeuner wurden in geschlossenen Gruppen, getrennt von den übrigen Arbeitern, eingesetzt. Die tägliche Arbeitszeit betrug 10 Stunden, der Arbeitgeber hatte für die geleistete Arbeit RM 0,27 zu bezahlen.

Am 27. Februar 1939 wurde Juden und Zigeunern grundsätzlich die Genehmigung zum Grundstückserwerb versagt.

Der nächste entscheidende Schritt war die Errichtung des Zigeunerlagers in Lakkenbach im Bezirk Oberpullendorf. Grundlage dazu bot ein Erlaß des Reichsinnenministeriums. Die Eröffnung des Lagers fand am 23. November 1940 statt. Nicht der Gau, sondern die Kriminalpolizeileitstelle Wien war für dieses sogenannte »Familienlager« zuständig. Die Lagerinsassen wurden in einem ehemaligen Meierhof, Schaflerhof genannt, und den dazugehörigen Stallungen untergebracht. 1976 fand man ein Tagebuch des Zigeunerlagers Lackenbach, in dem zwischen 9. Jänner 1941 und 4. Februar 1942 Eintragungen gemacht wurden. In einer längeren Eintragung vom 8. Februar 1941 heißt es:

> Am heutigen Tag weigerten sich die Zigeuner, zur festgesetzten Stunde den Schlafraum aufzusuchen, weil durch das herrschende Tau- und Regenwetter Stroh und Bettzeug vollkommen durchnäßt sind.[83]

Zunächst waren in dem Lager nur 180 Häftlinge untergebracht. Die Masseneinwei-

Zigeuner im Lager Lackenbach

sungen begannen im Frühjahr 1941, wodurch sich die Situation im Lager wesentlich verschlechterte. In der Folgezeit schwankte der Stand zwischen 570 und 2.000 Personen, die in zusätzlich errichteten Baracken hausten.

Im Oktober 1941 erreichte die Häftlingsanzahl den höchsten Stand. 2.335 Häftlinge vegetierten im Lager. Die Schwankungen im Lagerstand erklären sich aus der Einlieferung etlicher Personen in das Spital von Oberpullendorf, der Geburt einiger Kinder im Lager, aus vereinzelten Entlassungen, der Einsetzung etlicher Personen als Hirten oder Erntehelfer und den erfolgreichen Fluchtversuchen einiger weniger. Am 4. und am 8. November 1941 wurden aus dem Lager Lackenbach je 1000 Zigeuner nach Litzmannstadt deportiert, und dort vernichtet. Im Jänner 1942 brach im Lager Flecktyphus aus, dem 202 Personen zum Opfer fielen.

Die Verstorbenen wurden auf dem alten jüdischen Friedhof begraben, der heute unter Verwaltung der Israelitischen Kultusgemeinde von Wien steht. Noch heute existieren dort die Massengräber der Zigeuner. Auch der Lagerleiter Johann Kohlroß starb am 2. Februar 1942 an der Seuche. Mit seinem Tod enden die Eintragungen im Lagertagebuch.

Unter seinem Nachfolger, dem Obersturmführer Franz Langmüller, verschlimmerte sich die Situation der Lagerinsassen noch mehr. Mütter, die geduldet hatten, daß ihre Kinder ihre Notdurft im Freien verrichteten, mußten mehrere Stunden lang barfuß im Schnee gehen, die Männer wurden gezwungen, die Latrinen mit bloßen

Zigeuner im Lager Lackenbach

Händen zu reinigen, Kinder und Erwachsene wurden zu Schwerstarbeiten herangezogen; so mußten sie Steine von der abgebrannten jüdischen Synagoge herbeischleppen, um für die Lagerleitung den Meierhof um eine Etage aufzustocken. Für den Bau der Straße von Lackenbach nach Unterfrauenhaid setzte man ebenfalls Zigeuner ein.

Wenn Ortsansässige oder Bekannte vorbeikamen, mußten sie ihr Gesicht abwenden. Einige Ortsbewohner versuchten »ihren Zigeunern« bei der Flucht zu helfen; ein fast unmögliches Unterfangen.

Baron Rochonczy gelang es, die Zigeuner von Mittelpullendorf für »zweckgebundene Landarbeit« auf den Rübenfeldern anzufordern. Rochonczy stand den Zigeunern seit jeher näher als den Bauern, die eigentlich seine Gegner waren. Die Zigeuner verwendeten ihm gegenüber die Anrede »Vater«. Den Zigeunern, die er aus dem Lager herausholte, verhalf er zur Flucht über die ungarische Grenze. Erst wenn sie in Sicherheit waren, leitete er selbst die Fahndung ein. Mit dieser Hilfestellung setzte er natürlich sein eigenes Leben aufs Spiel. Im Lagertagebuch sind 121 Personen angegeben, denen die Flucht gelang.

Im Herbst 1942 wurden die letzten Zigeuner aus den Reihen der Wehrmacht ausgestoßen und nach Lackenbach eingewiesen, wo ab Ende 1942 der SS-Obersturmführer Eckschlager als Lagerleiter fungierte. Die Zustände innerhalb des Lagers waren nun mit jenen in den großen Konzentrationslager durchaus zu vergleichen. Prügelstrafe, Appellstehen, Essensentzug, Zwangsarbeit und anschließende Deportation nach Ravensbrück oder Auschwitz standen auf der Tagesordnung.

Im September 1943 wurde der SS-Untersturmführer Julius Brunner als Lagerleiter eingesetzt und blieb es bis zur Auflösung des Lagers im April 1945. Er versuchte, die Lage der Zigeuner etwas menschlicher zu gestalten.

Sinti-Wagen im Lager Lackenbach

IN KONZENTRATIONSLAGERN

In den Siedlungen hatte es sich rasch herumgesprochen, daß die Zigeuner bald abgeholt werden sollten. Berichte über die Zeit vor der Deportation sind erschütternd. Viele ahnten bereits, was für ein grausames Schicksal sie erwartete. So gingen die meisten Zigeuner noch zum Pfarrer, um sich für immer zu verabschieden.

Die ersten Burgenland-Zigeuner wurden im Juni 1939 nach Dachau und Buchenwald deportiert. Die harte Arbeit führte bei vielen bald zu Krankheiten. Die Einlieferung ins Krankenrevier hatte aber immer die Verabreichung der Todesspritze zur Folge, die die Zigeuner als Mulo-Spritze bezeichneten.

Von den zwei ursprünglichen Konzentrationslagern wurden einige Zigeunertransporte in die Konzentrationslager von Sachsenhausen, Mauthausen und Ravensbrück weitergeleitet. Im Jänner 1945 begann in Ravensbrück die Sterilisierung von Zigeunerfrauen und -mädchen. Die Sterilisierung aus »experimentellen Gründen« wurde von Prof. Dr. Clauburg durchgeführt. Es wurde den Zigeunern versprochen, daß sie nach dem Eingriff die Freiheit erlangen würden, daraufhin setzten viele Frauen ihr Kreuz auf das »Einwilligungsformular«. In Ravensbrück überlebten einige junge, anpassungsfähige Zigeunerfrauen, die in den verschiedenen Werkstätten des Lagers arbeiten konnten. Alle älteren Frauen sind im Lager oder nach Auflösung von Ravensbrück auf den Hungermärschen nach Bergen-Belsen und Mauthausen zugrundegegangen.

DIE »ENDLÖSUNG«

Am 5. und am 9. November 1941 kam je ein Zigeunertransport von Lackenbach in Lódz (Litzmannstadt) an, insgesamt 2.000 Menschen. Die bereits im Burgenland an Typhus Erkrankten starben bald nach ihrer Ankunft. Mehrmals am Tag gingen Leichentransporte mit acht bis zehn Toten zum Friedhof. Für die Beisetzung der Zigeuner wurde ein abgegrenztes Feld bereitgestellt. Jene, die den Typhus überlebt hatten, starben Ende November in den Gaskammern. Aus Litzmannstadt gibt es keinen einzigen Überlebenden, nur Briefe und Pässe wurden nach Ende des Krieges gefunden.

Deportation von Lowara nach Lackenbach, Wien-Simmering 1942

In einer Aussendung aus Oberwart vom 19. März 1942 heißt es, daß man für die nach Litzmannstadt umgesiedelten Zigeuner keine Besuchserlaubnis erhalten könne. Es wurde den Verwandten aber nicht mitgeteilt, daß tatsächlich zu diesem Zeitpunkt keiner der »umgesiedelten Zigeuner« mehr am Leben war.

Im Jänner 1943 wurde vom Reichssicherheitshauptamt der berüchtigte Auschwitz-Erlaß an alle Kripostellen ausgesendet, der die Vernichtung aller »rassisch minderwertigen Personen« forderte. Von März bis Mai 1943 rollten Transportzüge mit österreichischen Zigeunern, worunter sich auch Burgenland-Roma befanden, nach Auschwitz-Birkenau. Nahezu alle Werke über Auschwitz enthalten Schilderungen über das dortige Zigeuner-Familienlager, in dem Sinti und Roma untergebracht waren. Überall wird von der Not und Bettelei, der Korruption, den Krankheiten und den weithin hörbaren Totenklagen, den »Mulo-Klagerufen«, berichtet. Am 1. August 1944 wurden noch arbeitsfähige Männer und Frauen von Auschwitz abtransportiert. In der Nacht vom 2. auf den 3. August wurden 2.897 Frauen, Kinder und Männer zur Vergasung geführt.[84]

Nach 1945 errichtetes Gedenkkreuz
am Jüdischen Friedhof
in Lackenbach

Die Entwicklung nach 1945

Nach dem Ende des Zweiten Weltkriegs und dem Fall des nationalsozialistischen Regimes kamen nur wenige Überlebende nach und nach in ihre Heimatgemeinden im Burgenland zurück.[85] Für sie, die der Unmenschlichkeit und der Hölle der Konzentrationslager entronnen waren, bedeutete es sicherlich eine unvorstellbare Freude, die Heimat und altbekannte, vertraute Menschen wiederzusehen. Die Bauern hingegen begrüßten sie mit eher gemischten Gefühlen. Teilweise bestanden die alten Vorurteile noch immer, teilweise fürchteten sie die Belastung, die ihrer Gemeinde durch Wiedergutmachungsforderungen erwachsen mochte, teilweise drückte sie schlicht das schlechte Gewissen, weil sie nach der Deportation der Zigeuner deren Hütten geplündert und die gesamten Siedlungen abgerissen hatten.

Im KZ geisteskrank gewordene Zigeunerin,
Wiesen 1979

Ein Teil der Zigeuner forderte nur die nötigen Papiere an und verließ dann auf schnellstem Weg das Burgenland, um in anonymer Umgebung (Niederösterreich, Steiermark und Wien) ein neues Leben zu beginnen und eine neue Existenz aufzubauen. Der andere Teil der Überlebenden beschloß, in der Heimat zu bleiben. Durch die vorangegangenen Unmenschlichkeiten und das erlebte Leid waren sie bewußter geworden und ließen sich nun nicht mehr in Hirtenhütten am Rand des Dorfes abschieben. Sie forderten ordentliche Unterkünfte. Zuerst begnügten sie sich wohl mit Nachkriegsquartieren in Bunkern, in Höhlen und Wellblechhütten, doch dann begannen sie, sich auf ihre Rechte als Staatsbürger zu besinnen und diese zu reklamie-

ZIGEUNERBESIEDLUNG
UM 1982

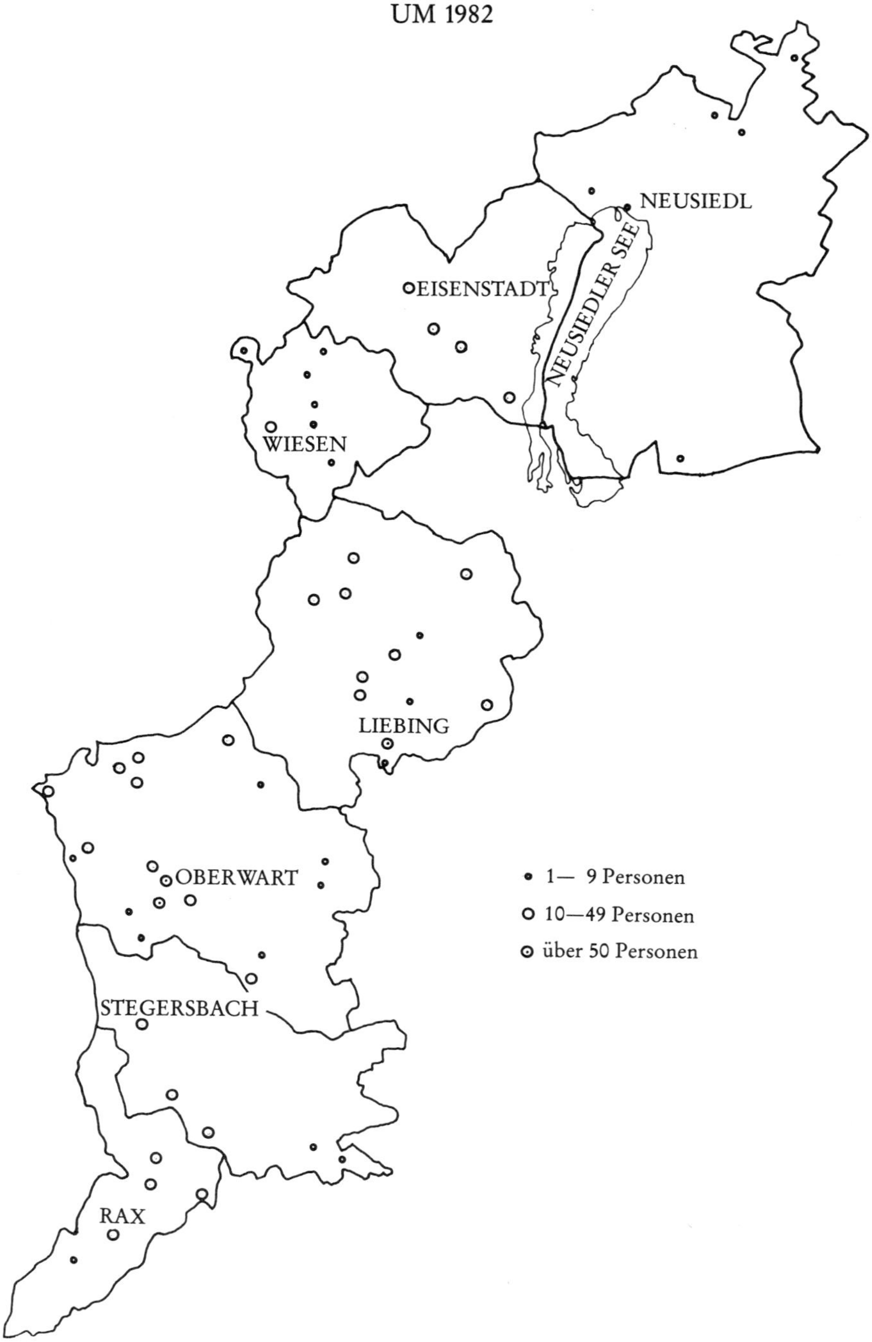

ren. Die Gemeinden mußten ihnen zu menschenwürdigen Unterkünften verhelfen. Die ehemaligen Insassen der Konzentrationslager erhielten zu Beginn der fünfziger Jahre eine einmalige Zahlung von 860 Schilling pro Haftmonat. (Die im Krieg arbeitsunfähig und krank Gewordenen bekommen bis heute eine monatliche Rente von etwa 4.000 Schilling.)

Die Häftlinge von Lackenbach hingegen wurden nicht in die Opferfürsorgerente einbezogen, da Lackenbach den Status eines »Familienlagers« gehabt und nicht der SS unterstanden hatte. Erst ab 1961 erhielten die »Lackenbacher« Entschädigungen für »Freiheitsbeschränkungen« in der Höhe von 350 Schilling pro Haftmonat.

Durch die Massenvernichtung in den Konzentrationslagern kam es innerhalb der Burgenland-Roma zu einem Bruch. Im KZ starb an erster Stelle die Großelterngeneration, der eigentliche Kulturträger, der im Normalfall Tradiertes an die Kindergeneration weitergibt. Aus der ehemals intakten Minderheitengruppe, die ein eigenes Erziehungssystem, eigenen Familienzusammenhalt, eine eigene Sprache, eigene Kultur und eigene Berufe hatte, wurde eine soziale Randgruppe, die — ihrer eigenen Tradition kaum mehr bewußt — dazu verurteilt ist, am Rand der Dörfer als Ausgestoßene zu leben und erst langsam beginnt, sich mit der Kultur der Arbeiter zu identifizieren. Die Zigeuner von Mittelpullendorf bilden hier die einzige Ausnahme. Rochonczy hatte viele von ihnen vor dem KZ bewahrt. Sie kamen nach 1945 unversehrt aus dem benachbarten Ungarn zurück und kauften sich Häuser im Ortskern von Oberpullendorf, wo sie heute leben und teilweise wieder dem Musikerberuf nachgehen.

Da die Zigeuner seit 1945 österreichische Staatsbürger sind und bei Volkszählungen nicht als Zigeuner deklariert werden, sind sie statistisch nicht zu erfassen. So konnte ich nur auf Grund der Opferfürsorgekartei und der persönlich eingeholten Angaben aller Gemeindeämter im Jahre 1982 eine Zigeuner-Besiedlungskarte erstellen.

DIALEKTVERTEILUNG
UM 1943

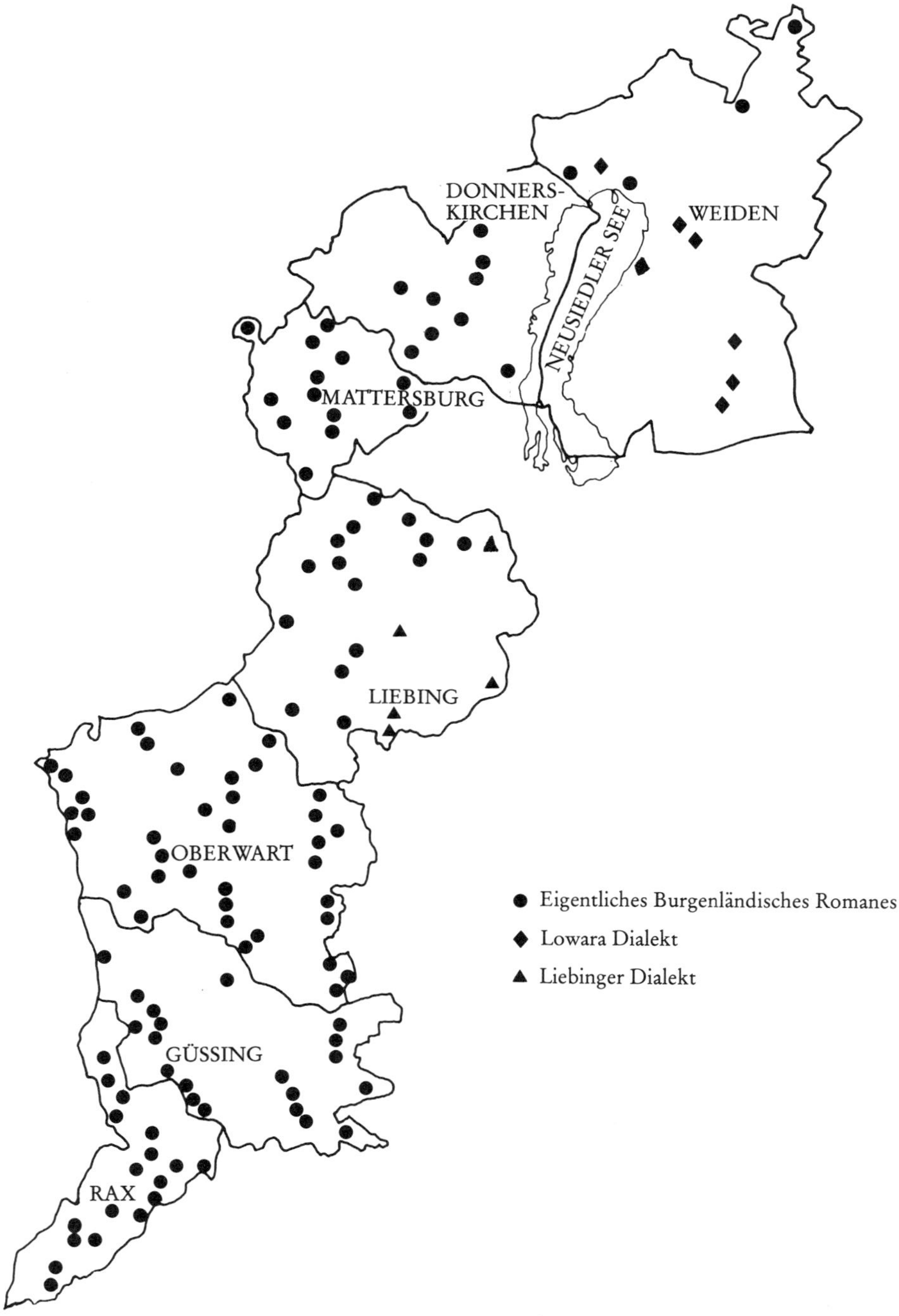

DIE SPRACHE

Es gibt viele verschiedene Zigeunergruppen und ebensoviele verschiedene Zigeunerdialekte, die alle mit indischen Sprachwurzeln durchsetzt sind. Es läßt sich daher mit Sicherheit annehmen, daß alle Zigeuner Indien als gemeinsames Herkunftsland haben.

Als die Zigeuner in unserem Gebiet erstmals auftraten, glaubte man, daß ihre Sprache ein ägyptischer Dialekt sei. Erst 1753 bemerkte der ungarische kalvinistische Theologiestudent István Vályi aus Almasch im Komorner Komitat, daß die Wurzeln der Zigeunersprache in Indien zu suchen sind. Der Student verglich 1.000 Wörter der Raaber Zigeuner mit der Sprache seiner indischen Mitstudenten in Leyden. Die Entdeckung von Vályi wurde zunächst nur als Anekdote kolportiert, erst später wurde klar, daß sich die Zigeunerdialekte tatsächlich direkt aus dem Sanskrit ableiten und dieser indogermanischen Ursprache näher stehen, als alle europäischen Sprachen. Die Sprache der Zigeuner, die Nordwestindien verließen, hat freilich innerhalb der letzten 1000 Jahre außerhalb Indiens gewisse Veränderungen durchgemacht. In jedem Gastland wurden Lehnworte aufgenommen, die sich in einzelne Schichten gliedern und einen Hinweis auf Wanderwege und Aufenthaltsdauer der einzelnen Stämme geben.

- Die erste Sprachschicht bildet das Indische.
- Die nächsten Schichten sind Persisch, Armenisch, Türkisch oder Griechisch.
- Dann folgt je nach Zigeunergruppe ein unterschiedlich langer rumänischer Einfluß.
- Die letzte Schicht bilden Ungarisch, Kroatisch und Deutsch.

Der Wiener Sprachwissenschaftler und Gründer des Institutes für Slavistik, Franz von Miklosich, teilte 1872 die europäischen Zigeunerdialekte in 13 Gruppen. Den in Westungarn und im heutigen Burgenland gesprochenen Dialekt nannte er »Ungrischen Dialekt«.

Die heute geläufigste Einteilung traf der englische Sprachforscher Gilliath Smith, der die europäischen Zigeunerdialekte in zwei Hauptgruppen teilte.

- Die vlax-Gruppe (sprich: wlach, das bedeutet: walachisch) enthält zahlreiche rumänische Lehnwörter. Zu dieser Gruppe gehört der Dialekt der Lowara.
- Die non-vlax Gruppe enthält keine rumänischen Lehnwörter. Zu dieser Gruppe zählt die Sprache der Burgenland-Roma.

Der österreichische Sprachforscher J. Knobloch schrieb seine Dissertation über die Zigeunerdialekte des Burgenlands. Er verbrachte im Frühling 1943 vier Tage im Anhaltelager Lackenbach und kam zu folgendem Ergebnis:

1. Der eigentliche burgenländische Roma-Dialekt war im Burgenland am weitesten verbreitet. Deutsche Fremdwörter haben diesen Dialekt beeinflußt.

2. Der Liebinger-Dialekt wurde nur in der Südostecke des Bezirkes Oberpullendorf gesprochen. Er war lautlich vom Kroatischen beeinflußt und konnte in den Orten Liebing, Langental, Deutschkreutz, Rattersdorf und Kleinmutschen nachgewiesen werden.[1]

3. Im Seewinkel hingegen wurde von den Lowara ein vlax-Dialekt, also ein rumänisch beeinflußter Dialekt, gesprochen. 1943 konnte dieser Dialekt in den Orten Tadten, Wallern, Andau, Mönchhof, Gols, Podersdorf und Jois nachgewiesen werden. Nach dem Zweiten Weltkrieg kehrten die Lowara aber nicht ins Burgenland zurück.[2]

Außer ihrer Muttersprache beherrschten die Zigeuner seit jeher eine bis drei Fremdsprachen. Schon Erzherzog Joseph von Habsburg bemerkte in seiner 1888 erschienenen Zigeunergrammatik: »Die Zigeuner sind keine Linguisten, doch sie sind polyglott.«[3] Es wird ihnen eine besondere Fähigkeit zur Aneignung der Sprache ihrer Wirtsvölker nachgesagt. Die burgenländischen Zigeuner beherrschten vor dem Zweiten Weltkrieg die Staatssprache, also Deutsch, die Ortssprache des eigenen Dorfes und der Nachbardörfer. Sie sprachen sowohl Ungarisch, als auch Kroatisch und im Südburgenland teilweise auch Slowenisch. Heute noch besuchen die Schüler gern den ungarischen Zusatzunterricht in all den Orten, wo dieser angeboten wird. Es ist allerdings historisch belegbar, daß die Verbreitung des Romanes, der eigenen Sprache der Zigeuner, ständig im Abnehmen begriffen ist.

Bei der Volkszählung im Jahr 1939 gab es eine Rubrik: »andere Muttersprache als Deutsch, Kroatisch oder Magyarisch.« Im Südburgenland waren es 4.716 Personen, die diese Rubrik wählten, im Nordburgenland 868 Personen. Auf den Bezirk Oberwart entfielen 3.220 Personen, auf den Bezirk Eisenstadt 458 und auf den Bezirk Oberpullendorf 410 Personen. Wieviele von diesen Personen zigeunerischer Herkunft waren, ist allerdings unklar. Im Rahmen der Volkszählung von 1961 bekannten sich nur mehr insgesamt 433 Personen als dem Romanes zugehörig. 28 im Bezirk Eisenstadt, 42 im Bezirk Güssing, 48 im Bezirk Jennersdorf, 15 im Bezirk Mattersburg, keiner im Bezirk Neusiedl, 79 im Bezirk Oberpullendorf und 221 im Bezirk Oberwart.

An der Sondersprachenzählung am 14. 11. 1976 beteiligte sich hingegen niemand mehr.[4]

Seit jeher versuchten die Roma, das Romanes geheim zu halten, besonders Behörden gegenüber. Manche übereifrige Gendarmen wollten die Sprache erlernen, doch sie wurden immer in die Irre geführt. »Werd ich dir sagen die Wahrheit, heißt Mond«, sagte ein Zigeuner zu einem Gendarmen, ein anderer wiederum beteuerte, als er nach demselben Wort befragt wurde: »Werd ich dir sagen die Wahrheit, heißt Sonne«.

Einem Fremden gegenüber leugnete man zunächst generell, Romanes oder eine andere Zweitsprache zu beherrschen. Romanes drang meist nur durch Zufälle an die Öffentlichkeit. Bauernkinder erlernten etwa beim Spiel einige Worte vom Zigeunerhirten, von Nachbarskindern, schnappten Worte am Pferdemarkt auf, oder debile Zigeuner plauderten die Sprache aus.

TEXTBEISPIEL DES LIEBINGER DIALEKTES[5]

DER ARME ZIGEUNER UND DER TEUFEL

Es war einmal ein armer Zigeuner, der hatte zwölf Kinder. Der Arme war sehr bedauernswert. Er hatte eine Geige und ging im Fasching musizieren. Das ganze Dorf hatte er schon abgewandert. Man gab ihm viel Brot und Geld. Da war nun auch ein Müller. »Jetzt muß ich auch zu diesem Müller gehen«, sagte er (der Zigeuner). Als er nun beim Müller eintreten wollte, kam dieser mit einer großen Hacke heraus und sprach zum Zigeuner: »Spiel mir nicht auf«, sagte er, »bei mir ist ein großes Malheur passiert!« »Was gibt es? Könnte ich dir nicht helfen?« »O ja«, sagte der Müller, »zu mir kommt der Teufel jede Nacht um zwölf Uhr mahlen.« Nun sagte der Zigeuner: »Diese Nacht werde ich kommen!«

Um zwölf Uhr kam der Zigeuner. Der Müller gab ihm ein großes Brot, auch Wein und Fleisch gab er ihm mit. Für den Teufel nahm der Zigeuner ein Faß Spiritus mit. Als nun der Teufel die Geige sah, da sagte er: »Freund, was ist das?« »Das ist eine gute Sache. Laß nur, du wirst noch sehen, wie du tanzen wirst!« Der Zigeuner gab dem Teufel den Spiritus zu trinken, und dieser betrank sich. Als nun der Teufel betrunken war, begann er zu tanzen und tanzte (ging) sogar auf den Plafond hinauf und nahm mit seinen Hörnern den ganzen Plafond mit.

Nun spannt der Zigeuner (irrtüml. der Teufel) seine (des Teufels) Hände in den Schraubstock. Er nimmt eine große Feile und beginnt, des Teufels Hände zu feilen. Da sagte der Teufel: »Ach, mein Freund, ich will die Geige nicht spielen lernen, mir kommt ja schon das Blut!« Da entgegnete der Zigeuner: »Ich werde dich solange bearbeiten, bis du mit deinem eigenen Blut unterschreibst, daß du nie wieder in die Mühle mahlen kommst.« Da unterschrieb nun der Teufel, und der Zigeuner befreite dessen Hände aus dem Schraubstock. Und dann ist der Teufel mit dem Schraubstock fortgegangen.

Wenn sie nicht gestorben sind, leben sie heute noch.

O ČORO ROM TAJ O BENG

Sin efkar je rom. Sin le dešuduj fačuvča. Taj čoro gero sina. Taj sin le hegeduva. Te cidel gelo i fošin, ta cilo gaf tel phirǰa, taj but maro le dine te loj. Hat sina ek monari, phenǰa, kan uz o to monari si te ǰav. Taj kada ande gel' uz o monari, o monari ar alo le bare hokoneha. Phenǰa leske: »ma mange cide roma«, phenǰa, »uze mande bari malea hi!« phenǰa. »So hi? pa naštig tuke pomožinahi?« Phenǰa: »o jou!« phenǰa, »uze mande o benk āl saki rat um cvefij te elīnel, afka te molīnel, na?« Hat phenǰa: »da rat ava!«

Um cvefij gelo o rom. Dija le baro maro taj mol le dija mit taj mas, taj le bengeske lija mit jek hordo špiritus. Hat kada o beng dikhla i hegeduva, phenǰa: »bajtaš«, phenǰa, »so h'aja?« E phenǰa: »ja lačo kova!« phenǰa, »muk, majd dikh, sar tu kheleha!« Taj del leske o rom o špiritus te pīl. Hat o beng mačīlo. Taj kada mačilo o beng kezdinja te khelel t'upr o plafono ǰalahi, ta le šingenca o cilo plafoun mit lelahi.

Hat čīl o beng leskere va and o šraufštok ande taj lel asau baro ǰerni taj kezdinel leskere va te morel. Phenǰa: »jaj, bajtaš, me na kama e hegeduva te cidel, te siklol, ima o rat mange rāl!« Phenǰa: »dokle sa tut morav!« phenǰa, meg udi, meg te činestu tre ajgene rateha hod na ajs buter šoha and o mlino te molīnel. Hat interčinǰa pe, taj o rom njeria leskere vaj āri andar o šraufštok. T'akor o beng dole šraubštokeha fourt gelo.

Taj te na mule, meg t'adi jīn.

Durch die Vernichtung eines großen Teils der Zigeunerbevölkerung im Dritten Reich entstand aber, wie gesagt, ein Bruch innerhalb der Zigeunergemeinschaft, der sich auch auf den Sprachgebrauch auswirkte. Das Romanes wird heute von der jungen Generation in den großen Ansiedlungen wie Oberwart, Unterwart, Rax, Neustift, Liebing und Heiligenkreuz zwar noch beherrscht, in der Öffentlichkeit jedoch nicht mehr als Umgangssprache gebraucht, sondern ist nun völlig zur »Geheimsprache« abgesunken, die dann verwendet wird, wenn man sich in Anwesenheit von Lehrern oder Gadje-Mitschülern (Nichtzigeunern) geheime Mitteilungen machen will, oder in Augenblicken von Unbeherrschtheit und Zorn, wenn man sich an das ungeschriebene Gesetz der Geheimhaltung nicht hält.

Viele Burgenland-Roma schämen sich heute, Zigeuner zu sein, und glauben, ihren sozialen und wirtschaftlichen Aufstieg durch Selbstverleugnung und die Aufgabe ihrer Sprache erlangen zu können. Eine Jugendliche etwa meinte, es wäre ihr 5.000.- öS wert, ihre Muttersprache vergessen zu können, um sich so ihres »Makels« zu entledigen. Die Kinder der nach Wien gezogenen Familien wissen häufig nicht einmal, daß ihre Eltern Zigeuner sind, das Romanes ist ihnen überhaupt unbekannt.

FUNKTIONSERGÄNZUNG IN DER DÖRFLICHEN GESELLSCHAFT

Bis zum Zweiten Weltkrieg gab es im Burgenland fünf verschiedene Volksgruppen, die nebeneinander existierten, nämlich Deutsche, Ungarn, Kroaten, Juden und Zigeuner. Zwar standen die Zigeuner an unterster Stelle der sozialen Skala, sie fielen aber aus dem Rahmen der Minoritäten nicht heraus.

Im Gegensatz zu heute war damals die gegenseitige Toleranz der Gruppen zueinander größer. Trotzdem waren die Zigeuner am stärksten exponiert. Sie waren als letzte Gruppe angekommen und wurden eigentlich nicht benötigt. Außerdem waren sie auf Grund herrschaftlicher Befehle angesiedelt und die bereits seßhafte Bevölkerung durch behördliche Weisungen genötigt worden, ihnen behilflich zu sein. Die Neuansiedlung war also nicht natürlich gewachsen und die Ausgangsposition der Zigeuner denkbar schlecht. Denn im Gegensatz zu Kroaten, Deutschen und Ungarn erhielten sie kein bestellbares Land. Im Aussehen unterschieden sie sich wesentlich von den Kroaten, Juden, Deutschen und Ungarn, was eine Integration erschwerte, die sie zunächst aber auch gar nicht anstrebten. Nur sehr langsam schufen sich die Zigeuner einen Platz in dem jeweiligen Ort, an dessen Rand sie siedelten, und ebenso langsam gewöhnte man sich an ihre Existenz. Da sie nun einmal hier waren, begann man, ihre Hilfsdienste und handwerklichen Fähigkeiten in Anspruch zu nehmen. Nun entstand eine ökonomische Funktionsergänzung zwischen den Zigeunern und der restlichen Ortsbevölkerung (economic exchange = komplementäres Verhältnis). Es kam aber fast nie zu Mischehen (no exchange of wives = distanziertes Verhältnis) und auch der kulturelle Austausch blieb minimal (cultural exchange = eher distanziert als komplementär).

Jedenfalls wurden die Zigeuner niemals unentbehrlich, man kann eher von »patronate relationship«, von einem Beschützer- oder Gönnerverhältnis zwischen den vier anderen Gruppen und den Zigeunern sprechen. In der Zwischenkriegszeit geriet die Symbiose aus dem Gleichgewicht. Das Verhältnis verschlechterte sich aus mehreren Gründen: Zunächst gab es in jedem Dorf nur eine kleine Anzahl von Zigeunern. Es gab zum Beispiel nur einen einzigen Zigeunerschmied und dieser wurde wirklich benötigt. Hatte dieser Schmied nun mehrere Söhne, so konnte nur einer davon die Schmiede übernehmen, alle anderen fielen früher oder später der Gemeinde zur Last.

In der Zwischenkriegszeit häuften sich die Zeitungsmeldungen, in denen die Zigeuner für die sich verschlechternde Wirtschaftslage verantwortlich gemacht wurden. Die latente Ablehnung der Zigeuner erwachte dadurch erneut, denn echte Akzeptanz hatte es nie gegeben.

Um 1921 hatten zwei Drittel der Bevölkerung Mitleid mit den Zigeunern und ein Drittel verachtete sie; der Anteil der Verächter wuchs im Lauf der Zwischenkriegsjahre immer stärker an, und nach ihrer Deportation im Dritten Reich ließen die Zigeuner im Empfinden der Mehrheit bereits kein echtes Vakuum mehr zurück.

In der Zeit bis 1939 waren Zigeuner aus dem Gesamtbild vieler burgenländischer Orte nicht wegzudenken. Die Zigeunersiedlung am Rand des Dorfes war jedem eine Selbstverständlichkeit, die nicht in Frage gestellt wurde. Diese Zigeunersiedlung wurde zwar als getrennte Einheit, trotzdem aber als dem Ort zugehörig empfunden. Die Ortsgemeinde war auch in der Zigeunersiedlung für Ruhe und Ordnung, Hygiene, Seuchenverhinderung, Kranken- und Kinderfürsorge verantwortlich.

Die Zigeuner selbst empfanden sich ebenfalls als geschlossene Einheit. Sie lebten gern in gewisser Abgeschiedenheit, womöglich am Waldrand. Sie zogen es vor, ihre Angelegenheiten selbständig zu schlichten und waren mit der Einführung der Funktion eines eigenen Zigeunerbürgermeisters zufrieden, der es ihnen ersparte, mit den örtlichen Behörden persönlich in Kontakt zu treten. Die sozialen Einrichtungen der nichtzigeunerischen Gesellschaft, wie Hebamme und Armenfürsorge, nahmen sie zwar in Anspruch, jede Kontrolle durch die Gendarmerie und andere behördliche Instanzen empfanden sie jedoch als unangenehmen Eingriff in ihre Freiheit, den sie versuchten, durch unvollständige Angaben, durch tagelanges Verschwinden, dadurch daß sie sich verleugnen ließen, durch vorgetäuschte Sprachschwierigkeiten und passive Resistenz, durch Verschleierung ihrer Arbeitsgewohnheiten, ihrer Familienverhältnisse und ihrer Kinderzahl abzuwehren.

In einem Bericht der Gendarmerie heißt es dazu:

> Wenn sich ein Gendarm der Kolonie näherte, so gellte der Warnruf »Kotzmaschi« auf. Dies löste ein lebhaftes Durcheinander aus, dem bald vollständige Ruhe folgte. In wenigen Augenblicken waren alle verräterischen Spuren beseitigt und gefährdete Personen geflüchtet. Der Gendarm wurde mit dem geheuchelten, freundlichen Gruß, »Grüß Gott schön, Inspektor Herr, sein's wieder da?« empfangen.[1]

Die Vorurteile beruhten allerdings auf Gegenseitigkeit. Die Zigeuner beurteilten die Gadje als geizig, boshaft, beleidigend, kinderfeindlich oder zumindest zu streng, als Kinderschänder und Selbstmörder.

In den Augen der Nichtzigeuner waren die eigenen Dorfzigeuner vor allem faul, unordentlich und schmutzig. In den dreißiger Jahren verstärkten sich diese Vorurteile und nun verband man mit Zigeunern auch Begriffe wie Diebstahl, Waldfrevel, Kriminalität, Prostitution und Überträger von Geschlechtskrankheiten.

Im großen und ganzen lebten Zigeuner und Nichtzigeuner aber dennoch in sozialer Symbiose miteinander. Jede Bauernfamilie kannte einige Dorfzigeuner, die bei Bedarf Hilfsarbeiten und Botengänge verrichteten, für die Erntearbeit verfügbar waren und auf Treibjagden mitgingen. Auch die Musikerzigeuner hatten innerhalb der Region ihren festen Platz. Bei guter Zusammenarbeit mit dem Gastwirt verhalfen sie diesem zu hohen Umsätzen, und sie gratulierten den männlichen Dorfbewohnern zu Namenstagen.

Alte Zigeuner des eigenen Dorfes, auch »unsere Zigeuner« genannt, genossen oft sogar ein gewisses Ansehen. Nicht selten gab es unter ihnen Männer, die die Dorfkinder um sich versammelten und sie mit ihren Erzählungen unterhielten.

Jede einzelne Bauernfamilie hatte zusätzlich noch eine spezielle Zigeunerfamilie, die »Hauszigeuner«, mit der sie in besonderem Kontakt stand. Die Hauszigeunerin belieferte »ihre« Familie mit Heilpflanzen, Wild- und Waldfrüchten, und stand »ihrer Bäuerin« mit Geheimrezepten für Krankheiten und intimen Ratschlägen zur Seite. Für die Hauszigeuner war die Bauernfamilie unentbehrlich, denn sie leistete Nachbarschaftshilfe, stellte ihren Brunnen zur Verfügung, schenkte ihnen alljährlich neues Stroh für den Schlafplatz, gab ihnen dann und wann Bretter zum Dachdecken oder etwas Brennholz. Sie streckte ihnen Geld vor, borgte Werkzeug, ein Hochzeitskleid oder die Scheune für die Hochzeitsfeier und begleitete sie beim Leichenzug. In etlichen Orten gab es eine Frau, die den Zigeunern die Toten wusch, weil sie selbst diese Tätigkeit scheuten.

Die »Hauszigeuner« wurden von »ihren Bauern« mit ausrangiertem Baustoff, Möbelstücken und Hausrat versorgt, die Bäuerinnen gaben ihnen Nahrungsmittel und abgetragene Kleidung. Wenn Zigeuner einen zahlungskräftigen Taufpaten benötigten, so übernahm der »befreundete« Bauer oder dessen Frau dieses Amt. Diese einzelnen Nichtzigeuner hatten dann innerhalb der Zigeunerfamilie eine angesehene Stellung, man schätzte sich glücklich, mit »angesehenen Leuten« zu verkehren.

Die gegenseitige Nachbarschaftshilfe ersetzte die fehlende staatliche Sozialfürsorge und sicherte auch dem blinden oder lahmen Dorfzigeuner seinen Platz innerhalb der Gemeinschaft. Viele Dorfbewohner betrachteten ihre eigene Hilfsbereitschaft als Selbstzweck, um als Christen eine gute Tat zu vollbringen und damit ihr Gewissen zu beruhigen.

Die Stellung der Dorfzigeuner als eigene Gruppe innerhalb des Dorfes wurde im Gasthaus besonders deutlich. Dort galt es als ungeschriebenes Gesetz, daß Zigeuner an der sogenannten »Zigeunertafel«, dem ersten Tisch neben der Tür, Platz nahmen. Dieser Tisch war auch für Hausierer, Krüppel, Bettler und Vagabunden bestimmt. In einigen Wirtshäusern standen für Zigeuner sogar ein Dutzend Schnapsstamperln und Weingläser bereit, die getrennt aufbewahrt und niemals für Bauern verwendet wurden.

Zumeist unterhielten sich die Zigeuner innerhalb ihrer Runde in der Zigeunersprache; vom Wirt und den Bauern der Nebentische wurden sie geduzt und mit Vornamen angesprochen. So mancher Bauer wußte nicht, daß die Zigeuner auch Familiennamen besaßen. Sie selbst aber titulierten die Gadje (Nichtzigeuner) mit »ihr, euch, es« (seid's es), der Höflichkeitsform der zweiten Person Mehrzahl, die etwas familiärer als das sonst gebräuchliche »sie« war. Auch an allgemeinen Tanzunterhaltungen nahmen die Zigeuner teil. Dabei saßen sie nie mit Nichtzigeunern am selben Tisch und es war eigentlich auch nicht üblich, daß sie mit Nichtzigeunern tanzten. Allerdings kam es durchaus vor, daß sowohl Zigeunerburschen junge Bauernmädchen als auch Bauernburschen Zigeunermädchen aufforderten. In der Folge kam es häufig zu sexuellen Kontakten.

Zigeunerinnen waren als Syphilisüberträgerinnen verschrien. Im minderheiten- und zigeunerfeindlichen Klima der Zwischenkriegszeit konnte die Behauptung aufkommen, alle Zigeuner würden mit Syphilis zur Welt kommen, seien aber selbst gegen die Krankheitssymptome immun. Außerdem beschuldigte man jede Zigeunerin, die mit einem Nichtzigeuner sexuell verkehrte, nicht nur geschlechtskrank, sondern auch eine Kurva (Hure) zu sein. Hatte sich nun einmal tatsächlich ein Nichtzigeuner bei einer Zigeunerin mit einer Geschlechtskrankheit angesteckt und seine Krankheit dann womöglich im bäuerlichen Bereich weiterverbreitet, so wurde er als das »arme Opfer« der mutwilligen, bösartigen Krankheitsverbreiterin hingestellt.

In der Arbeitswelt der Gadje wurden Zigeuner nach ihrem Können und ihrem Fleiß eingeschätzt und nicht nach ihrer Herkunft. So waren etwa die Zigeuner im Sägewerk von Rotenturm, als Stallknechte und Kutscher des Grafen Erdödy und als Landarbeiter auf den Besitzungen von Rochonczy unter ihren Arbeitskollegen beliebt. Es entstanden Freundschaften zwischen Zigeunern und Nichtzigeunern, die teilweise bis heute gepflegt werden.

Trotz der gegenseitigen Abhängigkeit im dörflichen Zusammenhang kam es oft zu Spannungen, die intern am Gasthaustisch ausgetragen wurden. Zuweilen verspottete man sich gegenseitig und es gab eine Anzahl von Witzen über die Naivität der Zigeuner oder den Geiz der Bauern. Beim Spiel der Kinder rivalisierten Banden von Gadje-Buben mit Zigeunerbuben. Oft kam es dabei zu Raufereien. Einzelne Gadje-Kinder aber wurden bei den Zigeunern gut aufgenommen. Verschiedene ältere Männer erzählten mir, vom persönlichen Zigeunerfreund das Fischen, Felberpfeiferlmachen, Pfeil-und-Bogenschießen oder Schleuderbasteln erlernt zu haben.

Zumeist untersagten Gadje-Eltern ihren Kindern den Kontakt mit Zigeunern. Kinder, die dieses elterliche Verbot überschritten, machten jedoch sehr positive Erfahrungen. Besuchten sie Zigeunerhütten, so wurden sie zum Spielen und zum Essen eingeladen und gut bewirtet.

Im großen und ganzen nahmen die Gadje-Eltern es mit ihren Verboten auch nicht sehr genau. Denn sie glaubten an die Ehrlichkeit der eigenen Dorfzigeuner und nahmen sie Fremdzigeunern gegenüber, »die allesamt stahlen«, in Schutz.

Vor fremden Zigeunern hatten einfache Gadje-Frauen und deren Kinder Angst. Trafen sie diese im Wald, so machten sie einen großen Umweg, um nur ja nicht an deren Lager vorbeizukommen. Stießen sie beim Schwammerlsuchen auf einen fremden Zigeuner, so grüßten sie, wenn es unvermeidbar war, liefen dann aber schnell und ängstlich davon.

Zigeuner im Bauernleben

Seit ihrer Seßhaftwerdung hatten sich die Zigeuner Berufe angeeignet, die sie der bäuerlichen Bevölkerung unentbehrlich machten. Sie besuchten Dörfer und abgelegene Höfe, stellten allerlei Waren und Werkzeuge auf Bestellung her und reparierten Gegenstände, die man im Haus, am Hof und am Feld in Verwendung hatte. Gleichzeitig berichteten sie über die neuesten Geschehnisse aus der weiteren Umgebung. Auch die Wahrsagerinnen schienen den Bäuerinnen fast unentbehrlich, zumindest aber brachten sie eine willkommene Abwechslung in das Leben der Bauersfrau. Wenn allerdings eine Gruppe fremder Zigeuner ins Dorf kam, meist Lowara-Pferdehändler, so stießen sie auf mißtrauische Ablehnung, denn man fürchtete ihre Diebstähle und die Verwünschungen der Lowarafrauen, wenn man ihnen ein Almosen verweigerte.

Die Dorfzigeuner selbst pflegten mit anderen Zigeunern keinen Kontakt und bezeichneten die Lowara verächtlich als Oulatski (Oláh=Walache) oder Čergari (Zeltbewoher). Kam es trotzdem zu einer Hochzeit zwischen einem Rom und einer Lowariza, so verließ die Lowarafrau ihre Familie und wurde bald als Romni angesehen; ihre Kinder mußten nach Art der Burgenland-Roma erzogen werden. Von den Sinti, die zeitweise das Burgenland durchstreiften, distanzierten sich die Roma ebenfalls. Die Sinti hatten ihre Winterquartiere am Stadtrand von Wien. Auf Jahrmärkten boten sie Teppiche, Vorhänge und Wandbehänge feil. Sie selbst bezeichneten die Burgenland-Roma verächtlich als »Romungri«, was »seßhafter Zigeuner« im abwertenden Sinn bedeutet. Die Roma kauften den Sinti zwar gern Waren ab, da es sich auch um Zigeuner handelte, doch betonten sie, daß sie sich des Berufes Marktfahrer schämen würden. Sie bezeichneten die Sinti geringschätzig als »Schleifer«. Dieser Begriff bezeichnet unter Zigeunern nichtzigeunerische Landfahrer, die von allen abgelehnt werden.

Auch die Trogmacherzigeuner wurden von den Burgenland-Roma nicht als ihresgleichen angesehen und ignoriert.

Heute noch haben die Burgenland-Roma für ausländische Zigeuner, deren Leben beispielsweise in Fernsehsendungen gezeigt wird, kein Interesse, und es findet nicht die geringste Identifikation statt. Für sie ist ihre Heimat das Burgenland.

In den ersten Nachkriegsjahren begann sich die dörfliche Symbiose zunächst wieder zu entwickeln. Die zurückgekehrten Zigeuner waren obdachlos geworden und so mancher Bauer half ihnen mit etwas Holz und Blech, ein Notquartier zu errichten. Sobald die Zigeuner dann wieder in eigene Häuser zogen, wurde die altgewohnte Nachbarschaftshilfe fortgesetzt. In den Zeiten des Wirtschaftswachstums wurden die Bauern allabendlich bei Zigeunern zum Fernsehen eingeladen, noch ehe sie sich selbst einen Apparat leisteten. Denn die Zigeuner konnten nun mit ihrer Opferfürsorgerente Konsumgüter selbst erwerben. Im Zug der weiteren Industrialisierung und allgemeinen Motorisierung lohnte es sich nun aber nicht mehr, als Wanderhandwerker von Dorf zu Dorf zu ziehen. Die Bauern konnten auf die von Zigeunern angefertigten Eimer, Körbe usw. verzichten. Sie ließen ihre Häferln und Schirme nicht mehr bei Zigeunern reparieren, sondern warfen diese Dinge bei Bedarf weg und kauften neue.

Allein im Gasthaus konnte sich die frühere Situation in einigen Orten erhalten. Heute besuchen zwar auch Zigeunerfrauen allein das Gasthaus, doch weiterhin nehmen die Zigeuner an einem für sie reservierten »Stammtisch« Platz. Die alte Generation wird weiterhin von den ihnen bekannten Gadje geduzt. Es gibt spöttische Bemerkungen auf beiden Seiten, die anscheinend zum Umgangston gehören. Der Wirt eines Oberwarter Gasthauses beispielsweise gibt den alten Zigeunerinnen nach alter Gewohnheit Fleischreste mit nach Hause.

Heute sind gewisse jugendliche Zigeuner durch den Kontakt mit Gadje-Kriminellen wieder gefährdet. Denn offensichtlich stellt dieser Kontakt die einfachste Möglichkeit dar, außerhalb der eigenen Gruppe gesellschaftlich zu verkehren — und das in einer Zeit, in der die eigenen Familienstrukturen aufbrechen und keinen inneren Halt mehr geben.

INNERE ORGANISATION UND ORDNUNG

Sippenvorstand und Bürgermeister

Ein Zigeunerstamm gliederte sich in mehrere Sippen, die sich jeweils auf einen gemeinsamen Ahnen beriefen. Die Sippen wurden in verschiedene Kumpánias oder Reisegemeinschaften geteilt. Diese wiederum bestanden aus mehreren Cergas (Zeltgemeinschaften).

Seit dem 15. Jahrhundert sind uns Sippenoberhäupter bekannt, die aus dem eigenen Volk hervorgingen. In Ungarn nannten sie sich Woiwoden oder Waydas, im deutschen Sprachraum Herzog, Fürst, Graf, Freigraf oder König. Vielleicht könnte dies als Versuch interpretiert werden, auf die Seßhaften Eindruck zu machen. Es ist überliefert, daß die erste in Ungarn genannte Zigeunersippe ihren »Ladislaus Waywoda«[1] zum ungarischen König schickte, um dessen Gunst zu erbitten. Der ungarische König verhandelte mit Ladislaus vorsichtshalber wie mit einem Gleichrangigen, unsicher darüber, wieviele Menschen hinter dem Zigeunerwoiwoden stünden und über welche Mittel er verfügte.

In der Zeit vor Maria Theresia räumte der ungarische Staat den Sippen eine gewisse Autonomie ein und erleichterte sich damit die Verwaltung. Man wollte auf die Zigeuner nicht verzichten, da sie in Not- und Kriegszeiten eine beträchtliche Anzahl von Kriegern zur Verteidigung des Landes stellen konnten.

Im Jahr 1783 schildert Grellmann, wie Zigeuner innerhalb von Ungarn organisiert waren:

> Die Gewohnheit, eigene Oberhäupter zu haben, ist bis auf diesen Tag unter ihnen geblieben. Jeder kleinere Haufen hatte seinen besonderen Anführer, Woywode oder Wayda genannt. Dieser kam aus ihren eigenen Reihen. Man kann einen solchen Woywoden unter dem übrigen Haufen leicht entdecken, wenn man auf seine Gestalt und Kleider Acht hat. Er war auch nicht ganz arm, übertraf die anderen an Leibesgröße und war von mittelmäßigem Alter. Das eigentliche Kennzeichen seiner Würde aber war eine große Peitsche, die ihm über die Schulter hing. Lächerlich wäre es zu glauben, daß irgend ein Staat einen solchen erlauchten Zigeuner in irgend einem Falle zum Richter setzten sollte. Vielmehr war es seine Aufgabe, genau Acht zu haben, daß seine Unterthanen nicht unsichtbar werden, wenn die Zeit kommt, da sie ihre jährliche Abgabe an die Landesfürstliche Kammer entrichten sollen. Bei Zwist und Schwierigkeiten der Zigeuner unter sich selbst, hat er sie der ordentlichen Obrigkeit des Bezirks zu melden. Sieht man aber auf das, was er wirklich thut, so verhält sich die Sache ziemlich anders. Wenn einer wegen eines verübten Diebstahls beim Wayda verklagt wird, so läßt dieser nicht nur alle Zelte und Hütten durchsuchen und giebt das entwendete Gut dem Eigenthümer zurück, sondern straft auch den Dieb, vor den Augen des Bestohle-

nen, mit der Peitsche ab. So viel Recht über seine Untergebene aber, erhält er nicht durch einen schriftlichen Vertrag von ihnen, denn davon wissen sie nichts.

Damit dieses Volk in den trüben und unruhigen Zeiten der Türkenkriege vermittelst seiner Woiwoden, desto leichter zu diesem und jenem Behufe könnte aufgeboten und genutzt werden, räumte man ihnen eine eigene Verfassung ein.

Die Oberaufseher oder Oberwoywoden hingegen, denen die Zigeuner in verschiedenen Komitaten unterworfen waren, hat es bis auf die neuern Zeiten (bis zu den Neuverordnungen von Maria Theresia) gegeben, aber diese bestellte der Hof und nahm dazu immer Ungarische Herren von Adel. Jeder Zigeuner mußte ihm jährlich einen Gulden erlegen (bisweilen auch andere Dinge noch außerdem, z.B. allerley Schmiedearbeit), der zu zwei Terminen, zu Ostern und zu Michaelis, eingefordert wurde. Zur gesetzlichen Frist fand sich an jedem Hauptorte eines Komitats ein Tributbedienter ein. Jeder Zigeuner mußte zu ihm kommen und daselbst seine Gebühr entrichten. In neueren Zeiten aber hat dieses Amt hauptsächlich auch seines Mißbrauchs wegen, ganz aufgehört.[2] (Man wollte unterbinden, daß der Oberwoiwode sich persönlich bereichere.C.M.)

Steinhard faßt die umständlichen Ausführungen Grellmanns zusammen:

Die Zigeuner mußten sich den Befehlen ihrer Woywoden unterwerfen, die ihrerseits die Klagen, Beschwerden und Anliegen ihrer Sippe den Behörden gegenüber vertraten. Sie repräsentierten die Sippe nach außen. Die Woywoden zeichneten sich durch Intelligenz, Redegewandtheit, Selbstsicherheit, Kleidung, Vermögen, Körpergestalt und würdiges Benehmen aus. Durch die Selbstverwaltung der Zigeuner erwartete sich die ungarische Regierung bessere Kontrollmöglichkeiten und Ordnung. Der Woywode war auch für die Kopfsteuerabgabe verantwortlich. Bei Diebstahlsverdacht veranlaßte der Woywode Durchsuchungen. Wurde das entwendete Gut gefunden, mußte es dem Eigentümer zurückgestellt werden. Der Dieb wurde ausgepeitscht. Manche Woywoden sollen sich jedoch am Diebsgut bereichert haben. Die Woywoden richteten über ihre Mitglieder in erster Instanz. In höheren Instanzen wurden sie den Ortsrichtern zugezogen, wenn über ihre Leute gerichtet wurde.[3]

Angaben aus den Rentamtsbüchern der Gemeinde Frauenkirchen aus dem Archiv Eszterházy-Forchtenstein bestätigen Grellmanns Ausführungen bezüglich Zigeuner-Woiwoden und Oberwoiwoden in vortheresianischer Zeit: 1725 wird ein »czigan bayta - Vörös Ferencs« genannt, der eine Rechnung ausstellte. Das Schreiben beginnt mit den Worten: »Ich unterschriebener Zigeunerrichter bestätige.... 9 fl.«

1744 wird ein Zigeunerrichter aus Wallern namens Lahzar Istvan genannt, der von der Abgabe befreit ist. 1751 wird Vörös Joseph als Vajda und Lazar Janos als Richter genannt. Beide sind von der Abgabe befreit.

In ihrer dritten Zigeunerverordnung vom 27. November 1767 entzog Maria Theresia den Woiwoden ihre richterliche Funktion und unterstellte alle Zigeuner dem zuständigen Ortsrichter. Durch diese Maßnahme fand eine innere Umstrukturierung statt. In allen aufgefundenen Zigeuner-Konskriptionen lautete eine besondere Rubrik: »Ist er dem Ortsrichter unterworfen oder aber irgendeinem Vajda?« (Est ne locali indici subjectus vel vero alicui vajda?).

Nur die Wanderzigeuner machten die Gadje glauben, daß sie von »Königen« aristokratisch geführt würden.

Am Ende des 19. Jahrhunderts, als ein großer Teil der burgenländischen Roma in festen Siedlungen lebte, ging die Gemeindeverwaltung oder die Polizeibehörde dazu über, einen Bewohner jeder Zigeunersiedlung zum Vorstand oder Bürgermeister zu ernennen. Dies war gewöhnlich ein Mann, der durch Persönlichkeit, Redegewandtheit und Begabung hervorstach. Er wurde jedoch weder gewählt, noch war sein Amt erblich. Die Behörde bestellte ihn und gab ihm die Erlaubnis, an seinem Haus eine Tafel mit der Bezeichnung »Zigeunerbürgermeister« anzubringen. Seine Funktion bestand darin, in der Siedlung für Ordnung zu sorgen, innere Streitigkei-

»Bürgermeister Kalič«, Oberwart 1974

ten zu schlichten, fremde Personen der Kolonie fernzuhalten, als Aufsichtsperson zu fungieren, die Zigeuner der Siedlung nach außen hin zu repräsentieren, ihre Interessen im Umgang mit Behörden zu vertreten und als Vermittler zwischen Zigeunern und Nichtzigeunern zu agieren. Diese Funktion und die Tafel mit der Aufschrift »Zigeunerbürgermeister« war bei älteren Zigeunern sehr begehrt. Dieses Ehrenamt legte man auch dann nicht zurück, wenn es von den Mitbürgern wenig geachtet wurde. Versagte der »Bürgermeister« in den Augen der Behörde, so wurde er von der Gemeinde abgesetzt, die Tafel abgenommen und einem Nachfolger übergeben, der stolz die Tafel mit geändertem Namen an seinem Haus befestigte. Nach dem Zweiten Weltkrieg kehrten die überlebenden Zigeunerbürgermeister wieder in ihre Dörfer zurück und vertraten aus alter Gewohnheit weiterhin ihr Amt. Der letzte Zigeunerbürgermeister lebte bis in die achtziger Jahre in der Siedlung von Oberwart. Heute ist es nicht mehr üblich »Zigeunerbürgermeister« einzusetzen. Nach dem Ableben einiger Bürgermeister in den letzten Jahren ist der gute Zusammenhalt in den Siedlungen zerfallen, Tratsch und Streitigkeiten dringen an die Öffentlichkeit, was vorher niemals der Fall gewesen war.

Die Familie

Die zu einer Familie gehörenden Personen grenzten sich von anderen Familien ab und distanzierten sich von der Außenwelt. Die Gesetze von Sittlichkeit und Recht mußten nur innerhalb der Familie eingehalten werden. Bedingt durch Armut und die soziale Außenseiterrolle war der innere Zusammenhalt der Gruppe eine wichtige Voraussetzung. Innerhalb der Gruppe war Rücksichtnahme gegenüber anderen Mitgliedern erforderlich. Alle standen für einen in Not Geratenen gut. Wenn einer Schulden hatte, so wurden diese gemeinsam beglichen. Wenn einer etwas verdiente, so wurde dies gemeinsam ausgegeben. Innerhalb der Familie durfte nicht betrogen oder gestohlen werden. Geldschulden mußten beglichen werden, es durfte niemand beleidigt oder niemandes Ehre aufs Spiel gesetzt werden. Der feindlichen Außenwelt der Nichtzigeuner gegenüber galten diese angeführten Gesetze nicht. Die Familie sonderte sich sowohl von Nichtzigeunern, den sogenannten Gadje, als auch von anderen Zigeunergruppen, wie etwa den Lowara des Seewinkels, den Sinti Wiens und den ungarischen Trogmacherzigeunern, ab.

Sogar innerhalb einer Siedlung rivalisierten die einzelnen Familien miteinander. In einer Siedlung mit 160 Bewohnern lebten Zigeuner, die entweder den Familiennamen Karoly oder Horvath trugen. Die Karoly hielten sich für Nobelzigeuner und pflegten mit den Horvath keinen Kontakt.[4] Manche Familien dünkten sich sozial höher und besser gestellt, was in der Behausung und Bekleidung seinen Ausdruck fand. In Spitzzicken, im Bezirk Oberwart, lebten wohlhabende Roma, die das Wort »Zigeuner« als Schimpfwort für ihre Stammesbrüder aus Nachbarorten verwendeten und mit »diese schiachen Leut« nichts zu tun haben wollten.[5] Diese soziale

Zigeunerfamilie in Raiding, Zwischenkriegszeit

Schichtung innerhalb der Roma wurde wahrscheinlich durch ihre unterschiedliche wirtschaftliche Lage hervorgerufen.

Im Leben der Roma spielt die Familie also eine wesentliche Rolle. Zur Klärung des heutigen Familienbildes der burgenländischen Zigeuner ist ein geschichtlicher Rückblick notwendig. Vor der Seßhaftwerdung der Roma lebten diese in Sippen und zogen durch Ungarn. Unter Maria Theresia wurden diese großen Gruppen zersplittert und zur Seßhaftigkeit gezwungen. Durch die Auflösung der Sippen entstanden viele Kleinfamilien, die man absichtlich in verschiedenen Herrschaftsgebieten ansiedelte. Zwangsweise wurden somit die Kontakte innerhalb der Sippen unterbunden, da ein Überschreiten der Herrschaftsgrenzen nur mit schwer erhältlichen Sondergenehmigungen gestattet war. Für die einzelne Kleinfamilie in dem jeweiligen Ort stand ein eigener, für sie bestimmter Platz zur Verfügung, auf dem sie eine Hütte errichten durften. Da immer wieder verschiedene Sippen in Aufspaltung begriffen waren, entstanden an jenen Plätzen bald größere Zigeunerkolonien. Nach zwei oder drei Generationen entwickelten sich innerhalb der Kolonie durch Eheschließungen und gemeinsame Nachkommen Großfamilien. In diese wurden verwitwete Großeltern, alleinstehende, erwachsene Geschwister und allein nicht lebensfähige Personen aufgenommen. Die Familie war damit der soziale Rückhalt jedes einzelnen. Es war Zigeunern übrigens eine Selbstverständlichkeit, körperlich oder geistig behinderte Familienmitglieder in ihrer Mitte zu haben. Diese waren völlig in den Familienverband integriert und genossen zum Teil besondere Freiheiten. Josef Horvath aus Schützen erzählte dazu folgendes:

> Ein Krummer arbeitet als Löffelreiniger in Tatzmannsdorf. An einem Sonntag lernte er dort die Bubak, eine krumme Frau, kennen und nahm sie mit heim nach Schützen. Obwohl der Bruder ihm zu heiraten verbot, tat er es und baute sich im Hof des Bruders eine Hütte.[6]

Die Familie übernahm für Behinderte die Fürsorge. Zwischen Geschwistern war das Verstehen besonders gut, da die älteren Geschwister die Erziehung der jüngeren übernahmen. Andererseits lebte die gesamte Familie auf engem Raum zusammen, so daß mehrere Kinder gemeinsam ein Bett teilen mußten und damit die seelische und körperliche Beziehung stark ausprägen konnten.

Zigeuner waren niemals in Altersheimen anzutreffen, da alte Leute innerhalb ihrer Familien bis zu ihrem Tod gepflegt wurden. Zu dieser »erweiterten Familie« zählten natürlich die zahlreichen Kinder, die in den ersten Jahren der Ehe bei den Eltern der Frau wohnten (matrilokale Heiratsfolge), bis ein eigenes Haus gebaut werden konnte. Der Mann wurde bei seiner Heirat in die Familie der Frau aufgenommen und mußte im weitesten Sinne seinen Schwiegervater als Familienoberhaupt anerkennen. »Dies könnte ein Überbleibsel aus einer Zeit sein, in der es matriarchalische Strukturen innerhalb der Sippe gab«, interpretierte Haberland diesen Umstand 1928.[7] Eine Interpretation, die zumindest gewagt erscheint und wohl auch vor sechzig Jahren nicht der Realität entsprach.

Gefördert wurde diese Eingliederung des Mannes in die Familie der Frau vielmehr durch das häufige Zusammentreffen verschiedener äußerer Umstände:

- wenn eine Rom-Frau einen Nicht-Zigeuner heiratete und die Rom-Eltern für diese Mischehe mehr Verständnis zeigten, als die Gadje-Eltern;
- wenn der Mann weniger verdiente und die Rom-Eltern ihre Hilfe anboten;
- wenn für die Frau kein Geld bezahlt worden war, die Eltern also nicht entschädigt waren und für sie daher kein Grund bestand, ihre Tochter herzugeben;
- wenn die Tochter die Altersfürsorge ihrer Eltern übernehmen mußte;
- wenn der Mann als „unzuverlässig“ galt, weil er trank oder die Gefahr bestand, daß er seine Frau verlassen könnte, oder weil er krank war.

Auch die Enkel zählten zur Familie, und uneheliche (»ledige«) Kinder, die oft aus vorehelichen Kontakten mit Nichtzigeunern stammten, wurden von den Großeltern gern aufgenommen. Halbzigeuner waren vollständig integriert; man behandelte sie wie die übrigen Kinder, und sie fühlten sich zeitlebens mit ihren Familien eng verbunden.

Das Zusammengehörigkeitsgefühl der Familie beruhte einst auf dem Glauben an eine gemeinsame Abstammung und an die Blutsverwandschaft. Die soziale Einheit war nicht die Hausgemeinschaft, sondern die Siedlungsgemeinschaft. Der Glaube an die gemeinsame Abstammung war eine notwendige Voraussetzung, um die Gruppenrealität begreifen zu können. Durch Adoption von Zigeuner- und Gadje-Kindern und durch Blutsbrüderschaften stellte man dort künstliche Verwandschaftsverhältnisse her, wo reale fehlten. So konnte innerhalb der Familien eine Blutsauffrischung erreicht und der Inzucht innerhalb der Roma entgegengewirkt werden.

Zigeunerfamilie aus Buchschachen, Zwischenkriegszeit

In den Familien lebten mehrere Stiefgeschwister beisammen, die zwar verschiedene Familiennamen trugen, aber gut miteinander auskamen. An folgender Aufzählung der Kinder einer Familie kann diese Vielfalt verdeutlicht werden:
1. ein außereheliches Halbzigeunerkind der Mutter;
2. ein voreheliches Kind vom ersten Ehepartner;
3. ein voreheliches Kind aus zweiter Ehe;
4. ein eheliches Kind aus erster Ehe;
5. ein Kind des Vaters aus erster Ehe;
6. ein gemeinsames Adoptivkind der verstorbenen Schwester der Frau.

Auch Stiefkinder wurden nicht benachteiligt und fühlten sich bei ihren nicht leiblichen Eltern im allgemeinen wohl.

Die Stärke dieser Familienbande mochte freilich mitunter auf Kosten des einzelnen gehen. Er ging in seiner Familie auf, oft wurde die Einzelpersönlichkeit dem Familiendenken geopfert. Es waren Berufs- und Partnerwahl und andere wichtige Entscheidungen der Einzelperson, die in Übereinstimmung mit der Familie getroffen werden mußten, andererseits bot die Familie aber auch den besten Zufluchtsort in allen Lebenssituationen.

Zigeunerfamilie aus Unterwart, 1979

Bis zum Zweiten Weltkrieg boten Ortskirchtage die wichtigsten Anlässe, Verwandte zu treffen. Angehörige aus anderen Ortschaften wurden eingeladen und beherbergt. Da es zu Beginn des Jahrhunderts den Zigeunern von Amts wegen untersagt war, sich ohne polizeiliche Meldung länger als eine Woche in fremden Orten aufzuhalten, konnten solche Familientreffen maximal acht Tage dauern. Zigeuner waren auf Ortskirchtagen immer in Gesellschaft ihrer gesamten Verwandtschaft anzutreffen.

Noch heute entstehen bei den Dorfzigeunern Freundschaften oft innerhalb der Verwandtschaft, mit der man auch die Freizeit verbringt, das Gasthaus besucht, Karten spielt, zum Fischen geht und eventuell auf Urlaub fährt. Nach wie vor hilft in finanziellen und rechtlichen Notlagen, aber auch beim Hausbau, in erster Linie die Verwandtschaft mit.

Die Familienzusammengehörigkeit blieb auch bei räumlicher Aufsplitterung erhalten. So werden auch heute noch familiäre Kontakte nach Ungarn, sowohl brieflich, als auch durch gegenseitige Besuche, gepflegt. Trotz der heute starken Abwanderung in die Großstädte ist es vielfach immer noch üblich, den Kontakt zur Familie aufrechtzuerhalten und Kinder während der Ferien zu den Großeltern ins Burgenland zu schicken. Vielfach verbringen auch junge, städtisch gewordene Ehepaare ihren Urlaub »zu Hause«, bei den Verwandten.

EHESCHLIESSUNG UND EHE

Schon in den Anfängen ihrer Seßhaftwerdung fiel es auf, daß die Zigeuner besonders früh erwachsen wurden, früh heirateten, bald schon alterten und auch ihre Lebenserwartung niedriger war als bei der jeweiligen lokalen Bevölkerung.[8] So heirateten die Burschen etwa mit 13 bis 15 Jahren, nachdem sie das Handwerk oder Gewerbe des Vaters erlernt hatten. In der Regel wurde eine Burgenland-Rom geheiratet, zuweilen gab es auch Eheschließungen mit Wanderzigeunern. Der einheiratende Ehepartner mußte den Kontakt zu seiner Familie aufgeben und wurde dann als vollintegriertes Mitglied der neuen Familie empfunden.

Heiratete ein Burgenland-Rom etwa eine Lowariza, so kam es im Bewußtsein der Zigeuner dadurch zu keiner Verwandtschaft mit der Stammesfremden. Daß die Lowariza ihrem Beruf als Wahrsagerin treublieb, wurde von den Dorfzigeunern der Siedlung akzeptiert. Auch Ehen mit Gadje-Frauen wurden geschätzt, denn diese brachten Vorteile für die gesamte Familie. Gadje-Frauen hatten gewöhnlich eine bessere Schulbildung genossen und waren gewandter im Umgang mit Behörden. Auch beim Betteln brachte eine Nichtzigeunerin Vorteile, man hegte ihr gegenüber weniger Mißtrauen, da sie nicht als Zigeunerin zu erkennen war.

Bei etwaiger Trennung blieb der Gadje-Ehepartner weiterhin in der Zigeunersiedlung, wurde voll akzeptiert und fand zumeist bald neuen Anschluß. Umgekehrt galt er aber auch für seine eigenen Verwandten meist lebenslänglich als Ausgestoßener. Für die Zigeuner war es seit jeher wichtig, nicht allein zu bleiben. So suchte man sich gewöhnlich bald nach einer Trennung einen anderen Partner. Es war üblich,

Eine der seltenen Mischehen zwischen einem Dorfzigeuner
und einer Lowariza, Zwischenkriegszeit

einmal im Leben kirchlich zu heiraten. Oft war dies bei der zweiten Eheschließung der Fall, denn erst nach einigen Ehejahren mit dem zweiten Partner war für eine kirchliche Hochzeit das nötige Geld vorhanden. Die Hochzeit ging genauso wie bei anderen Ortsbewohnern vor sich, da die Zigeuner es gut verstanden, sich äußerlich rasch an ihre Umwelt anzupassen.

Nach der Eheschließung erhielten die bis dahin unehelichen Kinder den Namen des Vaters. Anerkennung der Vaterschaft für uneheliche Kinder und nachträgliche Eheschließung waren damals in der gesamten Bevölkerung so häufig, daß die Behörde dafür Vordrucke besaß.

Nach der kirchlichen Trauung gab es gewöhnlich ein großes Hochzeitsmahl bei den Eltern der Braut. Alle Verwandten aus nah und fern wurden dazu eingeladen. Manchmal waren es bis zu 100 Personen. Die aus der Ferne Angereisten mußten einige Tage lang untergebracht werden. Hochzeiten waren nicht nur deshalb recht aufwendig: es durfte insgesamt an nichts fehlen. Allen Gästen sollte eine gute wirtschaftliche Situation vorgespiegelt werden, auch wenn man kurz vorher seine Habe verpfänden hatte müssen oder Geschirr und Brautkleid beim benachbarten Bauern ausgeliehen hatte.

Die geladenen Gäste brachten Geschenke in Form von Wein, Schnaps, Fleisch oder Mehlspeisen. Wenn das Eßgeschirr nicht reichte, wurde auch in der Waschschüssel serviert. Es wurde gegessen, getanzt, gesungen und musiziert. Die Musiker waren immer Zigeuner, doch war es verpönt, Musiker aus der eigenen Verwandschaft zu engagieren. Oft wurden auch Gadje eingeladen, wie etwa der Pfarrer, Taufpaten oder der Bürgermeister. Wenn diese erschienen, fühlten sich die Familien zwar geehrt, doch nicht mehr ungezwungen. Nach ein bis zwei Stunden verließen die Gadje das Fest für gewöhnlich wieder und man war wieder unter sich.

In Trausdorf, Bezirk Eisenstadt, war es üblich, daß alle jungen Dorfbewohner uneingeladen zur Hochzeit »zuschauen« kamen. Sie verweilten vor dem Zigeunerhaus, wurden mit Wein und Gebäck bewirtet, tanzten vor dem Haus zur Musik, und kehrten dann, nach gestillter Neugier, noch vor Mitternacht wieder heim. In der Zigeunersiedlung von Stegersbach, in der während der Zwischenkriegszeit etwa 200 Zigeuner lebten, wurde mir über eine Hochzeit im Mai 1932 folgendes berichtet:

Es war üblich, daß ein langer Brautzug von der Kirche durch den Ort und dann quer durch das Zigeunerdorf bis zum Haus des Bräutigams marschierte. Der Zug wurde von der Zigeunermusikkapelle, sieben Bläsern und einem Trommler angeführt. Es folgten kleine Buben, die mit buntem Papier verzierte Stäbe in der Hand hielten, ihnen schlossen sich die kleinen Mädchen an. Dahinter ging das junge Paar, gefolgt von den verwandten Frauen. Den Abschluß des Zuges bildeten die Männer. Zuerst wurde beim Haus der Braut halt gemacht. Man stellte sich im Kreis auf, die Kinder trugen etliche Lieder vor. Danach bewegte sich der Zug zum Haus des Bräutigams. Dort ließ sich die Kapelle nieder und das Fest konnte beginnen. Zuerst wurden, von mehreren Geigern und einem Baßgeiger begleitet, Lieder gesungen. Danach setzte wiederum die Blasmusik ein. Zunächst tanzten dazu nur die kleinen

Kinder, dann aber eröffnete das Brautpaar den Tanz und schon bald tanzten viele Paare, aber auch Frauen mit Frauen. Das Fest endete erst in den frühen Morgenstunden. Wenn auf Grund der Witterung ein Hochzeitsfest nicht im Freien abgehalten werden konnte, so stellte in einigen Orten der Nachbarbauer seinen Stall zur Verfügung, in dem das Hochzeitsmahl abgehalten, gesungen, musiziert und getanzt wurde.

Wenn man sich mit seinem Partner nicht verstand, so trennte man sich von ihm schon nach wenigen Jahren, suchte einen neuen, heiratete ihn nach Zigeunerart und bald stellten sich wieder Kinder ein. Man galt als dem Partner zugehörig, sobald man mehrere Tage mit ihm unter einem Dach wohnte.

Älteren Zigeunern ist es heute noch wichtig, nicht allein zu bleiben. Witwen und Witwer finden bald zueinander, nicht selten werden Schwäger und Schwägerinnen geheiratet.

Für eine neuerliche gesetzliche Eheschließung fehlte aber oft das Geld. So lebte das Paar eben beisammen, fühlte sich verheiratet, hatte Kinder, die Partner trugen aber verschiedene Familiennamen. Das Paar folgte somit der inneren Ordnung ihrer gruppeninternen ungeschriebenen Gesetze. Abweichungen davon waren selten, da es sich die Zigeuner angesichts der Feindlichkeit der Außenwelt nicht leisten konnten, von der eigenen Gruppe ausgestoßen zu werden.

Für Nichtzigeuner waren derartige Familiensituationen unüberblickbar. Frauen, die in einer solchen »wilden Ehe« lebten, wurden von den Gadje »Konkubinen« genannt. Die Nichtzigeuner waren sich der strengen moralischen Vorstellungen der Zigeuner nie bewußt, denn die Zigeuner diskutierten über sexuelle Belange in aller Öffentlichkeit freizügig und ohne Scham und verwendeten Worte im alltäglichen Sprachgebrauch, die bei den Gadje als Vulgärausdrücke galten. De facto aber sind die Zigeuner bis heute prüde geblieben und versuchen, an ihren moralischen Wertvorstellungen festzuhalten. So gilt es etwa heute noch als unmoralisch, sich im Beisein des Ehepartners zu entkleiden.

Die heutige Situation

Heutige Hochzeitsfeiern haben sich wieder den bäuerlichen Normen angepaßt, denn man ist von Seiten der Zigeuner bemüht, die Anpassung an die soziale Umwelt voranzutreiben. Nichtzigeuner werden zur Hochzeit eingeladen und viele Ortseinwohner kommen dieser Einladung auch nach. Brautführer und Kranzljungfern werden oft aus den Reihen der Gadje gewählt. Wichtig bei jeder Hochzeit ist nach wie vor die Musikkapelle, die die Hochzeitsgäste bis vor die Kirche geleitet.

Die Hochzeitstafel wird in einem Gasthaus aufgebaut. Auch zum Festmahl darf die Musik nicht fehlen. Das Repertoire richtet sich nach der vom Bräutigam bestellten Gruppe. Im Verlauf der Hochzeit wird viel getanzt und gesungen, dabei kann es durchaus vorkommen, daß auch die Braut selbst ein Lied anstimmt, was für eine Bäuerin undenkbar wäre. Ein weiterer Unterschied ist das Fehlen der Hochzeitsköche. Während die für eine Hochzeit nötigen Bäckereien und Torten bei den Bauern üblicherweise von Frauen der Verwandtschaft, den sogenannten Hochzeitsköchinnen, hergestellt werden, kaufen die Zigeuner die Süßigkeiten in der Konditorei. Die traditionellen Sprüche, Lieder, Musikstücke und Tänze geraten immer mehr in Vergessenheit.

HOCHZEIT BEI DEN DORFZIGEUNERN VON STEGERSBACH

Eine Geschichte in Bildern

Die folgenden – gestellten – Aufnahmen wurden anläßlich von Tonaufnahmen für eine Rundfunksendung im April 1932 in Stegersbach gemacht. Obwohl es sich also keineswegs um das Dokument einer authentischen Zigeunerhochzeit handelt, kann man doch davon ausgehen, daß der Verlauf und die Form durchaus den Gebräuchen der Burgenland-Roma entsprachen.

Sie dokumentieren auch das große Interesse, das bereits in der Zwischenkriegszeit für die Traditionen und Lebensform der Dorfzigeuner bestand.

Die Zigeuner-Blasmusik zieht mit dem Hochzeitszug in das Zigeunerdorf; hinter den Musikern die Kinder, erst danach die Hochzeitsgäste

Oben: Die Musik zieht zum Haus der Braut und kündigt die Hochzeit an
Unten: Die Frauen und Kinder des Dorfes beobachten den Hochzeitszug; man wartet ab

Oben: Die Streichmusik empfängt den Hochzeitszug, die Kinder singen dazu
Unten: Zuerst tanzen nur die Kinder...

Oben: ... dann eröffnet das Brautpaar den allgemeinen Tanz
Unten: ... schließlich tanzen alle, nur ältere Dorfzigeuner und Mütter mit ihren Säuglingen sehen zu.

Braut und Bräutigam, in beinahe städtischer Eleganz, am Ende der Hochzeitsfeier

EIFERSUCHT

Ein eifersüchtiger Zigeuner konnte sehr zornig reagieren: er schlug seine Frau, jagte sie aus dem Haus und beschimpfte sie laut und brutal. Den Nebenbuhler versuchte er derart zu verletzen, daß im Gesicht eine für alle sichtbare Narbe zurückblieb. Bisweilen wurde bei derartigen Racheakten der Rivale getötet. Der befragte Täter fühlte sich jedoch völlig im Recht und sah sich nicht als Totschläger. Ein Zigeuner erklärt dies so: »Unbekannte Menschen erschlage ich nicht, nur bekannte, die mir die Frau stehlen.«

Solche Affekthandlungen konnte ein Zigeuner ungehemmt ausleben, da sie den für ihn gültigen Normen nicht widersprachen. Sein männlicher Stolz verlangte sogar von ihm, seine Ehre auf diese Weise zu verteidigen. Auch heute verlangt sein Ehrgefühl nach Rache: an Stelle der Körperverletzung tritt aber nun Sachbeschädigung. Ehebruch soll in früherer Zeit streng geahndet worden sein. Den Männern wurde das Gesicht durch Schnitte verunstaltet.

Nach einem Fehltritt dachte eine Zigeunerfrau allerdings nicht daran, das so gezeugte Kind abzutreiben. Die Liebe zu den Kindern war hier stärker als das Schuldbewußtsein, unter dem sie auf Grund ihres Ehebruchs litt.

Geburt

Zur Zeit Maria Theresias wurden die Kinder noch im Freien vor der Hütte geboren, da es als Tabu galt, in einem geschlossenen Raum zu entbinden. (Wohnwagenzigeuner in Deutschland und Frankreich kennen noch heute dieses Tabu und viele halten sich noch daran.) Neben der Gebärenden wurde eine Grube gegraben, die man mit Wasser füllte, um das Kind darin zu waschen.[9]

Damals sagte man den Zigeunern auch nach, sie würden Neugeborene mit einer Salbe einreiben und an die Sonne oder ans Feuer legen, damit die Salbe gut eindringe und »ihre schwarze Schönheit erhöht werde.«[10]

Noch zu Beginn unseres Jahrhunderts wurden Kinder zu Hause entbunden. Meist leisteten die Frauen einander Hilfe, denn für die Hebamme fehlte das Geld. Ab 1921 übernahmen die Gemeinden die Kosten für die Hebamme.

Zu einer nächtlichen Entbindung wurde die Hebamme von mehreren Männern geholt, die an ihr Fenster klopften und ihr dann mit einem Kienspan den Weg zur Zigeunerhütte leuchteten. In der Zigeunerhütte war bereits alles vorbereitet. Babykleidung, Handtuch, Seife, kochendes Wasser und ein Kamillenbad. Die Hütte war auch im Sommer warm eingeheizt. Die Gebärende war umringt von Nachbarinnen, die der Frau im Kindbett alle Arbeit abnahmen und auch einige Tage lang für sie kochten.

Während der Geburt waren die älteren Kinder nicht in der Hütte, sondern übernachteten bei Nachbarn. Die Männer standen wartend im Freien. Das Neugeborene wurde in Kamillenwasser gebadet, eingepudert, in eine Windel gebunden und abgewogen. Erst dann kam der Vater, erkundigte sich über den Fortgang der Geburt und war stolz auf seine Frau und den neuen Sprößling. Zigeuner mit geringerer Bildung merkten sich weder Datum noch Jahr, sondern nur die Jahreszeit der Geburt: »Wia ma Erdäpfl ausgnumma habn«; »wia beim Rudl 's Kraut hamgschobn is.«

Bevor man die Hebamme wieder nach Hause begleitete, gab es oft einen kleinen Imbiß. Es kam hie und da vor, daß sich die Zigeunermänner auf den Dachböden versteckten und die Hebamme allein nach Hause gehen ließen, weil sie Angst hatten, des Nachts einem Mulo (Totengeist) zu begegnen. Bereits nach zwei Tagen stand die junge Mutter wieder auf und ging an ihre Arbeit.

In den Zwischenkriegsjahren wurde es dann immer üblicher, im Krankenhaus zu entbinden, zumal auch dafür die Kosten von der Gemeinde getragen wurden. Wie in einem Zeitungsartikel vorwurfsvoll bemerkt wird, beliefen sich im Jahre 1937 die Spitalskosten für Zigeuner in der Gemeinde Oberwart auf 10.000 Schilling.[11]

TAUFE

Schon nach acht Tagen wurde das Kind in der Kirche getauft. Die Kindersterblichkeit, insbesondere die Anfälligkeit für Tuberkulose, war groß, und man hatte

Angst, daß ein Kind ungetauft sterben könnte. Wenn sich die Zigeuner nicht für einen Namen entscheiden konnten, beriet sie der Pfarrer. Zusätzlich zu den offiziell eingetragenen Taufnamen, die sich häufig wiederholten, erhielten alle Kinder einen »Spitznamen«, der nur den Zigeunern bekannt war und sich niemals wiederholte. Er wurde sowohl vor der übrigen Bevölkerung, als auch vor den Behörden geheimgehalten.

Das ist auch heute noch so üblich. Es gibt bei den Männern Spitznamen wie Toto, Tschatscha, Leici, Petzo, Biresch, Schurli, Kalic, Steiri, Gagischi und bei den Frauen solche wie Tschirikli (Vogel), Lulu, Wawa, Schuggi. Meist holte man einen Gadjo der Nachbarschaft als Taufpaten, da dies finanzielle Vorteile mit sich brachte. Nahe der steirischen Grenze war es üblich, steirische Bauern als Taufpaten zu bitten, da diese auf Grund ihrer besseren wirtschaftlichen Lage großzügiger sein konnten als die burgenländischen. Der Gadje-Taufpate war auch die wichtigste Bezugsperson zur Außenwelt. Er mußte im Umgang mit Behörden und bei finanziellen Krisen Hilfe leisten. Die Bauern verweigerten die Bitte, Taufpate zu werden, nie.

Ein großer Prozentsatz der getauften Kinder war außerehelich. Folgende Aufstellung aus Unterwart veranschaulicht das eindrucksvoll:

- 1797-1850 wurden 24 Kinder getauft, fünf davon außerehelich.
- 1851-1875 wurden 31 Kinder getauft, zwölf davon außerehelich.
- 1876-1895 wurden 67 Kinder getauft, 25 davon außerehelich.

Nach der Taufe wurden alle Verwandten und der Pate vom Kindesvater ins Gasthaus zu Wein, Schnaps und Semmeln (Brötchen) eingeladen. Wohlhabendere Zigeuner luden auch zu einem Essen ein. Der Besuch in der Schenke ließ Außenstehende vermuten, daß Zigeunerkinder im Gasthaus getauft würden. Der Kindesvater selbst aß und trank nicht in der Gesellschaft der Gäste. Seine Aufgabe war es, die Geladenen zu bedienen und zu unterhalten.

Denselben Höflichkeitsbrauch erlebte ich 1979 bei Lowara in Wien, die mich zum Heiligen Georgstag eingeladen hatten. Bis Mitternacht bedienten der Hausherr und seine Frau ihre Gäste. Sie sangen und musizierten für die Gäste und setzten sich erst nach Mitternacht selbst zu Tisch.

Heute werden Verwandte als Taufpaten gewählt. Der Kontakt zu den Gadje als Taufpaten bricht dadurch ab.

Erziehung

SPRACHE UND BEWUSSTSEIN

Das Bewußtsein jedes Menschen spiegelt sich in seiner Sprache wider. Der Heranwachsende wird in seinem Denken von seiner Sprache geprägt, denn es besteht eine Wechselbeziehung zwischen Sprache und Denken. Die Romasprache (Romanes) vermittelt dem Kind eine Zweiteilung des Weltbilds. Alles Nichtzigeunerische, die feindliche Außenwelt, erhält eine negative Wertung. Nichtzigeuner werden etwas geringschätzig als »Gadje«, als Bauern betitelt, die einem feindlich gegenüberstehen und denen man mit Mißtrauen begegnen soll. Die Welt wird in zwei Kategorien von Menschen geteilt. An folgenden Wortbeispielen soll dies veranschaulicht werden:

o raklo - Nichtzigeunerbursch
e rakli - Nichtzigeunermädchen
o chavo - Zigeunerbursch
e chai - Zigeunermädchen
rom - Zigeunermensch
manusch - Mensch schlechthin
gadjo - Nichtzigeuner

Durch die Teilung der Menschen in Gruppen erfährt der Heranwachsende auch eine Zweiteilung seiner Moralbegriffe. Ehrlich und aufrichtig muß man zwar innerhalb der Familie sein, nicht aber gegenüber der Außenwelt.

Diejenigen Zigeunerkinder, die zweisprachig erzogen werden, sind bereits im Kleinkindalter fähig, beliebig von einer Sprache zur anderen überzuwechseln. Durch die zweifache Ausdrucksmöglichkeit, die unterschiedlichen Satzkonstruktionen und Denkschemen der beiden Sprachen sind Zigeunerkinder - ebenso wie andere zweisprachige Menschen - flexibler und anpassungsfähiger als Menschen mit nur einer Muttersprache.

GRUPPE UND INDIVIDUUM

Das Verhältnis zum Raum, der einem selbst gehört, ist bei den Roma anders als bei den Gadje. Selbst wenn es möglich ist, die Kinder in einem Einzelzimmer unterzubringen, tut man dies nicht. Der einzelne entwickelt sich somit zu einem Gruppenwesen. In jeder Lebenslage ist das Kind umgeben von anderen Personen. Die Entwicklung zum Individualismus und zur Einzelpersönlichkeit wird daher nur schwach ausgeprägt. Das Kind paßt sich im Tagesrhythmus den Erwachsenen an.

Ein Kind wird auch niemals allein gelassen. Es hat seinen vollwertigen Platz innerhalb der Familie. Sehr bald schon werden ihm auch gewisse Aufgaben innerhalb der Gruppe übertragen.

GEFÜHLS- UND GEDANKENWELT

Zigeuner wurden dazu erzogen, auch in der Öffentlichkeit spontan und affektbetont zu handeln, was bei den Gadje Aufsehen erregte. Besonders nach Alkoholgenuß fiel es ihnen schwer, ihr Temperament zu zügeln. Sie verhielten sich besonders streitsüchtig vor den Gasthäusern, wo sie häufig von einer Menge von Zuschauern umgeben waren. Bei Unterhaltungen gab es viele Raufereien und Schlägereien mit Messern, Knüppeln, Steinen, Ziegeln, Stecken und Prügeln. Die Frauen spuckten und warfen mit Staub und Erde aufeinander.

Dabei war es auch durchaus üblich, daß Frauen ihre Männer schlugen, sie bespuckten und verfluchten. Im Familienkreis war es auch den Frauen erlaubt, bei Festen betrunken zu sein, nicht aber in der Öffentlichkeit.

In früherer Zeit hatten Zigeuner andere Wertvorstellungen und ein völlig anderes Ehr- und Schamgefühl als Nichtzigeuner. Ein zum Galgen Verurteilter bat etwa, nicht mit dem Gesicht in Richtung Straße zu hängen, damit er sich vor den vorbeigehenden Bekannten nicht schämen müsse. Die Verwandten eines zum Galgen Verurteilten argumentierten: »Ihr Herren, nötiget doch nicht einen Menschen mit Gewalt zu einer Sache, wozu er, wie ihr sehen könnt, nicht die geringste Lust und Neigung hat.«[12]

STELLUNG DES KINDES IN DER FAMILIE

In unserer Gesellschaft leben die Jugendlichen in einem gewissen Freiraum in Vorbereitung auf das Erwachsensein. Sie sind nicht mehr Kinder, denen man alles verzeiht, aber noch keine Erwachsenen, denen die Pflicht und Verantwortung des Broterwerbs, der Ehe und Kindererziehung auferlegt ist. Die jugendlichen Zigeuner hingegen haben keine Sonderstellung. Dem Besuch von Jugendgruppen steht man ablehnend gegenüber. Ausschließlich die Familie führt sie in das Leben und die Arbeit der Erwachsenen ein.

DIE ERZIEHUNG IN DER ZWISCHENKRIEGSZEIT

Schon acht Tage nach der Geburt wurde ein Kind in einem festen Tuch auf den Rükken der Mutter gebunden und überallhin mitgenommen. So verbrachte das Kind den ganzen Tag in direktem körperlichen Kontakt mit der Mutter.

Es wurden keine genauen Stillzeiten eingehalten. Sobald das Kind hungrig war, bekam es die Brust. Die Zigeunerinnen kannten kein falsches Schamgefühl und stillten ihre Kinder, wo immer sie sich gerade befanden, auch in Anwesenheit von Männern. Das Verbergen der Brust ist eines der wenigen Tabus der mitteleuropäischen Gesellschaft, das von Zigeunern nicht übernommen wurde. Manche Frauen stillten ihre Kinder bis zu 20 Monate lang. Bekanntlich wirkt sich Körperkontakt und Geborgenheit während des ersten Lebensjahres positiv auf die Psyche des Kindes aus. Möglicherweise entwickelten sich auch dadurch Zigeunerkinder charakterlich anders als Nichtzigeuner.

Stillende Zigeunerin aus Walbersdorf,
Zwischenkriegszeit

Säugling auf dem Rücken der Mutter,
Zwischenkriegszeit

Auf die spätere Erziehung hatten Großeltern, behinderte Familienangehörige und ältere Geschwister Einfluß, da sie die Kinder beaufsichtigten, während die Eltern unterwegs waren.

Sobald die Kinder laufen konnten, wurden sie von allen Familienmitgliedern verwöhnt und mit allen möglichen Liebkosungen überhäuft. Eine besondere Zuneigung zu einem Buben etwa drückte der Spruch: »Ha tsche kar - ich fresse dein Glied«, aus, der für einen Gadjo eher sonderbar wirkt.

Ab dem sechsten Lebensjahr übernahmen die Kinder die ersten Pflichten innerhalb der Familie. Nun wurden sie nicht mehr als Minderjährige belohnt und bestraft, gelobt und getadelt, sondern galten als vollwertige Mitbewohner. Aus diesem Grund wurden, anders als bei den Gadje, Kinder auch niemals aus erzieherischen Gründen geschlagen.

Ein Zitat veranschaulicht die Erziehungseinstellung der Zigeuner:

Ein Gadjo fragte einen Zigeuner: »Warum haust du nicht von Zeit zu Zeit deine Kinder durch, so wie wir es mit unseren Kindern tun?«
Der Zigeuner: »Ich weiß ohnehin, daß ich der Stärkere bin.«
Darauf der Gadjo: »Aber du gibst ihnen keine Erziehung.«
Der Zigeuner: »Oh doch, ich zeige ihnen, wie ihr eure Kinder jeden Augenblick mißhandelt, dann sehen sie ein, wie gut ihr Vater ist und folgen ihm umso lieber.«[13]

Durch die rasche Aufeinanderfolge von Geschwistern mußten bereits kleinere Kinder die Aufsicht von Säuglingen übernehmen. Bis zum Zweiten Weltkrieg war ein Mädchen etwa ab dem neunten Lebensjahr für Haushalt, Versorgung eines Behinderten, eines Kranken oder eines Kleinkinds zuständig, oder es begleitete die Mutter bei der Arbeit außer Haus und wuchs so langsam in das Leben und den Beruf einer Frau hinein.

Zigeunermädchen, Stegersbach 1932

Im Kleinkindalter begleiteten auch die Buben ihre Mütter auf Sammel- und Betteltouren. Bald aber machten sie sich selbständig und versuchten auf eigene Faust, zu dem Lebensunterhalt der Familie etwas beizutragen. Mit zwölf Jahren etwa begannen sie ihren Vätern bei der Arbeit zu helfen. Auf diese Art absolvierten sie eine mehrjährige Lehre und übernahmen dann das Handwerk des Vaters.

Die Heutige Situation

Die Beziehung zwischen Eltern und Kindern hat sich den Verhältnissen der Nichtzigeuner angepaßt. An Stelle der Eltern werden die Kinder von Kindergarten, Schule, Fernsehen, Sportverein, Film und Lehrherr geprägt. Machtlos stehen die Eltern mit ihren althergebrachten Ansichten ihren Kindern gegenüber und müssen mitansehen, wie ihre Moralbegriffe von der Öffentlichkeit unterhöhlt werden. Zigeunerväter sind immer wieder schockiert über Filme, in denen ein Vater im Beisein seiner Tochter sein Bett verläßt, Eltern gemeinsam mit ihren Kindern in der Badewanne sitzen oder gar einen Nacktbadestrand besuchen.

Krankheit

In der Zwischenkriegszeit gingen einige Zigeunermänner während der kalten Wintermonate gern ins Krankenhaus, weil sie dort gut versorgt wurden und auch die Heizprobleme für sie wegfielen. In Oberwart kursiert noch heute eine typische Anekdote (nach Eulenspiegel?) von Nichtzigeunern über Zigeuner, die die Einfalt der Zigeuner hervorstreichen will und dabei ein anschauliches Bild der Einstellung des Spitalpersonals liefert:

> Der Oberarzt wollte sich der vielen Zigeuner entledigen, die das Krankenhaus bereits überfüllten, doch wußte er nicht, wie er es anstellen sollte. Ein Assistent kam ihm dabei zu Hilfe. Er gebot allen Zigeunern, sich den linken Fuß zu waschen. Ein alter Mann fragte ihn, warum er das tun müsse. Der Assistent tat recht geheimnisvoll und wollte nichts ausplaudern. Der alte Zigeuner drängte auf eine Antwort und versprach, diese für sich zu behalten. Der Assistent erzählte also, daß man einem Mann das linke Bein amputiert habe und nun ein passendes Bein suche, das man dem Mann wieder annähen könne. Am nächsten Tag hatten alle Zigeuner das Krankenhaus verlassen.

Mehrere Zigeuner gemeinsam hielten sich zwar gern im Krankenhaus auf, wenn einer aber wirklich krank war und allein dort sein sollte, so litt er unter dieser Isolation. Zuweilen kam es sogar vor, daß er sich einer Behandlung widersetzte, das Spitalsessen verweigerte und sich von seiner Familie verköstigen ließ, die täglich in großer Zahl zu Besuch kam.

Zigeuner, die unfreiwillig eingeliefert wurden, verließen oft bei der ersten Möglichkeit, verbotenerweise, das Krankenhaus; es kam zuweilen vor, daß sie im Winter in Krankenkleidung dem Spital entflohen.

Dieses Verhalten hatte eine dreifache Ursache:

1. Der letzte Rest eines Tabus, das die Berührung mit Personen und Dingen verbietet, die mit dem Tod zu tun haben. Demzufolge gelten Ärzte, Krankenschwestern und Krankenbetten als »prasto«(beschmutzt).
2. Widerstand gegen den Zwang, der die Freiheit einschränkt.
3. Das starke Zusammengehörigkeitsgefühl der Familie, das den Kranken in seiner Isolierung als Einzelperson verunsichert.

Die Zigeuner liebten es, zu lamentieren und den Arzt aufzusuchen, damit er sie eingehend untersuche. Den Rat eines Arztes hingegen befolgten sie nicht unbedingt. Medikamente nahmen sie ungern ein, weil alle bitter schmeckten und bittere Dinge ihnen giftig erschienen. Teilweise wurden die vom Arzt verschriebenen Medikamente auch aus wirtschaftlicher Not nicht gekauft. Schenkte man ihnen Medikamente, so wurde die vorgeschriebene Dosis nicht eingehalten, sondern nach eigenem Gutdünken willkürlich verändert. Es kam vor, daß Zigeuner nach erfolgreicher Genesung die übriggebliebenen Medikamente an Verwandte und Bekannte weiterborgten, auch wenn diese an anderen Krankheitssymptomen litten. Wenn ein Zigeuner die Heilwirkung eines Medikaments erkannte, verwendete er es oft gegen alle anderen Krankheiten auch. Es kam vor, daß eine Mutter ihr krankes Kind zum Arzt trug, es gleichzeitig aber mit verschiedenen Hausmitteln zu heilen versuchte.[14]

Häufig verwendete Hausmittel waren Branntwein, Safran bei Magenverstimmungen und der Aderlaß oder das Schröpfen.

Tod, Begräbnis und Totenmahl

In ihren Begräbnisriten paßten sich die Zigeuner den Ortsbewohnern an. Der Tote wurde meist im eigenen Haus aufgebahrt. Einige Pfarrer weigerten sich, eine Zigeunerhütte zu betreten, um den Toten einzusegnen. In diesem Fall mußte ein Nachbarbauer gebeten werden, den Toten in seinem Haus aufzubahren. Wenn das Geld für einen Sarg nicht reichte, mußte die Gemeinde die Kosten dafür tragen. Die Totenwaschung wurde von den Zigeunern nicht selbst vorgenommen, da sie vor dem Totengeist, dem Mulo, große Angst hatten. Es fand sich aber immer ein Nachbar, der aus christlicher Nächstenliebe diesen Dienst verrichtete. Die Leichenwache dauerte 36 Stunden. Auch die ortsansässigen Nichtzigeuner schlossen sich davon nicht aus. Männer wurden mit einem Glas Wein bewirtet, den Frauen wurde nichts angeboten. Es war üblich, während der Totenwache Märchen zu erzählen, damit die Nächte schneller vergingen.

Im Ausdruck ihres Schmerzes waren Zigeuner lebhafter und extrovertierter als Nichtzigeuner. Für einen Zigeunermann galt es nicht als Schande, seinen Schmerz zu zeigen und in der Öffentlichkeit zu weinen.

Für das Begräbnis mußten sich die nächsten Verwandten oft von den Nachbarn Trauerkleider ausborgen, die prompt und ordentlich zurückgegeben wurden. Am Leichenzug vom Haus zum Friedhof beteiligte sich eine unverhältnismäßig große Menge von Trauergästen. Die gesamte Verwandtschaft kam dabei zusammen, oft waren es bis zu 100 Personen. Auch einige schaulustige Gadje nahmen an jedem Zigeunerbegräbnis teil. Auf dem Weg zum Friedhof wurden die Gebete in deutscher Sprache gesprochen. Da aber die Zigeuner die Gebete nicht beherrschten, boten sich Nichtzigeuner als Vorbeter an. Trotzdem kam es vor, daß die Gebete in verstümmelter Form gesprochen wurden, was die Nichtzigeuner zu ironischen Bemerkungen veranlaßte. So sagte man den Mattersburger Zigeunern nach, statt »der für uns Blut geschwitzet hat«, zu beten »der für uns Blut gespritzet hat.« Noch heute erinnern sich ältere Mattersburger an diesen Vorfall, der während des Leichenzugs schallendes Gelächter unter den Nichtzigeunern ausgelöst haben soll.

In Doiber war es üblich, den Sarg vor der Kirche abzustellen. Die Trauergäste gingen daraufhin in die Kirche zur Totenmesse. Sobald sie wieder herauskamen, begannen die Zigeuner zu weinen und zu schreien, worauf der Pfarrer einmal gesagt haben soll: »nit da, beim Grab unten, da paßt's ja nit.«

Zigeuner waren ebenso abergläubisch wie Nichtzigeuner. Wenn der Sarg schief ins Grab gelassen wurde, meinte man, daß der Tote in die Hölle fahren werde. Wurde ein Musiker begraben, so spielten seine Kameraden am Grab Trauerlieder, aber auch die Lieblingslieder des Verstorbenen, so daß oft auch lustige Weisen am Friedhof zu hören waren. Wenn ein verheirateter Mann gestorben war, so mußte sich die Witwe am Grab die Haare raufen und ausgerissene Haarbüschel ins Grab werfen. Sie durfte den Namen des Toten während des Begräbnisses nicht aussprechen, sondern sprach in ihren Wehklagen über die »weiße Taube«, die sie nun verlassen hatte.

Oben: Begräbnis eines Zigeuners, Rudersdorf 1934
Unten: Grab aus der Zwischenkriegszeit, St. Martin a. d. Raab

Da die Zigeuner kein Geld hatten, sich teure Grabplätze zu kaufen, wurden sie in einer separaten Sektion am äußeren Friedhofsrand bestattet. Grabsteine waren zwar kostspielig, aber dabei sparte man nicht. Nur die Allerärmsten begnügten sich mit einem Holzkreuz. Die Gräber wurden häufig besucht und mit Blumen und Kerzen liebevoll gepflegt. Besonders zu Allerheiligen war die Reihe der Zigeunergräber am hellsten beleuchtet.

Heute hat sich die Situation durch die staatliche Gesetzgebung verändert. Alle Toten werden in der Leichenhalle aufgebahrt, es ist verboten, dort nächtliche Totenwache zu halten. Durch die verbesserte wirtschaftliche Situation ist es heute auch den Zigeunern möglich, teure Grabsteine zu errichten. Man will den Gadje nicht nachstehen und seinen Wohlstand zeigen. Heutige Zigeunergräber sind meist sogar prunkvoller als die der Nichtzigeuner.

Nach wie vor kommen zum Begräbnis alle Verwandten zusammen. Auch die ehemals aus Rumänien mitgebrachte Sitte, eine Pomana (Totengedenkmahl) abzuhalten, hat sich bis heute erhalten: Jeweils eine Woche, 40 Tage und ein Jahr nach der Beerdigung eines Familienmitglieds trifft sich die ganze Familie zu einem Trauerfestmahl. Die Lieblingsspeisen des Verstorbenen und reichlich Alkohol und Zigaretten, sofern der Tote Raucher war, werden aufgetischt. Auch für den Toten wird ein Platz reserviert. Nun essen und trinken die Hinterbliebenen nach Herzenslust. Nach dem Mahl werden kleine Habseligkeiten des Toten, wie etwa Silbermünzen, Broschen, Anhänger, Pfeifen, Knöpfe, Häkelspitzen oder Bildchen an die Verwandten verteilt. Danach beginnt die Trauergesellschaft, den Toten in Liedern zu preisen und seine Taten zu verherrlichen. In Stehgreifimprovisationen werden die besonderen Werte des Verstorbenen gelobt.

Glaube und Religion

Es gilt allgemein als besondere Eigenart der Zigeuner, sehr rasch die Religion eines neuen Gastlandes anzunehmen. Dies war auch bei den Dorfzigeunern der Fall, die sich im Burgenland zum Katholizismus bekannten. Im Grunde sind die Burgenland-Roma aber keine tiefgläubigen Katholiken und setzen sich nicht mit den Grundideen der katholischen Lehre auseinander. Die Religion wird nur oberflächlich angenommen und vor allem die kirchlichen Feste und Feiern (Taufe, Hochzeit und Begräbnis) werden gerne begangen. Die Tsiganologin Milena Hübschmannova erklärt dies folgendermaßen: Als die Zigeuner als niedere Kaste noch in Indien lebten, traf die oberste Kaste (Varna) der Brahmanen (Priester) für sie religiöse Entscheidungen und leitete religiöse Zeremonien für sie. Aus diesem Grund respektieren die Zigeuner heute noch den Pfarrer, lassen sich von ihm taufen, trauen und begraben.

Der Muloglaube

Die hinduistische Religion glaubt an die Seelenwanderung, die in stark vereinfachter Form im Glauben der Zigeuner heute noch verankert ist. An Mulos, die Geister gewisser Verstorbener, glauben alle Zigeunergruppen, unabhängig davon, ob sie Christen, Moslems oder Hindus sind. Die Mulos scheinen die Basis zigeunerischen Glaubens gewesen zu sein und stellen ein starkes moralisches Regulans dar.

- Wer mit einem unerfüllten (Rache-)Wunsch stirbt, bleibt so lange ein Mulo, bis sein Wunsch in Erfüllung geht, und findet erst dann seine Ruhe.
- Ein Ermordeter bleibt bis zu dem Zeitpunkt ein Mulo, zu dem sein natürlicher Tod vorherbestimmt war.
- Ein böser Mensch bleibt nach seinem Tod solange ein Mulo, bis er seine Schuld gesühnt hat.

Ein Mulo ist immer eine bekannte, konkrete, vor nicht allzulanger Zeit verstorbene Person, vor der man sich fürchtet und der man nicht begegnen will; er muß aber nicht immer nur Böses bedeuten. Es gibt Zigeuner- und Gadje-Mulos, sie sehen aus wie zu Lebzeiten und sind daher leicht wiederzuerkennen; man kann aber auch von unbekannten Mulos aufgesucht werden. Mulos essen und trinken nicht, gehen im Krebsschritt, zeigen meist Gesicht und Mund nicht, tragen ihre Alltags- oder Beerdigungskleidung. Ein Mulo kann zu jeder Tages- und Nachtzeit erscheinen, am häufigsten aber zu Mittag und um Mitternacht. Ist ein Mensch seit 40 Tagen tot, so kann er wieder zu Fleisch und Blut werden.

Um Mulos, deren Besuch erwartet wird, fernzuhalten, treffen die Zigeuner vorbeugende Maßnahmen. Sie vermeiden es, die Kleider des Verstorbenen zu tragen oder zu verkaufen, ja verbrennen sie sogar; sie kochen dessen Lieblingsspeisen und stellen sie auf den Tisch oder öffnen das Grab und legen vom Toten zurückgelassene Gegenstände (Holzbein, Pfeife) hinein. Manchmal ziehen sie überhaupt aus dem Haus fort, um vom Mulo nicht gefunden zu werden. Außerdem vermeiden sie es, sich Friedhöfen zu nähern, nachts durch den Wald zu gehen, vom Acker eines Verstorbenen zu stehlen und achten darauf, die Pomana pünktlich einzuhalten. Bei unvorhergesehenem Mulobesuch sagen sie, um sich zu schützen, eine Zauberformel her oder geben das Versprechen ab, einen begangenen Fehler wieder gut zu machen. Sie greifen aber auch zu Mitteln wie Beten, Fluchen, Urinieren, Ausspucken, ein Licht anzünden, ein Kleidungsstück verkehrt anziehen, den Pfarrer holen oder Sich-Bekreuzigen.

Kommt ein Mulo auf Besuch, so fordert er sein Recht. So muß man zum Beispiel gestohlenes Gut den überlebenden Nachkommen des Geschädigten rückerstatten, erst dann ist man vom spukhaften Mulobesuch befreit.

Mulogeschichten werden sowohl als persönliche Erfahrungen erzählt, wie auch als tradierte Erlebnisberichte, die ins allgemeine Erzählgut einer Gruppe Eingang fanden.

Die guten Mulos bewirken zum Beispiel, daß man Geld findet, sie helfen, verlorene Gegenstände wiederzufinden; sie veranlassen Stiefmütter, ihre Stiefkinder gut zu behandeln oder bewirken, daß Ehemänner ihre Frauen nicht schlagen und aufhören, sich zu betrinken. Es wird auch erzählt, daß ein toter Ehemann seiner Frau beim Holzhacken und Korbflechten half – als Sühne dafür, daß er sie vorzeitig verlassen hatte.

Boshafte Mulos stehlen ihren Opfern das Essen, lassen Gegenstände verschwinden, wirken in verschiedenster Weise behindernd, treiben bösen Schabernack; man kann von ihnen in den Straßengraben gestoßen werden, es kann aber auch vorkommen, daß sie eine zu Lebzeiten unerreichte Geliebte schwängern; Kinder aus solchen Verbindungen werden krank, zu Vampiren oder sterben.[15]

In Gritsch wurde erzählt, daß ein Mann des Nachts mit dem Fahrrad durch den Wald fuhr. Ein Mulo gesellte sich zu ihm aufs Rad und trieb ihn, fort von seinem Bestimmungsort, tief in den Wald hinein. Die Reise wäre endlos weitergegangen, wenn der Mann nicht zu einer List gegriffen hätte. Während des Fahrens oder besser gesagt, Gefahren-werdens, zog er seinen Rock aus und zog ihn verkehrt wieder an. Nach vollbrachter Tat kam das Rad endlich zum Stillstand. Nun erst konnte der Zigeuner seine Heimreise aufnehmen.

Eng gekoppelt an den Muloglauben ist die Ahnenverehrung. Das erste Neugeborene, das nach einer Pomana zur Welt kam, erhielt den Namen des gefeierten Verstorbenen, damit dessen Ruhm und Ehre weiterleben konnte.

Die Burgenland-Roma haben bald nach ihrer Ansiedlung viele Tabus aufgegeben, weshalb sie von den Sinti und Lowara als nicht vollwertige Zigeuner verachtet wurden. Eines dieser Tabus verbietet den Genuß von Pferde-, Hunde- und Katzenfleisch und von verendeten Tieren (murdarlo mas). Weiters darf man keine kranken Pferde zur Ader lassen, den Schinderberuf nicht ausüben, keinem verreckten Tier Halfter und Decke herunternehmen, kein Spital betreten, mit keinem Arzt und keiner Hebammen in Berührung kommen. Aus wirtschaftlicher Not waren aber die Ungrika-Roma gezwungen, alle diese Tabus zu brechen, und die ärztliche Versorgung wollten die Zigeuner bald nicht mehr missen, so daß es nach und nach auch zur Aufgabe dieses Tabus kam.

Im Gegensatz dazu hielten die im Seewinkel wohnhaften Lowara an ihrer Sprache, ihrer älteren gesellschaftlichen Organisation und ihren traditionellen Bräuchen fest. Sie lebten in Großfamilien, hatten dadurch einen starken inneren Halt und lehnten den Kontakt nach außen hin ab. Auch auf Grund ihrer beruflichen Spezialisierung bestand kein Anlaß zur Integration. Sie versuchten, an ihren alten Tabus festzuhalten. Nach Möglichkeit starben sie und gebaren ihre Kinder unter freiem Himmel, ohne Mithilfe von Hebammen oder Ärzten, da diese als unrein oder prasto (schmutzig) galten. Jeder Kontakt mit solchen Personen hätte die Verstoßung aus der Familie nach sich gezogen. Machrimé (verstoßen) sein hieß, das Leben allein und abseits der Familie verbringen zu müssen.

Sie mieden das Essen von Aas- und Pferdefleisch, sowie das Berühren von toten Tieren. Auch war ihnen der Kontakt mit Fleischhauern (Metzgern), Ärzten, Hebammen, Spitälern, also mit allem, was mit Toten zu tun hatte, verboten. Ihre Wäsche trockneten die Lowarafrauen so, daß kein Mann es sehen konnte. Alte Kleidungsstücke wurden nicht weggeworfen sondern verbrannt, damit sie nicht dazu verwendet werden konnten, Macht über den ehemaligen Besitzer zu erlangen.

Im Burgenland gab es einige alte Zigeunerinnen, an die man sich mit seinen Wünschen und Sorgen wenden konnte und die für jedes Problem ein geeignetes Zaubermittel wußten. Man sprach ihnen die Fähigkeit zu, Krankheiten zu heilen, verlorene Gegenstände wiederzufinden, den begehrten Burschen oder das Mädchen der Wahl dem Liebhaber zuzuführen, einen untreu gewordenen Partner wieder heimzuholen und unliebsame Personen mit solchen Flüchen zu belegen, daß sie schwer erkrankten, oder gar starben.

Die Zauberfrauen genossen großes Ansehen. Zunächst mußte man sich bei ihnen anmelden. Es war vorteilhaft, von einer Kontaktperson vorgestellt zu werden. Bei der ersten Begegnung erhielt man lediglich einen Termin, an dem man zur ersten Aussprache erscheinen sollte. Zum ersten Besuch war es angebracht, seine Kleidung sorgfältig zu wählen. Es galt als unschicklich, als Frau in Hosen oder gar im auffallenden roten Kleid zu erscheinen.

Ordentliches Benehmen und der nötige Respekt waren ebenfalls angebracht. Es mußte einem bewußt sein, daß man nicht als Forderer einer Dienstleistung, sondern als Bittsteller um Hilfe kam und auf des Wohlwollen der Zauberfrau angewiesen war. Man trug dann sein Anliegen vor. Wenn es keine Möglichkeit gab, das Problem selbst zu bereinigen, bot sich die Zauberin an, selbst in das Geschehen einzugreifen. Dazu mußte man ihr Achselhaare, Schamhaare, Sperma, Menstruationsblut und Stoffstückchen von intimen Kleidungsstücken bringen. Die Zauberfrau stellte daraus einen Talisman her. Ihr geheimes Verfahren gab sie aber niemals preis. Nach einigen Tagen konnte man sich diesen Talisman abholen, der in eine kleine Schachtel verpackt oder in ein Leinensäckchen eingenäht war. Den Talisman mußte man entweder selbst tragen, oder ihn in der Kleidung oder Wohnung des zu Verzaubernden verstecken. Hatte man einen Eroberungszauber bestellt, so erhielt man meist etwas Asche, die man dem Partner in die Nahrung mischen mußte. Wollte man sich an einem Menschen rächen und ihn impotent machen, so mußte man sein Sperma in einen Fluß werfen. Die Zauberfrau forderte keinen festen Tarif als Bezahlung. Es war jedoch ein ungeschriebenes Gesetz, sie gebührend zu entlohnen, wobei die Höhe der Bezahlung flexibel war und sich nach den finanziellen Möglichkeiten des Bittstellers richtete. Bezahlt wurde oft erst dann, wenn der Erfolg des Zaubers eingetreten war. Die Zauberin setzte in die Ehrlichkeit ihrer Klienten volles Vertrauen. Es herrschte die allgemeine Meinung, daß nicht beglichene Schulden dadurch gerächt würden, daß die Zauberin ihren Zauber rückgängig mache und den Schuldner zusätzlich noch mit einem Fluch belege.

Die hier erwähnten Zauberpraktiken sind in allen osteuropäischen Ländern bekannt und nicht typisch zigeunerischer Herkunft. Ins Burgenland kamen sie aber durch die Zigeuner, so daß die Gadje annahmen, diese Praktiken seien eine Eigenart der Zigeuner.

Die jungen Zigeuner geben an, heute nicht mehr daran zu glauben. So manche alte Zigeunerin aber nützt ihr Renommee als Zauberin heute wieder kommerziell aus und betätigt sich als Wahrsagerin und Beraterin für Nichtzigeuner. Dabei werden Praktiken wie Handlesen, Kaffesudlesen und Zigarrenrauchen angewendet.

Katholizismus

Wie bereits erwähnt, haben die Burgenland-Roma die katholische Religion leicht angenommen, ihre religiöse Haltung ist aber stark diesseitig orientiert. Das Wort »Devla« (Gott) verwenden sie recht häufig in ihrem Sprachgebrauch.

Zigeunerbub nach der Erstkommunion, mit Mutter und Geschwistern, Unterwart, Zwischenkriegszeit

Im folgenden Gebet, das in der Nachkriegszeit aufgenommen wurde, sehen sich die Zigeuner selbst veranschaulicht:

Großer Herr im Himmel, wir sind arme Würmer auf der Erde!
Wir frieren und hungern und dürsten und leben wie die armen Vögel, aber wir lieben und loben Dich!

Die bösen Geister verfolgen uns und niemand hilft uns Armen!
Die Winde blasen und wir frieren und niemand hilft uns. Großer Herr, sende Deinen lieben Sohn zu uns, damit wir gesund bleiben, damit die Bösen uns nicht schaden!
Wir sind ja so arm wie die Würmer im Winter und loben Dich doch immer, Du großer Herr im Himmel.[16]

Vor dem Zweiten Weltkrieg gingen die Zigeuner selten zur Kirche. Der Grund dafür lag darin, daß sie von den Nichtzigeunern veranlaßt wurden, in den hintersten Reihen Platz zu nehmen, und daß sie selbst ihre armselige Kleidung nicht als kirchgangswürdig empfanden. Zweimal im Jahr aber, nämlich zu Weihnachten und zu Ostern, waren sie in der Kirche anzutreffen, um ihren Ablaßzettel ordnungsgemäß abzugeben.

Es war auch eine Eigenart der Zigeuner, familieninterne Schwüre vor dem Pfarrer abzulegen. Eine Frau schwor etwa, ihren Mann nicht betrogen zu haben, mit folgenden Worten: »Die Hand soll mir in die Häckselmaschine kommen, wenn ich die Unwahrheit sage«.

Hatte man einen Gegenstand verloren, so betete man, wie auch die Nichtzigeuner, zu einem Heiligen. Eine Frau aus Gritsch berichtete, ihre Brille beim Schwammerlbrocken verloren zu haben. Am nächsten Tag lieh sie sich eine von ihrer Nachbarin aus, ging den Weg zurück und betete zum Heiligen Antonius. Bald schon fand sie ihre Brille wieder.

Etwa seit 1890 war es üblich, Weihnachts- und Krippenspiele, Bethlehemsgesänge, Dreikönigssingen oder Sebastianispiele vorzutragen, die man der übrigen Bevölkerung abgeschaut hatte. Initiatoren dieser Spiele waren zumeist die Ortspfarrer.[17]

Das Spiel ging in der Zwischenkriegszeit folgendermaßen vor sich: die als Schauspieler Verkleideten gingen von Haus zu Haus und trugen in den Höfen der großen Bauern ihr Spiel vor. Zunächst trat ein Engel vor und kündete das Spiel an. Der Kaiser ließ mit Trabanten den Sebastian vorführen und fragte diesen nach seinem Glauben. Sebastian antwortete, an die Heilige Dreifaltigkeit zu glauben. Dafür wurde er ins Gefängnis geworfen. Dann wurde er nochmals vorgeführt und wieder gefragt. Nun befahl der Kaiser, ihn ans Kreuz zu nageln. Ein Kreuz wurde aufgestellt. Sebastian erhielt eine Dornenkrone und lehnte sich an das Kreuz. Ein Loblied auf Sebastian wurde gesungen, bei der letzten Strophe aber durchbohrte man mit einem Pfeil sein Herz, eine, unter dem Hemd versteckte Rote Rübe. Engel beendeten das Spiel.[18]

Georgine von Almassy berichtete, daß in Bernstein das »Segwastianspiel« am Dreikönigstag ausschließlich von den Zigeunerbuben des Ortes aufgeführt wurde und überhaupt jedes Geigen, Singen und Umherziehen von altersher ihr Privileg war. Das Spiel selbst schilderte sie folgendermaßen:

Zu viert gehen sie aus, haben weiße Hemden über das lumpige Zigeunergewand geworfen, kühne Helme aus buntem Glanzpapier mit hohen Federbüschen auf den schwarzen Zigeunerschädeln, und hölzerne Speere, Schwerter und Äxte in den braunen Pratzen. Und ein Kreuz tragen sie mit und stapfen durch den Schnee und reden auf zigeunerisch und streiten mörderisch: »Schingala beng ... murdarap tut!« (Du gehörnter Teufel! Ich steche Euch alle nieder!)

Sie klopften an das Tor: »Der heilige Segwastian ist da!«

»Waren ihrer heute schon viere da!«

»Frau, Frau, das war der Sárközi, der Haderlump, der schtravanzt immer in unserem Revier. Ich bins, der Papai, mit'm Husar und dem Wodi. Und der Segwastian ist der Scheck!« (Daß der Scheck der Segwastian ist, scheint ein ganz besonderer Kunstgenuß zu sein, so beschwörend klingt die Stimme des Papai.)

»Na also, in Gottes Namen!«

Ihrer Drei treten ein. Der Papai bleibt gewissermaßen nachlässig-hochfahrend stehen. Er hat einen rosa Helm mit hellgrünen Verzierungen und gelben Federn auf dem Kopf. Die beiden anderen mit blauem und lila Helm, mit roten und grünen Federn, sind ebenso bunt wie martialisch. Da räuspert sich der Papai, der jetzt der Herr Hauptmann ist, und sagt:

»Na, alsdann, ihr zwei Soldaten, was habt's mir, eurem Hauptmann, zu melden?«

Der lila Helm: »Meld' ghursamst, Herr Hauptmann, der heilinge Segwastian, der ist ein Christ und ein großer Dessentör.«

Der Hauptmann: »Alsdann führt's ihn vor, den heilingen Segwastian.«

Beide Sodaten, stramm die Hacken zusammenschlagend: »Jawohl, Herr Hauptmann, zu Befehl!« (Bei der Türe hinaus): »Geh füri, heilinger Segwastian! Schlaun di!«

Der kleine Scheck (sein Gesicht ist braun und rosa gefleckt, er fiel angeblich als Kind ins Feuer) hat ebenfalls ein weißes Hemd über dem Lumpengewand und einen schneeweißen Tschako mit schwarzem Roßbusch, wie ihn die Husaren tragen, auf dem dicken Kopf. In der Hand hält er ein aus Latten roh zusammengeschlagenes mannshohes Kreuz.

Der lila Helm (schlägt militärisch die Hacken zusammen): »Meld' ghursamst, Herr Hauptmann, mir führen jetzt den Segwastian vor ...«

Hauptmann: »Alsdann, heilinger Segwastian, was hast angstellt?«

Der heilige Segwastian (mit dünner, jämmerlicher Stimme): »Meld ghursamst, Herr Hauptmann, a Dessentör bin i net, a Christ scho!«

Der blaue Helm: »Herr Hauptmann, ea is a Dessentör.«

Hauptmann: »Alsdann, heilinger Segwastian, weilst a so a gfährlicher Dessentör bist und a Christ a no dazua, so wirst hiaz gekreuzigt. Führts'n oa und kreuzigts ihn!«

Nun nehmen die beiden Soldaten dem heiligen Segwastian das Kreuz ab, lehnen es an die Wand, und der Segwastian stellt sich mit ausgebreiteten Armen davor auf.

Der lila Helm sticht ihn mit seiner Lanze in die Brust, da läßt der Segwastian den Kopf hängen und schließt die Augen.

Lila Helm (die Hacken zusammenschlagen): »Meld ghursamst, Herr Hauptmann, der heilinge Segwastian is scho kreuzigt und niedergstochn a!«

Da öffnet der Scheck die Augen und faltet lächelnd die Hände.

Der Hauptmann und die beiden Soldaten fallen auf die Knie und singen mit Inbrunst (auch der Scheck singt mit):

»Wir rufen Dich an, heilinger Se-gwas-ti-an.«[19]

Ein Wendepunkt für diesen und alle anderen Heischebräuche war das Jahr 1938, als die Zigeuner, die Träger dieser Bräuche, deportiert wurden. Nur in sehr abgelegenen Orten, wie Piringsdorf und Bubendorf, sind von Zigeunern ausgeführte Heischebräuche noch nach dem Zweiten Weltkrieg bis in die Mitte der fünfziger Jahre belegt.

Da die Zigeuner auf ihre Weise gläubig waren und damit auch ihre Integration vorantreiben wollten, nahmen sie zu den großen Anlässen des religiösen Lebens wie Taufe, Erstkommunion, Firmung, Hochzeit und Begräbnis, aktiv an den kirchlichen Gepflogenheiten ihres Ortes teil.

Zigeunerbuben nach der Firmung, Unterwart, Zwischenkriegszeit

Zigeunerbuben nach der Firmung, Oberwart, 1975

Leider mußten die Zigeuner immer wieder erkennen, daß sie in gewissem Konflikt zur Kirche standen und allgemein zum Gespött der Nichtzigeuner wurden. Das kommt auch im Erzählgut zur Geltung.

Folgende drei Anekdoten werden über einen Zigeuner erzählt, der am Brautunterricht teilnahm:

Der Pfarrer fragte ihn, wieviele Sakramente Christus der Herr eingesetzt habe. Darauf antwortete der Zigeuner: »Herr Pfoara, i woaß drei, Herrgott, Kruzifix, Sakrament.«

Daraufhin sollte der Zigeuner beten und begann mit den Worten:

»Im Namen des Vaters und des Heiligen Geistes, Amen.«

Der Pfarrer machte ihn darauf aufmerksam, daß er den »Sohn« vergessen habe, worauf der Zigeuner antwortete, daß sein Sohn doch eh draußen vor der Türe wartete.

Vor dem Traualtar passierte dann folgendes: Der Pfarrer begann die Ansprache mit den Worten, »Geliebte Christen«. Der Bräutigam aber verstand »Geliebte küssen« und begann die Braut vor dem Altar abzuküssen.[20]

Die Religiosität der Zigeuner hat sich bis heute erhalten. Kinder werden getauft, besuchen den katholischen Religionsunterricht in der Schule und nehmen an Erstkommunion und Firmung teil. Kirchliche Hochzeiten sind an der Tagesordnung.

Innerhalb des Zigeunerhaushalts manifestiert sich die Gläubigkeit durch zahlreiche religiöse Bilder und Kreuze. Alte Leute stellen oft vor dem Haus einen kleinen Hausaltar auf, weil sich auch ihr Lebensraum vor dem Haus befindet. An den Hausmauern hängen Kreuze und Bilder von Wallfahrtsorten, die sie selbst besucht haben, oder Devotionalien, die ihnen Angehörige von Reisen mitgebracht haben.

Die Teilnahme an Wallfahrten ist bis heute beliebt. In Neustift an der Lafnitz etwa nehmen Zigeunerfrauen und deren Kinder seit ihrer Rückkehr aus dem Konzentrationslager, gemeinsam mit anderen Gläubigen, regelmäßig an der Bußreise in den steirischen Wallfahrtsort Pöllauberg teil.

Fast alle Zigeuner des Burgenlands begeben sich alljährlich in der ersten Maiwoche auf eine Wallfahrt nach Mariazell und verbinden diese mit einer Gedenkfeier im Konzentrationslager Mauthausen. Ein Autobus bringt alle Pilger zunächst nach Mariazell, wo sie gemeinsam mit den Gadje ihres Ortes an Andachten und einem Gottesdienst teilnehmen. Danach geht es auf kürzestem Weg nach Mauthausen, wo alljährlich am 7. Mai der Opfer dieses Lagers gedacht wird. Nach einer Messe werden Führungen zu den Hinrichtungsstätten unternommen. Nach diesem, für alle Teilnehmer bedrückenden Teil der Feier, wird in den Jahrmarktsbuden Verschiedenes zur Erinnerung eingekauft, und schließlich setzen sich die Zigeuner in einer Gaststätte zur Unterhaltung zusammen. Von den Älteren wird größter Wert darauf gelegt, daß ihre Kinder und Enkel sie auf dieser Reise nach Mauthausen begleiten.[21]

Der Traum jedes gläubigen Zigeuners ist es, einmal im Leben nach Lourdes zu fahren. Einige wohlsituierte Zigeuner erfüllen sich diesen Wunsch. Als Andenken des denkwürdigen Ereignisses prangt dann eine große weiße Marienstatue in der Ecke ihres Wohnraums. Für Verwandte und Freunde werden Bildchen und Statuen mitgebracht. Wer diese Reise nicht unternehmen kann, begnügt sich damit, an den Briefaktionen »Grüße aus Lourdes« teilzunehmen. In Kleinbachselten wurde mir ein solcher Brief zur Verfügung gestellt, der hier im Originalwortlaut wiedergegeben sei:

Grüße aus Lourdes
Damit dieser Brief nicht zum Stillstand kommt, sende ich ihn innerhalb von 24 Stunden an die, denen ich Glück wünsche. Dieser Brief wurde am 24. 12. 1942 in Lourdes geschrieben, und macht eine Reise um die Welt. Diesen Brief darfst Du nicht behalten, sonst bringt er Dir kein Glück. Schreibe diesen Brief 3 mal ab, und achte darauf, was in den nächsten Tagen passiert. Schreibe ihn an 4 Personen, denen Du Glück wünschst.
Eine Frau verbrannte ihn und verlor ihren Besitz. Eine Frau schickte ihn weiter und gewann 100.000 DM. Ein Herr schickte ihn nicht weiter und verunglückte später. Ein Mann gab ihn nicht weiter und starb wenige Tage später. In 24 Stunden bringt der Brief Glück.
Viel Glück.

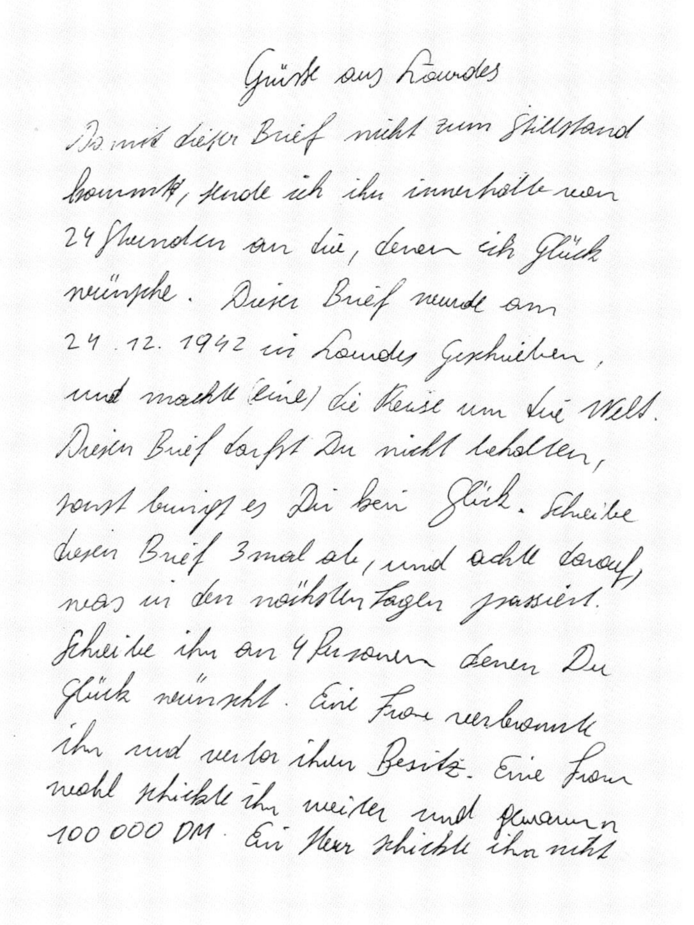
Grüße aus Lourdes
Damit dieser Brief nicht zum Stillstand
kommt, sende ich ihn innerhalbe von
24 Stunden an die, denen ich Glück
wünsche. Dieser Brief wurde am
24. 12. 1942 in Lourdes geschrieben,
und machte (eine) die Reise um die Welt.
Diesen Brief darfst Du nicht behalten,
sonst bringt es Dir kein Glück. Schreibe
diesen Brief 3 mal ab, und achte darauf,
was in den nächsten Tagen passiert.
Schreibe ihn an 4 Personen denen Du
Glück wünscht. Eine Frau verbrannte
ihn und verlor ihren Besitz. Eine Frau
macht schickte ihn weiter und gewann
100 000 DM. Ein Herr schickte ihn nicht

Brief aus Lourdes, Vorderseite

ARBEIT

Die Lebensgrundlage der Zigeuner steht immer in direktem Verhältnis zu dem Land, das sie bewohnen. Ein Staatsgebilde, das allein von Zigeunern geformt wird, hat es nie gegeben und scheint auf Grund ihrer besonderen Lebensweise auch undenkbar. Zigeuner leben immer in Symbiose mit den ansässigen Bewohnern ihrer engsten Umgebung, denen sie sich wirtschaftlich anpassen. Die besonderen Merkmale der einzelnen Zigeunergruppen resultieren aus dieser Anpassung und spiegeln die Eigenheiten der Region wider, in der sie leben. Sowohl wandernde als auch seßhafte Zigeuner sind immer am Rand größerer Siedlungsagglomerationen anzutreffen.

Aneignende Wirtschaftsform

Die aneignende Wirtschaftsform muß als die ursprünglichste, am stärksten an die nomadisierende Vergangenheit anknüpfende Lebensweise angesehen werden. Von den Bauern als parasitär empfunden, zählt dazu das Sammeln von Tieren und Pflanzen, das Jagen, Fischen, Betteln, Stehlen und Schmuggeln.

SAMMELN

Die Früchte von Wald und Wiese wurden von Nichtzigeunern und Zigeunern gern gesammelt. Während die Nichtzigeuner die Produkte für den Eigenbedarf verwendeten, deckten die Zigeuner damit einerseits ihren Eigenbedarf, andererseits boten sie die gesammelten Produkte zum Kauf an. Das Sammeln war Aufgabe der Frauen und der kleinen Kinder, die ihre Mütter begleiteten. Im Frühling waren es Schneeglöckchen, Veilchen, Himmelschlüssel, Maiglöckchen und andere Frühlingsblumen, die sie zu Sträußen banden und vorbeikommenden Fremden zum Kauf anboten. Auch heute ist es in manchen Orten wieder üblich, längs der Straße vorbeikommenden Ausflüglern Blumensträuße und Rohrkolben anzubieten.

Vor dem Palmsonntag kauften die Städter gern Palmkätzchen für den österlichen Palmbuschen bei den Zigeunern. Überall dort, wo die traditionellen Friedhofskränze und Gestecke für Allerheiligen noch selbst gebunden wurden, konnten die Zigeunerinnen Reisig und Moos verkaufen. Im Herbst sammelten sie außerdem Haselnüsse und Edelkastanien.

Der Sommer war die Hauptarbeitszeit der Sammlerinnen. Früchte des Waldes wie Himbeeren, Brombeeren, Heidelbeeren (Blaubeeren), Preiselbeeren und Erdbeeren waren so beliebt, daß man nicht lange hausieren mußte, um einen Abnehmer zu finden.

Besondere Kenntnisse entwickelten die Zigeuner beim Sammeln von Pilzen. Die ganze Familie beteiligte sich an der Sammeltätigkeit. Schon vor fünf Uhr früh konnte und kann man Zigeunerfamilien im Wald antreffen. Ihre guten Plätze geben sie natürlich nicht preis. »Schwammerln, das ist unsere Ernte«, beteuerte eine Zigeunerin der älteren Generation, die von ihrer städtischen Enkelin scherzhaft »die Schwammerlfrau« genannt wird und das Wachstum der Pilze auf die Mondphasen zurückführt. Die Pilze wurden geputzt und dann an private Abnehmer, Greißler (Krämer) und Händler verkauft. Weniger schöne Exemplare der Herren- und Steinpilze trockneten sie und schufen sich so einen Vorrat für den Winter. Den Zigeunern sind weniger geläufige Pilzsorten wie Birkenpilz, Parasol, Täubling, Bovist, Reizger, Ritterling, Bärentatze, Brätling, Totentrompete und Habichtspilz ebenfalls vertraut. Da sich diese Sorten nur schlecht zum Verkauf eignen, werden sie im eigenen Haushalt verwendet. Heute werden die geputzten Herrenpilze und Eierschwämme bei den örtlichen Sammelstellen abgegeben, wo sie ein Händler zweimal in der Woche abholt und auch sofort bezahlt. Nur in seltenen Fällen verkaufen die Sammler die Pilze selbst am Wochenmarkt. Meist fehlt ihnen die nötige Selbstsicherheit, um am Marktstand allein zu stehen und sich so mancher spöttischen Bemerkung der Gadje auszusetzen. Im benachbarten Ungarn hingegen ist das Selbstbewußtsein der Zigeuner größer. Dort bieten sie am Markt, inmitten der Bauern, auch »ihre Ernte« an.

Burgenländische Zigeuner beim Putzen der gesammelten Pilze, 1934

Zigeunerin beim Putzen der gesammelten Pilze, Oberwart 1979

Karl Horvath aus Szakonyfalu verkauft Eierschwammerl am Wochenmarkt von Körmend, 1979

Aber auch Tierprodukte gehörten zum Sammelgut der Zigeuner. Sie suchten verschiedenste Vogeleier, wie z. B. Wachteleier, und boten sie zum Kauf an. Nach wie vor sammeln die Zigeuner Weinbergschnecken, die bei Kennern der gehobenen Küche Absatz finden. In Trausdorf gibt es eine Sammelstelle, die die Schnecken an einen Wiener Zwischenhändler weiterverkauft, der damit eine französische Konservenfabrik beliefert. Die Schnecken werden vor allem im Frühjahr gesammelt, wenn sie nicht mehr verkapselt sind, und zu Hause auf Roste gelegt, um eine völlige Reinigung des Darmtraktes zu erreichen. (Für die Dosenverarbeitung werden unverkapselte Schnecken verwendet, da diese billiger als die im Herbst gesammelten verkapselten Tiere sind, die ausschließlich als Frischware auf den Markt kommen.)

In der bäuerlichen Gesellschaft galten Zigeunerinnen seit langem als Heilfrauen, die besondere Kenntnisse über Heilmittel und Heilmethoden besaßen. Dieses besondere Vertrauen in die Heilmittel der Zigeunerinnen haben sich so manche Dorfbewohner in ihrer Erinnerung bewahrt. Der gute Erfolg beruhte dabei sowohl auf der echten Wirkung des Essenzen als auch auf der Suggestivkraft der Verkäuferin, die jedes angebotene Mittel mit genauer Gebrauchsanweisung versah.

Früher fingen und verkauften die Zigeuner Blutegel, die für den Aderlaß dienten. Sie behaupteten, daß es zwei Sorten von Blutegeln gäbe, und nur sie in der Lage seien, die richtige Art zu erkennen. Die Burschen holten die Blutegel im Sommer aus den Gewässern, ihre Mütter verkauften sie an Ärzte, Apotheken, direkt an die Bauern oder auf dem Wochenmarkt. Die erste belegte Angabe über den Verkauf von Blutegeln stammt aus einer Konskription aus dem Jahr 1837. Grof Janos aus Illmitz bestritt seinen Lebensunterhalt durch den Verkauf von Blutegeln und gab dies auch beim amtlichen Erwerbsnachweis an.[1] Bis zum Beginn des Zweiten Weltkriegs belieferten die Zigeunerinnen »ihre Bauern« mit diesen Tieren, die als wichtigstes Heilmittel galten. Eine Bäuerin erzählte, daß ihre Mutter gegen Kopfschmerzen jeweils drei Blutegel auf der Stirn ansetzte. Entfernen konnte man die Egel nur dadurch, daß man reichlich Salz auf sie streute. Das Mittel soll sehr wirkungsvoll gewesen sein. Dieselbe Bäuerin berichtete, daß die Blutegellieferantin versprochen hatte, ihr ein Heilwasser zu bringen, mit dem sie eine Warze im Gesicht hätte entfernen können: »Doch leider sind die Zigeuner aus unserem Dorf wegkommen im Achtunddreißigerjahr, und ich hab meine Warze behalten müssen bis zum heutigen Tag.«

Als Mittel gegen Herzkrankheiten boten die Zigeunerinnen getrocknete und pulverisierte Eschenkäfer an.

Gegen Leiden wie Kurzatmigkeit, Asthma, Husten, Katarrh, Bronchitis und Lungenkrankheiten empfahlen die Zigeunerinnen Nattern- oder Igelschmalz. Das Fett wurde auf die Brust des Kranken aufgetragen und mit durchlöchertem Seidenpapier abgedeckt. Über die Gewinnung von Natternfett wird folgendes erzählt: Die Tiere mußten in lebendigem Zustand gefangen und kopfabwärts an der Sonne aufgehängt werden. Der von den Schlangen herabtropfende Ausfluß wurde in einem Gefäß aufgefangen und anschließend unter das ausgelassene Fett der getöteten Nattern gemischt.

Die Zigeuner waren auch Experten in der Verwendung von Igelfett. Das Fleisch der frisch getöteten Tiere schnitten sie in Stücke, ließen das Fett aus und füllten es in Gläser, die sie nach dem Erkalten verschlossen. Das Mittel wurde zur Bekämpfung von Lungenkrankheiten und gegen Rheumatismus verwendet. Linderung von rheumatischen Schmerzen sollte überdies Igelurin bringen, mit dem man die befallenen Körperstellen einschmierte.

Das Fett eines vor dem St. Georgstag (24. April) gefangenen Igels galt als besonders wirksam. Zu dieser Zeit war der Fang schwierig, weil die Igel meist noch ihren Winterschlaf hielten.

Zur Heilung von Milzbrand, Rotlauf und anderen Krankheiten wurde bei Rindern und Schweinen die »Güllwurzel«, die giftige Nieswurz (Helleborus) eingezogen, die von den Zigeunern am Georgitag ausgegraben, getrocknet und an die Bauern verkauft wurde. Erkrankte ein Tier, so wurde mit einer Schusterahle in die Wamme (Goder) des Rindes oder in das Ohr des Schweines ein Loch gestoßen und ein zwei Zentimeter langes Stück der schwarzbraunen, spagatdicken Wurzel nachgesteckt. Die Wurzel enthält die Nervengifte Helleborin und Helleborein, die purgierende Wirkung haben. Wahrscheinlich beruht die Heilwirkung der »Güllwurzel« auch darauf, daß zur Bekämpfung des Giftes im Tierkörper besonders viele weiße Blutkörperchen gebildet werden, die als Abwehrstoffe die Krankheit des Tieres positiv beeinflussen. Der genaue Heilungsvorgang ist der Schulmedizin unbekannt, die heilende Wirkung der »Güllwurzel« ist aber unbestritten.[2]

Als vielseitige Heilmittel galten auch Kamille, Zinnkraut und wilder Thymian.

Als Appetitanreger und gegen verstimmten Magen verkauften die Zigeunerinnen Tausendguldenkraut. Wacholderbeeren kauften die Bäuerinnen zum Einlegen von Sauerkraut. Der Verkauf von Wacholder wird in der Literatur bereits 1859 erwähnt.[3]

Birkenwasser wurde von Zigeunern und Nichtzigeunern gewonnen, aber nur von Zigeunern regelmäßig verkauft. Es eignet sich für eine tägliche Trinkkur, aber auch als Haarwasser und wurde im Frühjahr, bevor die Bäume austrieben, wenn der Saft in den Bäumen aufstieg, gewonnen. Dazu bohrte man einen Birkenstamm in etwa einem Meter Höhe an und versuchte, bis zum Kern zu gelangen. In die Bohrung schob man dann ein Holzröhrchen ein (am besten eignete sich dafür ein Holunderrohr, dem zuvor das Mark entfernt wurde). Täglich konnten auf diese Art zwischen einem halben und fünf Liter Saft gewonnen werden, je nachdem, ob man den Kern erreicht hatte oder nicht. Den Birkensaft fing man in einer Schüssel, die am Boden unter dem Rohr stand, auf. Um zu verhindern, daß Ameisen den Weg in die Schüssel fanden, kerbte man das Holunderröhrchen einmal ein. Dadurch tropfte auch der rückfließende Saft in die Schüssel und floß nicht den Stamm hinunter. Der frische Saft, der rasch vergor, wurde täglich getrunken. Das Austreiben der Birken beendete die Kur, weil der Saft dann milchig und ungenießbar wurde. Ein Baum, der nur alle drei Jahre angebohrt wurde, erlitt keinen Schaden. Über den Bohrstellen wachsen holzige Beulen, die im Volksmund »Krebs« genannt werden.

Das Sammeln und Verkaufen von Heilmitteln, Kräutern und Gewürzen gehörte zum regelmäßigen Einkommen der Zigeunerinnen. Üblicherweise bezahlten die Bäuerinnen dafür mit Naturalien. Neben den erwähnten organischen Stoffen sammelten die Zigeuner auch alle möglichen Abfallprodukte, die sie zum Teil veredelten, zum Teil unbearbeitet wiederverkauften.

Die Alteisensammler, die auf den Müllplätzen nach Blechstücken, Nägeln und Eisenresten suchten, gehörten einer eigenen Berufssparte an. Sie verkauften das Gesammelte nach Gewicht an Alteisenhändler in größeren Orten und hatten immer wieder die selben, fixen Abnehmer.

Andere Männer lebten vom Lumpensammeln. Sie fuhren mit einem kleinen Karren von Dorf zu Dorf. Vor jedem Haus läuteten sie mit einer schrillen Glocke: Daraufhin brachten die Hausfrauen ihnen Bündel mit alten Stoffen. Die gesammelten Lumpen wurden um billiges Geld an Fleckerlteppichweber oder an eine Papierfabrik verkauft.

In der Zwischenkriegszeit sammelten die Männer alte Autoreifen, schnitten sie in etwa zwei Zentimeter dicke Streifen und bohrten in Abständen von zehn Zentimetern Löcher hindurch. Manche Zigeuner bauten sich eigene Lochapparate und entwickelten dabei beachtliche technische Fähigkeiten. Die Streifen setzten sie mit dikkem Draht zu Fußabstreifern zusammen, die sie dann hausierend verkauften. Heute noch finden sich in einigen Hausfluren diese schwarzen Fußabstreifer.

In der Zwischenkriegszeit entwickelte man allgemein ein großes Geschick darin, alle noch irgendwie brauchbaren Abfallprodukte einem neuen Verwendungszweck und somit einem »Recycling« zuzuführen.

JAGEN UND FISCHEN

Nachdem die Jagd zum Privileg des Adels geworden war, mußte die restliche Bevölkerung darauf verzichten. Die Bauern begannen zu wildern und die Zigeuner verlegten sich auf den Fang von Tieren, die nicht zum jagbaren Wild zählten. Wenn sie Eichhörnchen, Igeln oder Hamstern nachstellten, verstießen sie gegen kein Jagdrecht und liefen daher auch nicht Gefahr, mit dem Gesetz in Konflikt zu kommen. Da sie meist keine Waffen besaßen, stellten sie den Tieren mit Fallen, Steinschleudern und Schlingen nach.

In St. Martin an der Raab kam es dabei einmal zu einem peinlichen Zwischenfall: Ein Zigeuner hatte eine Birke niedergebogen und eine Schlinge gelegt. Unglücklicherweise geriet ein Bauer in diese Falle, der Baum schnellte hoch und der Bauer blieb kopfabwärts mit dem Fuß in der Schlinge an der Birke hängen.

Auch beim Fischen wurden die Zigeuner mehr und mehr durch herrschaftliche Fischereirechte eingeschränkt.

Es war die Aufgabe der männlichen Jugend, den eigenen Speisezettel durch Wassertiere zu bereichern. Bessere Ware aber verkauften sie an bekannte Abnehmer. Die Zigeunerbuben fingen verschiedene Fische sogar mit der bloßen Hand. Oft hielten sie sich diese als Zierfische in einem Glas oder verkauften sie. Gewöhnlich verwendeten sie jedoch einen Angelhaken, den sie selbst aus einer Sicherheitsnadel oder einem Stück Draht geformt hatten und an ein gewöhnliches Stück Schnur banden.

Beim Fang von Krebsen waren die Zigeuner besonders geschickt. Sie fingen diese Weichtiere in der Nacht mit Hilfe von künstlichen Lichtquellen (Fackeln, Taschenlampen), Ködern (Knochen) und einem Holzstab, den sie ins Wasser hielten.

BETTELN

Bis zum Zweiten Weltkrieg gehörte das Bettelwesen zum alltäglichen Bild des burgenländischen Dorfes. Berufsbettler waren in der Regel alleinstehende Männer, die die Bettelei als ihren ausschließlichen Lebenserwerb ansahen. Hin und wieder gab es auch verheiratete, kranke Bettlerpaare, die gemeinsam herumzogen. Bettlerinnen allein traf man äußerst selten. Viele Bettler waren körperlich behindert, Menschen also, die heute Sozialfälle wären. Nur die wenigsten von ihnen besaßen eine feste Wohnung. Im Sommer schliefen sie in Scheunen, Heuschobern, Streuhütten und auch im Freien, während der kalten Jahreszeit erbaten sie sich einen Platz im Stall oder im Vorhaus eines Bauernhauses.

Im 19. Jahrhundert gab es in größeren ungarischen Städten eigene Bettelhäuser. Ortsansässigen Bettlern, das waren natürlich nicht nur Zigeuner, wurde dort eine ständige Bleibe gewährt. Fremde durften sich bis zu drei Monate im Bettelhaus aufhalten. Die Verwaltung des Hauses lag bei einem ausgedienten Zigeunersoldaten, der für Ruhe und Ordnung sorgte und Streitigkeiten schlichtete. Er wurde »Bettelvogt« genannt und war Chef der etwa zehn ständig im Bettelhaus lebenden Bewohner.[4]

Unter den Berufsbettlern des Burgenlands der Zwischenkriegszeit gab es einige, die in den Erzählungen der Alten heute noch weiterleben.

Aus Liebing (Bezirk Oberpullendorf) wird von einem blinden Zigeuner berichtet, der in der Zwischenkriegszeit täglich in einem anderen Haus seine Armensuppe verlangte. Mit seinem Stab machte er sich durch ein eigenes Klopfzeichen an der Haustür bemerkbar: zweimal drei Klopfer kündeten seine Ankunft an.

Im Jennersdorfer Bezirk wiederum war die Zigeuner-Giesl zu Hause. Sie hatte fünf uneheliche Kinder und keinen Mann. Ihr Hab und Gut transportierte sie auf einem zweirädrigen Karren, der anfangs von einem Esel und in späterer Zeit von einem Hund gezogen wurde. Sie bot das typische Bild des Bettlers der Zwischenkriegszeit.

Bettelnde Zigeunerinnen aus Rax, ca. 1934

Weit häufiger als berufliches Betteln war unter den Zigeunern aber die gelegentliche Bettelei. Besonders in den Wintermonaten, wenn es nichts zu sammeln gab, während der Arbeitslosigkeit des Ehemannes oder solange eines der Kinder getragen oder gestillt werden mußte, kamen die Frauen bettelnd für den Lebensunterhalt der Familie auf. Not war die innere Rechtfertigung der Bettlerinnen, die sonst stolze Frauen waren.

Bettelnde Zigeunerin mit Kind und Kleinkind, Zwischenkriegszeit

Mancherorts war es üblich, nur in den Nachbardörfern zu betteln, in anderen Gegenden wurde auch im eigenen Dorf um Almosen gebeten. Die Bettlerinnen bewegten sich in einem Umkreis von 10 bis 35 Kilometern um ihren Wohnort. Eine Mutter nahm ein oder zwei ihrer Kinder mit und trug den Säugling im Rückentuch. Der Rest der Kinder blieb unter der Obhut der Großmutter oder einer älteren Schwester zu Hause. Bettlerin und Kinder gingen oft barfuß, trugen lange Kleider,

Schürze und Kopftuch. Ein Korb, eine Tasche oder ein Bündel für die erbettelten Sachen vervollständigte die Ausrüstung. Darin befanden sich eine Milchkanne, ein Topf mit Deckel, ein Tontiegel, eine Flasche, ein Messer oder einige Leinensäckchen, je nachdem, welche Nahrungsmittel sie erbetteln wollten.

Üblicherweise besuchten die Bettlerinnen ein bis zweimal wöchentlich dieselben Häuser. Sie kamen immer an denselben Wochentagen, sodaß die Bäuerinnen auf den Besuch vorbereitet waren und das, was sie der Zigeunerin geben wollten, schon bereithielten. Die Almosen wurden der »Hauszigeunerin« von der Bäuerin oder einem anderen weiblichen Mitglied der Familie überreicht, niemals aber vom Bauern, dieser gab ihr höchstens die für sie gesammelten »Tschiks« (Zigarettenstummel) oder schenkte ihr eine Zigarette. Erschien die Hauszigeunerin um die Mittagszeit, so bekam sie auch etwas warme Speise oder Suppe angeboten. Dafür trugen die Zigeunerinnen ihren eigenen Teller und Löffel mit sich. Manche Bauern besaßen einen eigens für Bettler bestimmten Blechnapf und Holzlöffel. Zum Essen saßen die Zigeunerinnen auf den Stufen vor dem Haus. Nur nach besonderer Aufforderung durften sie die Stube betreten. Im strengen Winter kam es vor, daß eine Bäuerin die Hauszigeunerin hereinbat und sie auf der Ofenbank Platz nehmen ließ. Hier konnte sie sich aufwärmen und reichte oft ihrem Säugling auch gleich die Brust. Hatte die Zigeunerin bereits in einem anderen Haus gegessen, so lehnte sie die angebotene Speise dankend ab. Es war nicht üblich, ein zweitesmal flüssige Speisen anzunehmen, wohl aber feste Speisen, wie Brot oder Fleisch, die man heimtragen konnte, um damit die Kinder zu versorgen. Nach dem Essen ging die Bettlerin zum Brunnen und wusch Teller und Löffel ab und dankte zuweilen mit einem kleinen Dankspruch.

Wenn die Hausfrau gerade allein war und nicht viel Arbeit hatte, erkundigte sie sich bei der Zigeunerin nach den Geschehnissen im Nachbardorf, über die Freigebigkeit bekannter Familien und über die Familie eines etwaigen zukünftigen Schwiegersohns oder einer möglichen Schwiegertochter. Manchmal wurden auch Ratschläge erteilt, Auskünfte über das Heilen von Geschwüren, Furunkeln, Warzen und anderen Krankheiten eingeholt und die Zigeunerin gebeten, das nächste Mal Heilkräuter mitzubringen.

An Sonn- und Feiertagen (Ostern, Weihnachten und am Luzientag) gingen die Zigeunerinnen nicht betteln, wohl aber am Vortag eines Festes und nach den Feiertagen, weil da besonders gute Reste bereitgestellt waren. Reichhaltig war die Ausbeute auch zum Kirtag (Kirchtag). Meist hatten die Bauern aus diesem Anlaß geschlachtet und waren besonders freigebig. Zum Kirtag kam es vor, daß die Zigeunerinnen auch ihre Verwandten aus anderen Bezirken, die auf Besuch hier waren, zum Betteln mitnahmen.

Normalerweise kamen die Frauen gegen zwei Uhr nachmittags von der Betteltour heim. Am späten Nachmittag bereiteten sie dann aus dem Erbettelten das Essen zu.

Natürlich kannten die Zigeuner die Häuser, wo ihnen etwas gegeben wurde. Um das Wohlwollen einer Bäuerin nicht zu verlieren, suchten sie niemals dasselbe Haus an aufeinanderfolgenden Tagen auf. Vor allem hielten sie sich an wohlhabende und gutherzige Bauern und vermieden Kleinhäusler. Es sprach sich herum, wer besonders hartherzig war.

Als Begründung, warum die Bäuerinnen damals mit der Bettelei einverstanden waren, hörte ich im Zuge meiner Befragung immer wieder:

> Man tut das nicht, einer Zigeunerin nichts zu geben, weil man froh ist für ein Vergeltsgott. Schade, daß man heute keines mehr bekommt. Niemand möchte bei den Nachbarn in Verruf kommen.

Die Zigeunerin kannte den Namen der Bäuerin, die sie gerade besuchte, und begrüßte sie etwa mit den Worten:

> Katl Muata, gems ma wås? Håt die Hausfrau a bißl Bratlfettn, dåß ma den Kindan kennan kochan a bißl Einbrennsuppn? Teta Stückl Brot?

Die während der Zwischenkriegszeit am häufigsten erbettelten Lebensmittel waren Erdäpfel (Kartoffeln), Mehl, Kukuruzmehl (Maismehl), Sterz, Sauerkraut, Kürbiskernöl, Salz, Milch, Schmalz, Zwiebel, Knoblauch, Rüben, Kraut, Gurken, Rettich und Obst. Baten die Bettlerinnen um Eier, so bekamen sie nur ein einzelnes. Oft erhielten sie soviel Brot, daß sie einen Teil davon an einen Kleinhäusler weiterverkauften, der es an Hühner, Gänse oder Schweine verfütterte.

Nach dem Schlachten gab man ihnen die Därme des geschlachteten Tieres. Oft erbettelten sie »für den Hund« verrecktes Geflügel oder ein verendetes Ferkel. Jeder Bauer wußte natürlich, daß sie es selbst essen würden, gab es ihnen aber trotzdem, denn es schien ihm zu schade, es pflichtgemäß zu vergraben.

Da Hundefleisch als Nahrungsmittel und Hundeschmalz als Heilmittel Verwendung fand, wurden auch Hunde erbettelt. In Eisenberg an der Raab (Bezirk Jennersdorf) wurde mir folgendes erzählt:

> Da drübn beim Nachbar drübn håbms an schön Hund ghåbt, an ålten Hund scho, und die ålte Katl wenn sie is bettln gång, fechtn gång, der håt er immer die Kittl zrissn. »Wårt, die krieg i dånn amål« håt sie gsågt. »I wia dir schon hölfn«. Und eines schönen Tages gel, håbns scho an jungen Hund no ghåbt, da sagt da Boglitsch zu ihra: »No Katl Muata, kånnst mitnehma den Hund wånnst willst.« Er håt si denkt sie traut ihn eh nit ångreifn. Jetzt håts gsagt: »Geh nur her då Burscherl, geh nur her då,« håts ihm wås vorgred, den Hund åhgstreichelt und då gnumma då hint beim Gnack, håts eam neama ausglåssn, dåß er net håt kenna beißn, is aufegång, då håb ma a so an ålte Preß ghåbt, a ålte Hüttn, und dånn håts 'n Håmma außagnumma, den håts eh imma mitghåbt, und 's Messa, den Hund gnomma, zack, aufn Schädl aufeghaut und die Gurgl åhgschnittn, ausbliatn låssn, schen ins blaue Tiachl einebunden und dånn is sie gången damit, då håt jeda a Fleisch ghåbt.

Zu Hause wurde das Hundefett ausgelassen und für die Lungenkranken verwendet. Das Fett wurde auf die Brust aufgelegt, aber auch zum Essen aufs Brot gestrichen. Man schwor auf die Wirksamkeit des Hundefetts und gab auch der »befreundeten« Bäuerin bei Bedarf ein Schälchen ausgelassenes Fett.

Außer Nahrungsmitteln wurden auch andere Dinge erbettelt, die die Zigeuner benötigten. So zum Beispiel frisches Stroh für das Lager oder etwas Heu für die Ziege. Vor der Geburt eines Kindes baten sie um Säuglingskleidung. Manche Frauen erbettelten sogar alte Brillen, »um beim Schwammerlsuchen« besser zu sehen. Sache der Männer war es, Material für den Hausbau beziehungsweise für Reparaturen zu beschaffen. Sie baten um Holz, ausrangierte Türen, Tür- und Fensterstöcke, Herde usw. Benötigten sie für den Hausbau auch etwas Bargeld, so suchten sie den Pfarrer auf.

Besuch eines Gadje im Zigeunerdorf, ca. 1927

Zigeunerkinder bettelten, um zu etwas Taschengeld zu kommen. Ihre Opfer waren Reisende und Schaulustige, die in die Zigeunersiedlungen kamen. Durch Singen und Deklamieren in der Schule gelernter Gedichte versuchten sie, den Gadje etwas Geld zu entlocken. Bettelnde Kinder werden bereits in der Literatur des 19. Jahrhunderts erwähnt:

> Mit akrobatischen Kunststücken versuchten sie, die Fremden auf sich aufmerksam zu machen, schlugen Purzelbäume, Räder, sprangen durch Reifen, tanzten, hüpften barfuß auf einem Fuß und schlugen gleichzeitig den anderen gegen die Hinterbacken, so daß es laut klatschte, und sangen dazu. Von den Zuschauern erwarteten sie sich dafür einige Münzen und Zigaretten.[5]

Nach dem Zweiten Weltkrieg schienen die Bettlerinnen völlig verschwunden. Erst in den letzten Jahren kommen in den Sommermonaten sehr alte Zigeunerinnen wieder zu den ihnen vertrauten Bäuerinnen im Nachbarort und bitten nach alter Manier: »Katl Muata, ham's ka verreckts Hendl für mi?« Dabei halten sie ihr Enkelkind, dessen Eltern davon sicher nichts erfahren dürfen, an der Hand. Sie haben es nicht wirklich notwendig und tun es wohl eher, um eigene Jugenderinnerungen zurückzurufen.

STEHLEN

Seit dem ersten Erscheinen der Zigeuner in Europa verfolgt sie der Ruf, diebisch zu sein. 1775 erhielt ein Zigeuner am Marktplatz in Eisenstadt öffentlich Schläge mit dem Staubbesen, weil er Wäsche gestohlen hatte.[6] Solche Fälle von Diebstählen und Bestrafungen werden in der Literatur sehr häufig angeführt.

Die Zigeuner haben einen ausgeprägten Gemeinschaftssinn, bei dem das persönliche Eigentum eine untergeordnete Rolle spielt. Während sie selbst jederzeit zu teilen bereit waren, stießen sie nun auf Gesellschaftsformen, bei denen Besitz und Eigentum sehr wesentlich waren und deren Achtung sehr genau genommen wurde. Andererseits fehlte den Zigeunern jedes Verständnis für Vorausplanung und Vorratswirtschaft. Sie waren nicht imstande, sich Vorräte anzulegen. Was sie besaßen, war zum sofortigen Ge- und Verbrauch bestimmt. Stehlen gingen sie auch erst dann, wenn sie ihren Lebensunterhalt auf andere Weise nicht mehr decken konnten. Ihre Einstellung zum Diebstahl zeigt sich in jenen naiven Äußerungen, mit denen sie versuchten, sich herauszureden, wenn sie nach Motiven für ein solches Delikt befragt wurden: sie könne ja nichts dafür, daß es ihr zugelaufen sei, meinte zum Beispiel eine Zigeunerin, die ein Huhn gestohlen hatte. Ein anderer, der mit einem Weinfaß erwischt worden war, verteidigte sich mit der Behauptung, daß es zu ihm hergerollt sei.

Grundsätzlich war es nicht üblich, im eigenen Dorf oder in der näheren Umgebung zu stehlen. Dazu suchte man fernere Dörfer auf, in denen man nicht bekannt war. Gestohlen wurden alle Arten von Feldfrüchten wie Erdäpfel (Kartoffel), Getreide, Kraut, Gurken, aber auch anderes Gemüse und Obst. Wenn die Bauern auf dem Feld waren, nutzten die Zigeunerfrauen manchmal die Gelegenheit und nahmen von den in den offenen Laubengängen gelagerten Zwiebeln und Paradeisern (Tomaten), oder auch etwas Wäsche, Bettzeug und Kleider, die zum Trocknen im Hausgarten aufgehängt waren, mit. Stand das bäuerliche Küchenfenster offen, so kam es vor, daß sie einstiegen und Küchengeräte oder ein wenig Fleisch mitnahmen.

Im allgemeinen waren die Zigeunerinnen aber keine vorsätzlichen Diebe, sondern begingen nur Mundraub. Es kam selten vor, daß sie gewaltsam irgendwo einbrachen. Sie drangen meist nur dort ein, wo sich ihnen keine Hindernisse entgegenstellten.

Berühmt und berüchtigt waren die Zigeunerinnen allerdings für das Stehlen von Geflügel. Sie entwickelten darin vielfältige Methoden und Techniken. Am einfachsten war es, den Tieren Futter hinzuwerfen, und sie dann zu fangen. Schon die Kinder halfen beim Stehlen. Während die Mutter die Bäuerin durch ein Gespräch ablenkte, waren die Kinder hinter den Hühnern her. Sie fingen das Geflügel auch, indem sie Körner auf einen Angelhaken steckten, der an einer dünnen Schnur befestigt war. Hatte das Huhn den Haken erst einmal geschluckt, so brauchte nur mehr die Leine eingeholt zu werden. Man sagte den Zigeunerinnen große Geschicklichkeit nach; so hätten sie angeblich, während sie im Hof mit der Bäuerin sprachen, nach einem Huhn greifen und dieses ungemerkt in der Bosída (Schürzentasche) unter dem weiten Rock verschwinden lassen können.

Sache der Männer war es, im Wald Brennholz zu sammeln. Das Sammeln von Dürrholz war den Zigeunern gestattet: wenn dieses nicht mehr ausreichte, mußte nachgeholfen werden. In der Zwischenkriegszeit kam das häufig vor: So wurden gesunde Bäume angesägt, angehackt, geringelt, gerindelt oder gekient, um ihr Absterben zu erreichen. Die Bäume wurden knapp über der Wurzel verletzt, so daß die Wunde kaum sichtbar war. Da es den Zigeunern seit 1898 verboten war, den Wald mit Äxten oder Sägen zu betreten, nahmen sie die Werkzeuge heimlich mit und ließen sie in einem sicheren Versteck im Wald zurück, um sie bei Bedarf einfacher zur Hand zu haben. Die Spuren der Holzdiebstähle verwischten sie sorgsam, und es war die genaue Kenntnis der angewandten Praktiken notwendig, um festzustellen, auf welche Art ein Baum abgestorben war.

Als es in der Zwischenkriegszeit immer schwieriger wurde, Gelegenheitsarbeiten zu finden oder sonst auf legale Weise den Lebensunterhalt zu bestreiten, nahmen Diebstähle – nicht nur durch Zigeuner – zu. Viele Eigentumsdelikte wurden den Zigeunern auch einfach angedichtet. Vor dem Zweiten Weltkrieg waren die Zeitungen voll mit Hetzartikeln über diebische Zigeuner. Als der Krieg vorbei war, hatte sich die Situation radikal geändert. Lange Zeit berichtete man nichts mehr über Feld- und Wald- oder andere Diebstähle.

SCHMUGGELN

Ein weiterer, von mancher burgenländischen Zigeunerfamilie betriebener Erwerbszweig war der Schmuggel. Vor 1921 wurde vor allem in den Orten längs der steirischen Grenze geschmuggelt. Nach dem Anschluß des Burgenlands an Österreich verlegte sich der Schmuggel an die damals noch offene burgenländisch-ungarische Grenze. Aus Ungarn gelangten auf diese Weise vor allem Lebensmittel, die in Österreich teurer waren, über die »grüne Grenze«: Hühner, Gänse, Fadln (Mastferkel), Schinken, Eier, Schmalz, Obst und Tabak, an den die älteren Leute gewöhnt waren und den sie gegenüber dem österreichischen bevorzugten. Den entgegengesetzten Weg nahmen Salz, Feuersteine und Füllbenzin.

Die Zigeuner besorgten sowohl den Transport der Schmuggelware, als auch den Vertrieb in den grenznahen Orten. Geschmuggelte Güter zählten zum ständigen Warenangebot der hausierenden Zigeuner.

Als nach dem Ersten Weltkrieg in Westungarn der Rotlauf, eine Schweineseuche, ausbrach, wurden viele der verendeten Tiere vergraben. Die Seuche war noch nicht besiegt, als durch eine Anzeige bei der Gendarmerie bekannt wurde, daß sich einige Zigeuner darauf spezialisiert hatten, die toten Schweine in nächtlichen Aktionen wieder auszugraben und über die Grenze in die Steiermark zu bringen und dort zu verkaufen.

Obwohl der Schmuggel zu den einträglicheren Einkommensquellen der Zigeuner zählte, gehörte er andererseits auch zu den unsichersten. War jemand erst einmal der Gendarmerie als Schmuggler bekannt, mußte er ständig mit Verdächtigungen und Hausdurchsuchungen rechnen. »Karrieren« als Schmuggler waren deshalb meist nur von kurzer Dauer.

Seit 1948 ist der Schmuggel zwischen Ungarn und dem Burgenland wegen der sehr scharf bewachten Grenze praktisch unterbunden.

Dienstleistungen und Handel als Erwerbsformen

VIEHHALTER

In der Zeit, als Pferde, Rinder, Schweine oder Gänse aller Bauern noch gemeinschaftlich auf die Weide getrieben wurden, nahmen die Gemeinden einen dorfeigenen Halter in ihre Dienste auf, der inoffiziell auch als Tierarzt fungierte. Diesem wurde das Halterhaus am Dorfrand zur Verfügung gestellt, in dem er kostenlos wohnen konnte. Er arbeitete nur den Sommer über; im Herbst erhielt er von der Gemeinde ein kleines Entgelt und durfte sich auf Gemeindekosten Kleidung im örtlichen Geschäft besorgen. Auch von den Bauern erhielt er entweder ein Entgelt, oder sie zahlten ihm ihre Schuld im Winter in Naturalien ab. Der Halter war von allen steuerlichen Lasten enthoben. Sein Beruf wurde als unterprivilegiert angesehen, und man hegte dem Halter gegenüber soziale Vorurteile, egal ob es ein Nichtzigeuner oder ein Zigeuner war. Oft aber wurde diese Arbeit von Zigeunern verrichtet. Die Männer wurden vor allem zum Schweinehüten angestellt. Schon zeitig in der Früh trieben sie die gemeindeeigenen Eber und die Zuchtsäue der Bauern auf die Weide. Als tägliches Zusatzfutter erhielten sie für jedes Tier ein Maß Getreide, das sie in einem Sack mit sich auf die Weide trugen. Gegen fünf Uhr nachmittags kehrte die ganze Herde wieder heim. Sie wurde durch die Hauptstraße getrieben, und jedes Tier fand selbst in den richtigen Stall zurück. Als letzter wurde der Gemeindeeber abgeliefert, der am Ortsende, im Gemeindestall, neben dem Halterhaus untergebracht war. Für einen Extralohn übernahm der Halter auch die Fütterung der Gemeindestiere.

Ein weiterer Nebenerwerb des Halters war die Beschneidung des Viehs. Kranke Tiere wurden von ihm zur Ader gelassen, früher die üblichste Behandlungsmethode.

Zigeunerinnen verdingten sich als Gänsehirtinnen. Dabei hatten sie bis zu zweihundert Tiere zu beaufsichtigen. Zu den Aufgaben der Halterinnen zählte es, auf der Weide einen Brunnen für die Tiere zu graben. Auch die Halterinnen selbst tranken oft von diesem Wasser. Da sie meist kein Essen mithatten, hieß ein geläufiger Spruch: »Das trübe Wasser gilt gleich für's Essen auch.« Verendete Gänse durften die Hüterinnen für ihren Eigenbedarf behalten. Daher sagte man ihnen nach, Tiere absichtlich verrecken zu lassen. Tatsächlich lag es jedoch im Interesse der Frauen, die Tiere gut zu versorgen, da zu Martini von den Bauern je nach Anzahl der gehüteten Gänse ein Lohn ausbezahlt wurde, der insgesamt höher als der Pauschalbetrag der Gemeinde war. Neben der Beaufsichtigung der Gänse war es üblich, die Zeit sinnvoll auszunützen und nicht untätig zu bleiben. So sammelten die Halterinnen Farnkraut, das im Winter zur Isolierung der Stallfenster verwendet wurde, brachten Kräuter heim oder sammelten Brennholz für ihren eigenen Bedarf. In den Wintermonaten, wenn die Gänse im Stall gehalten wurden, waren die Hirtinnen vom Wohlwollen der Bauern abhängig, zu denen sie betteln gingen.

Heute gibt es keine Halter mehr, da diese Form der Viehhaltung nicht mehr üblich ist.

SCHINDER
(ABDECKER, WASENMEISTER, »WASINGER«)

»1778 erhielt Josef Horvath von der Herrschaft Schlaining neun Kreuzer für das Abziehen eines Schafes.«[7] Zigeuner waren also bereits in der zweiten Hälfte des 18. Jahrhunderts als Schinder tätig. Am Ende des 19. und bis zur Mitte des 20. Jahrhunderts standen außerhalb der Orte eigene Häuser, in denen die Schinder wohnten. Neben diesen Häusern lag der Schindacker, auf den alle verendeten Tiere auf Grund von behördlichen Verordnungen gebracht werden mußten. War nun ein Tier verendet, so wurde der Schinder verständigt. Zunächst mußte er brauchbare Häute von Pferden, Rindern oder Schafen abziehen und sie dem Besitzer des Tieres geben. Für diese Arbeit wurde er entlohnt. Dann hatte er den Kadaver zum Schindacker zu schaffen, mit Kalk oder Petroleum zu überschütten, um der Seuchengefahr vorzubeugen, und zu vergraben. Obwohl es verboten war, verwendeten viele Schinder das zum Vergraben bestimmte Fleisch zum Eigenbedarf.

Die Schinder galten als unehrenwert und unrein. Sie lebten im Schinderhäuschen, isoliert von der Zigeunersiedlung des jeweiligen Ortes, und waren auch von der Zigeunergemeinschaft ausgeschlossen.

Südwestlich von Hochstraß im Bezirk Oberpullendorf, nahe der Straße, ist heute noch ein Schinderhof zu sehen.

Unqualifizierte Arbeiten führten die Taglöhner aus. Sie standen in keinem festen Arbeitsverhältnis, sondern wurden zu bestimmten, zeitlich kurz begrenzten Arbeiten herangezogen.

Lehmziegelschlagen war eine der häufigsten Gelegenheitsarbeiten. Während der Sommermonate zogen ganze Familien zu den in vielen Teilen des Burgenlands vorhandenen Lehmgruben, wo sie sich als Arbeiter verdingten. Sie wohnten in selbsterrichteten Hütten direkt am Arbeitsplatz. Der Lehm wurde in Model gefüllt. Auf einem langen Brett wurden viele Ziegel nebeneinandergestürzt und dann an der Sonne getrocknet. Die Frauen halfen beim Wegtragen der Ziegel. Die Entlohnung erfolgte pro hundert Stück.

Andere Zigeuner waren als Schottergräber beschäftigt. Bauern und adelige Grundbesitzer waren verpflichtet, entsprechend der Größe ihres Grundes für die Erhaltung der Wege zu sorgen. So mußte alljährlich auf den Wegen Schotter aufgeschüttet und auseinandergezogen werden. Diese Arbeit verrichteten Zigeuner, deren Entlohnung nach Metern erfolgte. Neben der Straßenausbesserung übernahmen sie auch die Aushebung und Reinigung von Entwässerungsrinnen und das Ausheben von Gräben, Jauchen- und Senkgruben sowie das Ausschöpfen von Aborten.

Ebenso wurden von ihnen Bahnstrecken gereinigt oder Sand, der zum Bauen benötigt wurde, aus den Flüssen ausgeworfen. In diesen Fällen wurden sie nach Kubikmetern bezahlt. In Tatzmannsdorf und anderen Kurorten fanden die Zigeuner während der Saison Anstellung als Reinigungspersonal. Viele verdingten sich auch als Erntearbeiter, gruben Erdäpfel (Kartoffeln) und Rüben aus, halfen beim Dreschen, bei der Weinlese und als Treiber und Hetzer bei Jagden oder auch beim Holzfällen. Wenn es galt, kurz vor der Ernte ein Gewitter zu vertreiben, waren sie diejenigen, die Böller abschossen. Durch die oft unvorsichtige Handhabung der Explosivkörper kam es häufig zu Verletzungen.

Es gab auch Zigeuner, die eine feste Anstellung hatten. Auf herrschaftlichen Gütern wurden die Frauen als Mägde, Wäscherinnen, Wirtschafterinnen oder Ammen, die Männer als Knechte, Nachtwächter und Waldhüter eingesetzt.

Auch in Industriebetrieben waren Zigeuner beschäftigt: in den Salpeterwerken von Zaneg und St. János, im Sägewerk Rotenturm als Sägeschleifer, im Ziegelwerk von Forchtenau als Heizer, im Antimonbergwerk von Schlaining, in der Spirituosenbrennerei von Trausdorf und als Steinbrecher in vielen Steinbrüchen.

Die heutige Situation

Heute arbeitet ein Großteil der Burgenland-Roma im Straßenbau. Auch unter den Erntehelfern bei der Rübenernte und der Weinlese finden sich heute häufig Zigeuner. Überhaupt nehmen sie gern Arbeiten an, die sie nicht an bestimmte Arbeitszeiten binden. Junge Mädchen gehen entweder in die Fabriken ihrer Umgebung, oder sie suchen sich als Stubenmädchen oder Küchenhilfen in den westösterreichischen Fremdenverkehrsbetrieben eine Stellung.

Junge Zigeuner-Burschen wollen heute häufig eine Lehre absolvieren. Auf Grund der immer noch lebendigen Vorurteile müssen die Burschen dabei oft ihre Herkunft verleugnen. Es gibt derzeit Koch-, Bäcker- und Friseurlehrlinge aus den Reihen der Burgenland-Roma. Für die Jugendlichen wirkt sich die übertriebene Sorge ihrer Eltern negativ aus. Der Lehrplatz soll nicht weit vom Wohnort entfernt sein, da die Eltern ihre Kinder nicht von zu Hause weglassen wollen. Einen Burschen, der sich als Schausteller für fünf Jahre verpflichtet hatte, holten seine Eltern schon nach zwei Wochen wieder heim.

Die Arbeitgeber beschreiben die Zigeuner als fleißig und ehrlich, aber wenig ausdauernd. Besonders dann, wenn der Arbeitsplatz weit entfernt vom Heimatort sei, hielten sie es oft nicht lange aus und kehrten zu ihren Familien zurück. Wären sie jedoch mit ihrer Arbeitssituation zufrieden, arbeiteten sie gerne und zur vollen Zufriedenheit ihrer Arbeitgeber.

HAUSIERER

Einige Zigeuner versuchten, mit den verschiedensten Waren Handel zu betreiben. Die Männer hausierten mit Schuhbändern, Bändern, Nadeln und anderem Kleinkram.

Die Frauen hausierten mit Pilzen und Kienspänen. Manche betrieben auch gelegentlichen Handel mit Eiern oder Hühnern. Dabei soll es manchmal auch zu Betrügereien gekommen sein. Die Frau des Arztes in Oberwart soll ein Suppenhuhn von einer Zigeunerin gekauft haben, dessen Gedärme mit Wasser gefüllt waren, um das Gewicht und somit auch den Preis zu erhöhen.

Besonders geschäftstüchtige Rom-Frauen versuchten, sich als Heilfrauen bei den Bauern unentbehrlich zu machen. Mit etwas Einfühlungsvermögen und Menschenkenntnis verwickelten sie die Bauersfrauen in Gespräche und verkauften ihnen verschiedene Heilkräuter. Die Zigeunerinnen hatten den Ruf, über allerlei Abtreibungs- und Verhütungspraktiken Bescheid zu wissen. Daher wendeten sich Frauen und Mädchen mit Fragen aus dem sexuellen Bereich an sie. Es ist bekannt, daß während der Zwischenkriegszeit einfache Seidenstrümpfe als Verhütungsmittel reißenden Absatz fanden.

Heute sind viele Zigeuner als Händler tätig, vor allem jene, die sich schon vor dem Zweiten Weltkrieg damit beschäftigt hatten und daher mit dem Wert des Geldes vertraut waren. Was früher für sie häufig eine Nebenerwerbsquelle war, wurde nun zum Hauptberuf. Aus den Lumpensammlern und Altkleidertandlern aus Spitzzicken sind wohlsituierte Federnhändler geworden, die sowohl gebrauchte Tuchenten aus Nachlässen aufkaufen, als auch mit neuen Daunendecken handeln.

Ehemalige Pflanzen-, Samen- und Schwammerlverkäufer oder Eier- und Geflügelhändler wurden Marktfahrer, die mit ihren Ständen alle Wochenmärkte des Bezirks frequentieren.

Frühere Rastelbinder (Kesselflicker) und Scherenschleifer sind heute Altwaren- und Antiquitätenhändler, die ihre Waren in Jugoslawien und in österreichischen bäuerlichen Rückzugsgebieten einkaufen und in eigenen Geschäften oder am Wiener Flohmarkt anbieten.

Ehemalige Korbflechter und Scherenschleifer aus Trausdorf, Neusiedl und Mörbisch besitzen heute Souvenirläden, die industriell gefertigte Ton-, Stroh- und Schilfwaren, sowie Körbe verkaufen.

Süßwaren-, Galanteriewarenhändler und Werkelspieler ziehen heute als Ringelspiel- (Karussel-) und Schießbudenbesitzer durch das Burgenland und besuchen die Jahrmärkte.

Auch ein ehemaliger Blaudruckhausierer (Blaudruck ist blauer Baumwollstoff für Arbeitskleidung) aus Gritsch im Bezirk Jennersdorf taucht heute als Wollverkäufer auf Jahrmärkten auf.

Zigeunerhausierer mit umgehängtem Holzkasten vor seinem Haus, Neudörfl, Zwischenkriegszeit

Die am Ende des 19. Jahrhunderts in den Seewinkel eingewanderten Lowara hatten in der Zwischenkriegszeit in den Orten Tadten, Wallern, Andau, Mönchhof, Gols, Podersdorf, Jois und Neusiedl ihre Winterquartiere. Ihre Versuche, sich als Musiker zu etablieren, scheiterten am Widerstand bereits ansässiger Burgenland-Roma. So blieben sie ihrem althergebrachten Beruf, dem Pferdehandel, treu.

Von der ansässigen Bevölkerung wurden diese Lowara auch »deutsche Zigeuner« genannt. Sie beherrschten nämlich die deutsche Sprache akzentfrei und unterschieden sich dadurch von den seßhaften Burgenland-Roma, die von der Bevölkerung auch »ungarische Zigeuner« genannt wurden.[8]

Lowarazelt, auf einem Gabelholz und zwei Stangen ruhend,
A. von Pettenkofen 1868

Da die Lowara als letzte von allen Zigeunergruppen gekommen waren und zur Assimilierung zu wenig Zeit hatten, blieben sie am ehesten ihren alten gesellschaftlichen Traditionen treu. Während der Sommermonate zogen sie von einem Pferdemarkt zum anderen. Da eine Familie mit zwei bis fünf Wagen unterwegs war, die nicht alle in einer Karawane hintereinander fuhren, hatte jede Familie eigene Wanderzeichen entwickelt, die den Nachkommenden den richtigen Weg wiesen. So reihten sie etwa an Wegkreuzungen Steine aneinander, die sie mit Pferdehaar umwickelten, oder sie legten einige gegabelte Ästchen auf, deren mittleres die einzuschlagende Route anzeigte. Andere Zeichen bestanden aus Schweinsborsten, Hundehaaren, Kürbiskernen, Schnitten in Holz, angebrannten Zweigen, Rissen in Leinenlappen oder Kohlezeichen an Gebäuden. In vielen Büchern sind Interpretationen der Zeichen angegeben, doch gab es keine – wie oft angenommen – einheitliche internationale Zeichensprache, sondern jede Sippe hatte eigene Symbole.

Bis 1921 besuchten die Pferdehändler die ungarischen Märkte von Zalaegerszeg, Bábolna, Székesfehérvár (Stuhlweißenburg), Sopron (Ödenburg), St. Johann, Csorna, Moson (Wieselburg) und Altenburg. Oft spannten sie Pferde vor einen Pflug, tarnten sich als Bauern und überschritten so ungehindert die Grenze. Auch als Pferdediebe haben sie sich einen Namen gemacht. Zur Jahrhundertwende war in einem Lesebuch für Volksschulen folgende, für die Einstellung zu den Zigeunern bezeichnende Geschichte zu lesen:

> Ein schönes Pferd gefiel einem Zigeuner, und er stellte ihm solange nach, bis es ihm gelang, es zu stehlen. Der Diebstahl wurde jedoch bald entdeckt. Man verfolgte den Dieb, fing ihn und führte ihn vor den Richter. Dieser erklärte den Zigeuner für schuldig, gestattete ihm aber, sich zu rechtfertigen. »Oh, das ist sehr leicht, Herr Richter,« antwortete der Zigeuner, »ich habe das Pferd nicht gestohlen. Ich spazierte im Wald auf dem Fußsteige und das Pferd stand dort quer über dem Weg. Ich wollte vorn ausweichen, da biß es, ich wollte hinten ausweichen, da stieß es. Weil ich nun weder vorn noch hinten ausweichen konnte, mußte ich darüberspringen. Doch o weh, das Unglück erreichte mich! Ich fiel aufs Pferd, das Pferd lief mit mir davon und hätte mich vielleicht noch in die Maros (Fluß in Ostungarn) geworfen, wenn diese Herren zu meinem Glücke mich nicht eingeholt und davon befreit hätten.«[9]

Nach 1921 mußten sich die Pferdehändler auf die österreichischen Viehmärkte von Mattersburg, Neusiedl, Bruck, Wiener Neustadt, Wien und Wels beschränken. Sie betrieben aber auch in jedem anderen Ort, in dem sie lagerten, ihren Handel. Lowara reisten häufig mit mehreren Wagen. Meistens besaßen sie Planenwagen mit eisenbeschlagenen Rädern. Über der Ladefläche waren drei Eisenreifen montiert, über die bei Bedarf eine Plane gespannt werden konnte. Auch Kastenwagen waren üblich. Vor das Fahrzeug wurden jeweils zwei Zugpferde gespannt. Die übrigen liefen angebunden hinterher. Ein Pferdehändler besaß zwischen drei und zwölf Pferden.

Hatten sie einen Lagerplatz gefunden, so stellten sie ein Gabelholz auf, an das zwei Stangen gelehnt wurden. Darüber spannten sie ihre Zeltbahnen (Sátor) aus Leinen und Wolle, die sie oft den Zigeuner-Teppichklöpplern in Ungarn abgekauft hatten. Die Plane wurde mit Pflöcken oder Metallteilen (Nagelamboß) in der Erde befestigt.

Wenn die Familien ihr Zelt im Schnee aufschlagen mußten, machten sie zuerst ein Feuer und errichteten ihr Lager erst, wenn der Schnee geschmolzen und der Boden erwärmt war. Die Pferde wurden rund um das Zelt angepflockt.

Im Sommer brauchte man sich um das Futter für die Tiere nicht zu kümmern, im Winter hingegen wurden die Kinder zu den Bauern geschickt, um Stroh zu erbetteln. Eine Volksweisheit sagt:

Wenn einmal das Michaelifest (29. September) vorhanden ist, so kommt kein Gras aus dem Erdboden mehr heraus, wenn man es gleich versuchte, mit einer eisernen Zange herauszuziehen. Nach dem Georgitag (24. April) aber, drängt sich dasselbe mit solcher Gewalt heraus, daß man es mit keinem Hammer in die Erde zurücktreiben kann.[10]

Wenn sich die Lowara des Seewinkels auf der Reise zu einem Pferdemarkt befanden, schlugen sie unterwegs am Abend ihr Lager auf. Dann saß die Familie vor dem Zelt rund um das Feuer.

Als besondere Speise galt ein Huhn, das in Lehm gepackt und in der Glut gegart wurde. Nach dem Essen wurde oft gesungen, Dudelsack gespielt und getanzt. Manchmal erzählten die alten Männer Märchen.

Oben: Planenwagen bei Schwechat, dreißiger Jahre
Unten: Winterquartier der Zigeuner bei Schwechat, dreißiger Jahre

Pferdehandel

Früh am Morgen gingen die Männer mit den Pferden auf den Dorfplatz und versuchten, mit den Bauern ins Gespräch zu kommen. Durch ihr sicheres Auftreten und ihre auffällige Kleidung wirkten sie überzeugend auf die Landbevölkerung. Sie trugen keine Bauernröcke, sondern rote oder grüne Jacken mit silbernen Knöpfen, dazu Stielfelhosen mit silbernen Knöpfen am Knie und Reitstiefel. Ihre Taschenuhren trugen sie an einer dicken goldenen Kette, von der mehrere Kronenstücke herunterhingen, um den Hals war ein rotes oder bunt geblumtes Halstuch geschlungen. Dazu trugen sie einen breitkrempigen Hut mit Gamsbart.

Die besondere Stimmung beim Handel wird durch Redensarten verdeutlicht, die mir ein Mattersburger Pferdehändler aus dem Gedächtnis mitteilte:

»Der hier, der zieht wie eine Schraube.«
»Ich weiß eh, was du brauchst.«
»Für dich ist's billiger, weil du's bist, weil ich dich schon lang kenn!«

Die große Überredungs- und Überzeugungskraft der Lowara war bei Kauf oder Tausch oft ausschlaggebend. Natürlich wurde dabei viel und lange gehandelt. Es war üblich, auf die Güte des Pferdes einen Eid zu schwören. Dann zog der Händler ein Kreuz aus seiner Tasche und schwor:

»Möge ich sterben, wenn dieses Pferd nicht ein wunderbares Tier ist.«
»Möge Gott dieses Kind erschlagen, wenn ich nicht die Wahrheit sage.«
Oder der Zigeuner nahm seinen Hut ab, hielt ihn unter sein Gesicht und sagte:
»Wenn's nicht so ist, mögen meine beiden Augen in diesen Hut fallen!«

Nachdem der Handel abgeschlossen war, wurde bezahlt. Der Pferdehändler steckte das erhaltene Geld zunächst hinter seine Hutschnur, als Zeichen dafür, daß das Geld zwar bereits in seinem Besitz war, er es aber noch nicht eingesteckt hatte. Nach einem guten Kauf war es allgemein üblich, bei einem Umtrunk im Gasthaus den bereits abgeschlossenen Handel nochmals zu besprechen, um dann in beidseitiger Zufriedenheit auseinanderzugehen. Dieser Gepflogenheit paßten sich auch die Lowara-Pferdehändler an. Da die Zigeuner ihre Pferde zu niedrigerem Preis verkauften, als andere Pferdehändler und im allgemeinen auch weniger Geld besaßen, war es üblich, daß der Käufer sowohl den Umtrunk als auch die Zigaretten finanzierte.

Die örtlichen Pferdehändler fühlten sich durch die Zigeuner in ihrer Existenz nicht bedroht, da diese zwar billigere, meist aber auch weniger gute Pferde verkauften. Zumeist herrschte sogar ein gutes Einvernehmen zwischen ihnen, und gegenseitige Tauschgeschäfte waren gar nicht selten. Daß die Zigeuner, zumal wenn sie es zu Geld und Ansehen gebracht hatten, voll akzeptiert wurden, zeigte sich auch daran, daß die örtlichen Pferdehändler oft den Fachjargon der Zigeuner angenommen hatten: das Lowarawort »purdeno« verwendeten sie für dämpfig (asthmatisch, keuchend), »bango« hieß krumm. War ein Bauer nachträglich mit seinem Kauf unzufrieden, konnte er sein Pferd ein-, zwei- oder dreimal gegen einen Aufpreis umtauschen.

Kastenwagen im nördlichen Burgenland, Zwischenkriegszeit

Die Lowara-Pferdehändler waren aber auch bekannt dafür, verschiedene »Kunstgriffe« anzuwenden, um ihre Pferde jung und feurig erscheinen zu lassen. Am einfachsten war es, das Pferd kurz vor der Ankunft am Markt zu schlagen. Das verschreckte Tier war dann für kurze Zeit lebendig und reagierte mit Wendungen und Sprüngen. Auf diesen Trick fielen jedoch nur ungeübte Käufer herein. Manchmal peitschte man die Pferde, während man Steine in einem Kübel schüttelte. Auf dem Markt brauchte man nur noch den Kübel schütteln, und das Pferd bäumte sich alleine durch dieses Geräusch auf. Mitunter schlugen die Zigeuner in den Sattel Nägel ein und forderten den Käufer zu einem Proberitt auf. Da die Nägel den Rücken des Pferdes verletzten, wehrte es sich ausschlagend und aufbäumend gegen seinen Reiter.

Ein besonders raffiniertes Aufputschmittel war Hitterich (Sommerein), genauer Arsenik, das in geringen Dosen genommen, sowohl bei Menschen als auch bei Tieren aufputschende Wirkung zeigt und in früherer Zeit bei Schwerstarbeiten wie Pflügen oder Holzfällen eingenommen wurde. Wegen seiner starken Toxizität konnte das Mittel, das auch zum Haltbarmachen von Fellen und Bälgen Anwendung fand, legal nur schwer erworben werden. Illegal vertrieben wurde Arsenik von den »Katzenwuppern« (Balgverkäufern) der Oststeiermark. Die Braunkohlenlager in der Nähe von Weiz, Ilz und Pinkafeld enthalten einen geringen Prozentsatz Arsenik, das sich beim Verbrennen der Kohle verflüchtigt und sich an den kühleren Stellen des Rauchfangs zusammen mit Ruß niederschlägt. Man mußte diese Schicht nur noch abkratzen, um zu dem Gift zu gelangen.

Keuchenden, dämpfigen (asthmatischen) Pferden wurden Leinsamen verfüttert, oder man gab ihnen Leinöl mit Eiklar zu trinken. Ihr Atem wurde dadurch ruhig und normal. Die Wirkung hielt aber höchstens zwei Tage an. Bei Herzdampf wurde das Pferd zur Ader gelassen, wobei man ihm einen vollen Kübel Blut abnahm. Oft wurde den Tieren auch Branntwein eingegeben oder in die Ohren eingefüllt. Auch dadurch konnte für etwa zehn Stunden leichter Atem vorgetäuscht werden.

Ein krummes (bango) Pferd wurde so ungleichmäßig beschlagen, daß sein Gang wieder gleichmäßig erschien, oder man schlug solange auf den gesunden Fuß, bis sich das Hinken ausgeglichen hatte.

Geschwüre wurden ausgeschnitten und die Wunde mit Holzteer ausgeschmiert.

Das Alter eines Pferdes ist am besten an den Zähnen zu erkennen. Die Milchzähne (bis ins Alter von vier Jahren) haben dunkle Flecken, die die Zigeuner bei älteren Pferden vortäuschten, indem sie die Zähne anbohrten und die Löcher schwarz ausfüllten. Oft wurden die dunklen Flecken auch eingebrannt. Waren die Zähne eines alten Pferdes zu abgenützt, um es als Jungtier hinstellen zu können, brach man sie aus und setzte künstliche Zähne ein. Um das Maul des Pferdes während der Zahnbehandlung offenzuhalten, klemmte man ihm ein Holzscheit zwischen die Kiefer.

Die hohlen Augen eines Pferdes wurden verborgen, indem man die Haut unter den Augen einstach, in das Loch einen Strohhalm einführte und Luft einblies bis die Höhlung verschwunden war. Graue Haare und Augenbrauen alter Tiere wurden mit Tinte, Hypermangan oder Pottasche gefärbt.

Lowarafrauen

Während die Lowaramänner mit dem Pferdehandel beschäftigt waren, bettelten die Frauen und betrieben Mundraub. Sie selbst behaupteten immer, daß das Wort Lowara von Lowe (auf Indisch Geld) komme, da sie von allen Zigeunergruppen die reichsten waren. (Wissenschaftler hingegen meinen, das Wort sei von Ló, auf Ungarisch Pferd, abzuleiten.)

Die Frauen der Pferdehändler waren viel gefürchteter als die der seßhaften Ortszigeuner. Man sagte ihnen nach, viel zu stehlen und dabei eine solche Geschicklichkeit an den Tag zu legen, daß sie es beispielsweise fertigbrachten, kleinen Mädchen die goldenen Ohrringe unbemerkt aushängen konnten. Wenn Lowarafrauen in Sicht kamen, sperrten die Bäuerinnen ihre Hühner ein und so mancher Greißler verschloß vor ihnen die Tür. Traten sie aber doch in einen Laden ein, um einzukaufen, so kam es vor, daß ihre Kinder unbemerkt einen Apfel oder ein Stück Schokolade einsteckten oder mit der mit Klebstoff beschmierten Hand in die Kasse griffen, so daß einige Groschen daran haften blieben.

WAHRSAGEN

Etliche Lowarafrauen betätigten sich als Wahrsagerinnen. Sie lasen den Bauersfrauen aus den Linien der Hand oder schlugen ihnen die Karten auf. Die Hauptthemen ihrer Vorhersagen waren neue Verbindungen, Hochzeiten, Geburten, bevorstehende Krankheiten, Genesung, Todesfälle, Feindschaften und unvermuteter Gelderwerb. Gleichzeitig verrieten sie Methoden, um unfruchtbare Frauen zu heilen, und brauten Liebestränke, die sie den Töchtern der Bäuerinnen verkauften.

Handlesende Lowariza, Walbersdorf, Zwischenkriegszeit

Zuweilen gaben sie auch vor, geheime Schätze heben zu können. Geschichten darüber werden sowohl von Gadje als auch von Zigeunern erzählt. 1846 soll in Donnerskirchen folgendes vorgefallen sein:

Eine alte Frau, ihre verheiratete Tochter und deren Kinder waren zur Erntezeit allein zu Hause geblieben, weil sie krank waren. Da kamen zwei Zigeunerinnen in die Stube. Sie nahmen aus ihren Buckelkörben zwei irdene Töpfe, die mit Kupfergeld gefüllt waren. Erst baten die fremden Frauen darum, ihren im Wald gehobenen Schatz bis zu ihrer Rückkehr bei den Bäuerinnen einstellen zu dürfen. Dann versprachen sie, die kranken Hausbewohner zu kurieren und ihnen im eigenen Haus einen Schatz zeigen zu wollen. Sie verlangten dafür nur etwas Geld, Leinen, Kleidung und kupfernes Küchengeschirr. Zur Auffindung des Schatzes wurde je ein Taler in einen irdenen und einen hölzernen Teller gelegt und beide Teller in einen mit Wasser gefüllten Topf gesetzt. Das Wasser begann in wenigen Minuten stark zu brodeln und zu wallen. Ein Taler sprang heraus und rollte bis zu einem Bett. An dieser Stelle sollte der Schatz gesucht werden. Nun wurden über den Kranken geheimnisvolle Gebete gesprochen und ihnen die Genesung in drei Stunden vorausgesagt. Den eingestellten Schatz der Zigeunerinnen sollten sie bis dahin auch nicht untersuchen. Hierauf verließen die beiden Frauen mit ihrem Lohn die Kranken. Als die Männer vom Feld heimkehrten und die Geschichte hörten, untersuchten sie den hinterlassenen Schatz und mußten feststellen, daß wohl obenauf einige Kupfermünzen lagen, darunter aber nur Steine waren.[11]

In einem Zeitungsartikel wurde berichtet, daß eine Wahrsagerin einen trunksüchtigen Bauern heilen sollte. Sie behauptete, daß der Mann vom Teufel besessen sei, den sie austreiben müsse. Von der Bäuerin verlangte sie dazu eine Menge Mehl, Salz, Pfeffer, Silbergeld, ein Paar Stiefel, eine Jacke, ein Hemd und verschiedene Frauenkleider. Außerdem benötigte sie noch einen irdenen Topf, der etwa einen Liter faßte. Dahinein gab sie nun ein wenig Salz, Mehl, eine Zwiebel, Speck und Schmalz und goß das ganze mit Wasser auf. Heimlich konnte sie auch noch eine Stahlfeder in den Topf legen. Nun mußte die Bäuerin beten, während die Zigeunerin leise Zauberwörter murmelte. Plötzlich sprang die Stahlfeder auf und die Lebensmittel flogen aus den Topf. Die Zigeunerin behauptete, daß der Teufel jetzt den Kranken verlassen habe, daß sie aber die übrigen Lebensmittel und die Kleidung mitnehmen müsse. Der Teufel hätte darauf getanzt und sie müsse sie deshalb um Mitternacht vergraben.[12]

Trotz gelegentlicher Vorfälle der geschilderten Art, waren die Wahrsagerinnen eine willkommene Abwechslung im bäuerlichen Alltag. Sie gingen auf die psychischen Freuden und Ängste der Bäuerinnen ein und standen ihnen mit Ratschlägen bei. Man konnte ihnen vieles anvertrauen, ohne daß die Nachbarschaft davon erfuhr. Dazu kam auch, daß sich die Bauern, die sich den Krankheiten, dem Tod, einer Mißernte oder einer Feuersbrunst ausgeliefert fühlten, vor den Wahrsagerinnen fürchteten. Häufig wurden den Zigeunerinnen außergewöhnliche Kräfte zugesprochen.

Heute noch hört man Aussagen wie:

»Die haben was können, ich hab's selber miterlebt.«
»Ich hab nur so g'staunt, das waren eigenartige Dinge, die ich gar nicht erwähnen möchte.«
»Es hat wirklich g'stimmt, die haben eine gute Beobachtung gehabt.«
»Heute gibt's so etwas gar nicht mehr ...«

Gegenseitiges Wahrsagen

Entgegen der allgemeinen Auffassung betrieben die Zigeunerinnen (Burgenland-Roma und auch Lowara) auch untereinander Wahrsagerei, doch hatte dies eher gesellschaftliche Funktion. Es bot die Möglichkeit, dem anderen sein persönliches Interesse kundzutun, an seinen persönlichen Problemen Anteil zu nehmen, in seine Intimsphäre einzudringen und eine gegenseitige Vertrautheit herzustellen, ohne daß dem eine langjährige Freundschaft vorausgehen hätte müssen. Dabei war man auch nicht indiskret, denn nicht der Wahrsagende selbst, sondern das verwendete Objekt, zum Beispiel die Karten, schienen auf die Ergründung des Mitmenschen zu drängen. Dieses schnelle gegenseitige Bekanntwerden war für die Zigeuner schon deshalb wichtig, weil sie gewöhnlich nicht die Zeit hatten, ihre Freundschaften lange zu pflegen, wie es bei den Seßhaften üblich war. Rasch lernten sie auf ihren Fahrten neue Freunde kennen und ebenso schnell trennten sich ihre Wege wieder.

Wenn Wahrsagerinnen einander kennenlernten, benützten sie die Wahrsagerei als gesellschaftliches Kontaktmittel. Jede der Frauen hatte ihre eigene Technik und war hintereinander Wahrsagerin und Zuhörerin. Eine las aus dem Kaffesatz, die andere verwendete Bohnen oder Maiskörner, die dritte beobachtete den Rauch ihrer dicken Zigarre, die vierte wiederum las aus der Hand, aus zerbrochenem Glas, aus Holzstäbchen, Karten und vielen anderen Dingen.

Die heutige Situation

Wenn die Lowara ihren Sitten und Gebräuchen auch bis zum Zweiten Weltkrieg treu geblieben waren, versuchten die Überlebenden nach dem Ende des NS-Regimes, sich nach außen zu assimilieren und den neuen Gegebenheiten anzupassen. Ins Burgenland ging keiner von ihnen zurück. Sie leben heute in Wien, haben sich auf Teppich- und Gebrauchtwarenhadel umgestellt und besitzen Geschäfte.

Einige Jugendliche haben sich als professionelle, international bekannte Jazzmusiker etabliert.

Ihren althergebrachten Eliteanspruch manifestieren einige dieser Lowara, indem sie beispielsweise am Opernball teilnehmen, oder ihre Kinder ins Theresianum [13] in die Schule schicken. Eine Familie ist ihrem alten Gewerbe treu geblieben und handelt mit Pferden, allerdings heute mit Vollblütern. Einige ältere Lowaramänner sind samt ihren Familien ständige Besucher der Pferderennen.

Handwerk

Der Zweig der aneignenden Beschäftigungen (Sammeln, Jagen, Betteln usw.) darf in seiner Bedeutung nicht überbewertet werden. Sie stellen nur eine der Wirtschaftsformen der burgenländischen Zigeuner dar. Ein Großteil der Zigeuner hat im Lauf der Seßhaftigkeit verschiedene Fertigkeiten entwickelt, etwa aus kostenlosen Naturmaterialien und Metallabfällen neue Geräte zu erzeugen. So brachten es manche zu ausgesprochenen Spezialisierungen und trugen so zum Zustandekommen von Interessensgemeinschaften mit der bäuerlichen Gesellschaft bei. Die Bauern machten sich die von den Zigeunern ausgeübten Berufe zunutze. Diese Handwerksberufe übten die Zigeuner entweder in einer Werkstatt oder als Wanderhandwerk aus. Die Erzeugnisse verkauften sie oft hausierend.

Schmiede, Korbflechter, Besenbinder, Sesselflechter, Pinsel- und Bürstenbinder arbeiteten zu Hause.

Eine Liste aus dem Jahr 1927, die das gesamte Burgenland erfaßt, gibt einen Überblick über die Berufsverteilung der »traditionellen« Zigeunerberufe vor dem Zweiten Weltkrieg:

62 Schmiede
3 Besenbinder
2 Korbflechter
2 Kesselflicker
22 Rastelbinder
15 Spengler
8 Regenschirmausbesserinnen
27 Schleifer
30 Musiker mit Lizenz
150 Musiker ohne Lizenz

SCHMIED, EIN SESSHAFTES HANDWERK

Im 17. Jahrhundert waren die Zigeuner auch in den Städten, Dörfern und Burgen Westungarns und Österreichs als Schmiede tätig. So erwähnt der ungarische Graf Georg Thurzó in einem Schutzbrief vom 10. Februar 1616 schmiedende Wanderzigeuner, die ihr Werkzeug mit viel Geschick zu handhaben vermochten. Aus diesem Grund sollte ihnen der Aufenthalt in den Städten nicht verwehrt werden.[14]

Ab der Mitte des 18. Jahrhunderts ließen die Statthaltereien der ungarischen Komitate alle Zigeuner systematisch konskribieren. In den Konskriptionen der Komitate Wieselburg, Ödenburg und Eisenburg sind 90 Prozent der Zigeuner als Schmiede eingetragen. Die meisten von ihnen zogen mit ihren Zelten als Handwerker umher und trugen ihr Werkzeug, das lediglich aus Handblasebalg, Zange und Hammer bestand, in einem Sack mit sich. Den fehlenden Amboß ersetzten sie durch einen Stein.

Die Zigeunerschmiede saßen im Türkensitz neben der Feuerstelle auf der Erde. Die Schwiegertochter oder die Ehefrau kauerte daneben und bediente den Blasebalg. Bei Schönwetter wurde im Freien gearbeitet, nur bei Kälte oder zu starker Hitze zog man sich ins Zelt zurück, wo die Arbeitsstelle gleich neben dem Eingang eingerichtet wurde.

Die Schmiede fertigten Nägel, die die ganze Familie dann hausierend feilbot. Die Käufer bezahlten mit Bargeld, Viktualien oder mit altem Eisen, das den Schmieden wiederum als Rohmaterial für ihre Arbeit diente.[15] (Dieselbe Arbeitsmethode ist heute noch in der Türkei üblich.) Ins Zelt zog sich der Schmied nur zurück, um den teuren Blasebalg vor Sonne und Feuchtigkeit zu schützen.

Einer Konskription aus dem Jahr 1837 kann man die Namen und die Orte der im Komitat Wieselburg ansässigen Schmiede entnehmen. Sie waren alle Huf- und Nagelschmiede (ung. = szegkovácsok), die sich zusätzlich noch als Musiker (ohne Lizenz), als Pferdehändler und Taglöhner betätigten.

Da es angenehmer war, einen Schmied stets bei der Hand zu haben und nicht auf sein zufälliges Erscheinen, mitunter nur einmal im Jahr, warten zu müssen, wurden Zigeunerschmiede oft in den Dienst adeliger Herrschaften gestellt, erhielten eine Wohnung, eine Werkstatt und festen Lohn. Aus Schloß Schlaining liegen Rechnungen für 1.400 Stück Nägel aus dem Jahr 1782 vor.[16]

Im Jahr 1800 stellte die Herrschaft Schlaining den Mönchmeierhofer und Altschlaininger Zigeunern Roheisen zur Verfügung. Nach Fertigstellung der Ware wurden 30 Kronen Macherlohn für 1.000 Stück Schopfnägel (Schopf ist ein Strohbündel zum Dachdecken) und zwei Gulden Macherlohn für tausend Stück Scharnägel (für die Pflugschar) bezahlt. Ein Jahr später arbeiteten die Kemeter, Mönchmeierhofer und Altschlaininger Zigeuner wieder für die Herrschaft Schlaining. Der in Glashütten ansässige Zigeuner verrichtete die Schmiedearbeiten in der herrschaftlichen Glashütte.

Im Jahr 1809 reparierte er Ketten, Ringe und Aschenbleche und erhielt dafür 45 Kronen. Ab 1811 verfertigte er auch Schalen, Mauerhämmer und Klampfen (Bauklammern). Außerdem schliff und spritzte er Stampfringe (Eisenringe für einen Stampfer). Nachdem die Glashütte 1838 stillgelegt worden war, beauftragte man ihn, die zur Reparatur der herrschaftlichen Gebäude nötigen Schmiedearbeiten zu verrichten und Nägel für die Herrschaft herzustellen.[17]

Ebenso verschiedenartig wie die verrichteten Arbeiten, waren auch die dabei angewandten Techniken. Während die eigentlichen Schmiede das glühende Material bearbeiteten, hatten sich die sogenannten Rastelbinder - heute würde man sie eher Spengler nennen - auf die Bearbeitung von Eisen und Blech in kaltem Zustand spezialisiert.

Eine dritte Gruppe waren die walachischen Zigeuner, die aus dem Gebiet der Moldau und aus Rumänien kamen und Fachleute in der Bearbeitung von Kupfer und Messing waren. Sie verdienten ihren Lebensunterhalt als Kesselmacher und Glockenschmiede, zogen jedoch nur selten bis ins Burgenland.

Nagelschmiede mit versenkter Werkstatt

Die eigentlichen Schmiede waren seßhafte Zigeuner, die neben ihrem Haus eine feste Werkstätte hatten, meist eine Lehmhütte. In einzelnen Fällen wurde ein einfacher Holzverschlag an das Wohnhaus angelehnt. Gearbeitet wurde entweder in »versenkten Werkstätten« oder »zu ebener Erde«.

In der »versenkten Werkstatt«, die vor allem im nördlichen Burgenland anzutreffen war, stand der Schmied bis zur Hüfte im sogenannten »Arbeitsloch«. Oft wurde in diese Vertiefung noch ein Faß gestellt, das die Grube vor einem Abrutschen der Erde sichern sollte. Den Arbeitstisch bildete der das Loch umgebende, gestampfte Boden, wo auch die Esse, ähnlich dem Feuerplatz eines Haushaltsofens, eingerichtet war. Die einfachen Werkzeuge der Schmiede waren auf diese Weise immer in Reichweite und konnten ohne Bücken erreicht werden. Meist bestand die Einrichtung bloß aus einem Blasebalg, der an einer Kette aufgezogen wurde, einem Amboß (oft ein Fabriksprodukt), einem Bohrer, zwei Zangen, die in der Regel selbst hergestellt worden waren und zwischen 30 und 45 Zentimeter lang waren, sowie den für die Feuerung nötigen Geräten: Schürhaken und Kohlenschaufel.

Der Blasebalg bestand aus Leder und Holz und gehörte zu den wertvollsten Arbeitsgeräten der Schmiede. Er wurde mit großer Sorgfalt behandelt und oft von Generation zu Generation vererbt. Mußte ein Blasebalg ersetzt werden, so versuchte man, ein gebrauchtes Stück möglichst preiswert zu erstehen. Besonderes Augenmerk widmete man der Leistungsfähigkeit des Balges. Der Käufer prüfte den Blasebalg, indem er sich daraufsetzte. Entwich die Luft langsam und gleichmäßig, war er in Ordnung; ungleichmäßiger Luftaustritt hingegen ließ auf Durchlässigkeit schließen.

In der Werkstatt bedienten, neben dem Arbeitsloch kauernd, die Frau oder ein Sohn den Blasebalg. Als Gesellen wurden, schon aus Platz- und Arbeitsmangel, höchstens ein oder zwei der Söhne des Schmiedes angelernt.

In Gattendorf (Bezirk Neusiedl) arbeitete der Schmied Johann Niklos bis 1929 in einer derartigen Werkstatt. War kein Rohmaterial vorhanden, suchte er selbst nach alten Türbändern, Türangeln, Schlüsseln und anderen brauchbaren Metallabfällen. Seine Esse beschickte er mit Kohlenresten, die er mit Hilfe eines selbstverfertigten Siebes aus der Schlacke der Gattendorfer Spiritusbrennerei herausholte. Er verkaufte seine Ware, die er in einem Sack am Rücken trug, auf dem Markt von Neusiedl, hausierte damit in den Gasthäusern der Umgebung und verkaufte zuweilen auch an Baumeister und Installateure.

Die Schmiede, die wie Johann Niklos arbeiteten, verwendeten einen Amboß, der in der Mitte ein Loch in Nagelgröße hatte. In diese Ausnehmung wurde glühendes Eisen eingebracht und durch Schlagen mit dem Hammer gehärtet. So entstanden die gehämmerten »Zigeunernägel«, die im Fachjargon noch heute »cigányszög« heißen. Sie wurden beim Bau von Dachstühlen und als Schienenschwellennägel verwendet.

Die qualitativ hochstehenden Produkte der Nagelschmiede genügten auch den Anforderungen des beginnenden technischen und industriellen Zeitalters. Durch die ausschließliche Verwendung von Alteisen war die Schmiedearbeit der Zigeuner auch vom volkswirtschaftlichen Standpunkt her wertvoll.

Werkstatt zu ebener Erde

Die Werkstätten zu ebener Erde waren denkbar einfach eingerichtet. Die selbstgemauerte Esse befand sich in Kniehöhe und bildete den Mittelpunkt. Der Amboß war an einem Holzstock befestigt. Der Blasebalg war so konstruiert, daß er mit dem Fuß vom Schmied selbst getreten werden konnte oder von den mitarbeitenden Söhnen händisch betrieben wurde. Hammer, Zangen und sonstige Werkzeuge wurden ebenfalls zum größten Teil selbst angefertigt.

Im Südburgenland waren in vielen Orten Zigeunerschmiede neben einem offiziellen Ortsschmied ansässig. Zu diesem standen die Zigeuner nur bedingt in Konkurrenz, denn sie spezialisierten sich auf die Anfertigung von Gegenständen, die vom Ortsschmied nicht erzeugt wurden, weil ihre Herstellung als nicht standesgemäß für einen bürgerlichen Handwerksmeister galt.

War in einem Dorf jedoch kein Schmied beheimatet, so suchte die Gemeinde einen Zigeunerschmied aus der Umgebung zur Ansiedlung zu gewinnen. Diese »komenciés« erhielten einen Bauplatz und kostenloses Material zum Hausbau. Außerdem wurden sie als vollwertige Dorfschmiede anerkannt und durften alle qualifizierten Arbeiten, wie etwa das Beschlagen von Pferden, durchführen. Die Bauern von Deutsch-Kaltenbrunn holten beispielweise im Jahr 1820 einen Zigeunerschmied aus Rudersdorf in ihr Dorf. Auch in Liebing, Kleinpetersdorf, St. Martin an der Raab, Unterwart und Krobotek war zu Beginn unseres Jahrhunderts der Dorfschmied ein Zigeuner.

Für einige von ihnen war diese Ansiedlung lebensrettend. Als die Nationalsozialisten das Burgenland von den »artfremden Zigeunern säuberten«, konnten sie als notwendige und ortsansässige Handwerker der Vernichtung entgehen.

Die Erzeugung von Bohrern war eine der traditionellen Arbeiten der Zigeunerschmiede. Vielleicht hatten sie das spezielle Wissen um die Formung und Aushärtung des Materials von den Schwertschmieden des 16.-18. Jahrhunderts übernommen. Obwohl die Dorfschmiede immer wieder versuchten, den Zigeunern dieses Verfahren abzuschauen, blieb es ihr Geheimnis.

Zu den für die Zigeuner standesgemäßen Arbeiten gehörten die Herstellung und Reparatur von Kuh- und Wagenketten, Dreifüßen (Pfannenfüßen), Feuerzangen, Sensen und Sensenhämmern, Schürhaken, Äxten, Aschenschaufeln, Maultrommeln und Hanfkämmen. Sie erzeugten Widerhaken, mit denen Strohballen aus den Schobern gezogen wurden, weiters Heidelbeerrechen (Blaubeerharken), Wiegemesser und spezielle Fleischerbeile (bárda), die beim Schweineschlachten verwendet wurden.

Die Zigeuner verstanden sich auch auf die Herstellung von Messern (csuri). Als Rohmaterial dafür dienten kaputte Sensen und Sägeblätter. Da diese nicht sehr häufig waren, beeilten sich die Schmiede, sobald sie von einer zerbrochenen Säge erfuhren, den Besitzer um Überlassung der Bruchstücke zu bitten. Als Entgelt gaben sie ihm ein neu gefertigtes Messer.

Der alte Sensen- und Sägenstahl wurde zunächst im Feuer zur Rotglut erhitzt, mit der Zange aus der Glut geholt, zur gewünschten Form gehämmert und anschließend mit der Feile so lange bearbeitet, bis er ganz flach war. Abschließend wurden vier Löcher für den Griff eingestanzt. Der Griff bestand aus zwei Teilen und wurde aus Pflaumenholz oder Rinderhorn geschnitzt. Nachdem die Teile mit Nägeln zusammengenietet waren, wurde die Schneide auf dem Schleifstein geschärft. Es war nicht üblich, an den Messern Verzierungen anzubringen.

Zigeunerschmiede in Rudersdorf, Zwischenkriegszeit

Biresch, ein pensionierter Zigeuner aus Kleinbachselten, stellte noch 1984 selbst Messer nach dieser Methode her.

In der Regel blieben die Zigeuner aber die Zweitschmiede des Dorfes. Sie arbeiteten wesentlich billiger als die Dorfschmiede und man konnte mit ihnen um den Preis eines Auftrages feilschen. Obwohl die Bauern Vertrauen in die Arbeit der Zigeuner hatten, wandten sie sich mit bestimmten Aufgaben nicht an sie; wie schon erwähnt, war es zum Beispiel nicht standesgemäß, von ihnen ein Pferd beschlagen zu lassen, wohl aber beschlugen sie Zugochsen.

Zigeunerschmied Max, Kleinpetersdorf 1980

Außer den beschriebenen Arbeiten stellten die Zigeunerschmiede auch Schuhabsatzeisen, Mistgabeln, Hufeisennägel, Erdäpfel- (Kartoffel-)haken, Schaufeln, Kleideraufhänger, Türschnallen, Türbänder und Wildfallen her. Sie schärften Pflugscharen und Sensen, beschlugen Wagen und fertigten Eggen und breite Heurechen (-harken).

Oft, wenn die Bauern dem Zigeunerschmied den Auftrag zur Anfertigung eines Gerätes erteilten, brachten sie das nötige Roh- oder Alteisen selbst mit. Üblicherweise aber gingen die Schmiede von Hof zu Hof und boten ihre Arbeit an. Sie führten Reparaturen durch und beschlugen Ochsen an Ort und Stelle. Darin unterschieden sie sich von den Dorfschmieden, die niemals hausieren gingen. Manche Zigeunerschmiede besaßen auch einen Gewerbeschein, der sie dazu berechtigte, auf dem Markt einen Stand aufzubauen und dort zum Beispiel die Arbeitsstiefel ihrer Kunden mit neuen Eisenplättchen zu versehen.[18]

Ein Problem stellte immer die Beschaffung der Holzkohle dar. Nur wenige reichere Schmiede konnten sie beim Köhler selbst kaufen. Die meisten waren gezwungen, ihre Holzkohle selbst zu brennen.[19] Dazu wurde alles verfügbare Holz, Äste und Zweige in Gruben neben einem Acker und immer in der Nähe eines Baches aufgeschichtet, mit Erde bedeckt und langsam zu Holzkohle gebrannt. Ordentliches Holz war selten zur Hand, der Schmied mußte sich auf das Holz beschränken, das er legal finden konnte. Da es dabei immer wieder zu Übergriffen kam, die die Waldbesitzer auf den Plan riefen, ergingen wiederholt Erlässe, die das Kohlebrennen generell verboten. Die Zigeunerschmiede, denen mit solchen Verordnungen die Existenz erschwert wurde, fanden aber immer wieder Wege, die Verbote zu umgehen.

Als einige Zigeunerschmiede nach dem Zweiten Weltkrieg ins Burgenland zurückkamen, fanden sie zumeist ihre Werkstätten nicht mehr vor und mußten trachten, in anderen Berufen unterzukommen. Die einzige im Burgenland erhaltene Werkstätte »zu ebener Erde« steht heute in Kleinpetersdorf, Bezirk Oberwart. Der Pensionist Nikolaus Horvath, der den Ortsbewohnern unter dem Spitznamen Max bekannt war, verrichtete hier gelegentlich Arbeiten für bekannte Bauern. Er reparierte vor allem defekte Eiseneggen.

In Ungarn hingegen hat sich das traditionell ausgeübte Schmiedehandwerk noch erhalten. In Györ, 40 Kilometer von der burgenländischen Grenze entfernt, arbeiteten Zigeuner-Nagelschmiede noch bis 1970 in ihren »versenkten« Werkstätten, heute hingegen arbeiten etwa zehn Zigeuner und Nichtzigeuner-Schmiede in einem staatlichen Kleinbetrieb. Sie fertigen Klampfen (Mauerklammern), Hufeisen, Haken und T-Nägel. Ein glühendes Stück Eisen wird in ein Loch im Amboß gesteckt, mit einigen Schlägen bekommt der Nagel seinen Kopf. In dieser Form ist es heute noch wirtschaftlich möglich, handgeschmiedete Nägel herzustellen.

Zigeunerschmied bei der Herstellung von T-Nägeln, Györ, 1981

Bedingt durch ihre Armut spezialisierten sich viele Zigeuner auf Handwerksberufe, bei denen sie das Rohmaterial nichts kostete. Sie verarbeiteten Maisfedern, Binsen, Schilfrohr, Weiden- und Haselnußruten, Stroh und Lianen.

Das Korbflechten war ursprünglich kein typisches Zigeunerhandwerk, sondern Bauern und Kleinhäusler stellten Körbe und Besen für ihren Eigenbedarf selbst her.

Weidenruten schnitt man entweder im Frühling, wenn sie im Saft standen, aber das Laub noch nicht ausgetrieben war, oder im Herbst, nachdem die Blätter abgefallen waren. Im Sommer waren die Weiden zu brüchig und ließen sich nicht verarbeiten. Der Korbflechter holte sich beim »Wilan-« oder »Wiedelschneiden« zwei Meter lange Weidenruten. Diese band er zu Bündeln, durch die er zwei Stangen steckte, wodurch er sie auf den Schultern leicht nach Hause tragen konnte. Das Holz mußte möglichst luftig aufgestellt werden, damit es sich nicht selbst erhitzte und zu gären begann. Im Frühjahr geschnittene Ruten wurden vor ihrer Verarbeitung einige Tage ins Wasser gelegt. Danach ließ sich die Rinde leicht lösen. Aus diesen schönen weißen Ruten wurden Wäsche- und Einkaufskörbe geflochten. Die im Herbst geschnittenen Ruten mußten, ehe sich die Rinde abschälen ließ, gekocht werden, wobei sie sich rotbraun verfärbten.

Für den Transport und die Lagerung von Holz, Grünfutter, Rüben und Erdäpfeln (Kartoffeln) fertigte man aus ungeschälten Ruten grobe Körbe mit Henkeln. Besonders kräftige Weidenruten wurden vor der Verarbeitung in die Hälfte gespalten und zur Herstellung von Obst- und Blumenkörben verwendet.

Größere Arbeiten, wie etwa das Flechten eines Aufsatzes für einen Heuwagen, verrichteten die Zigeuner in Arbeitsgemeinschaft. Einen solchen Auftrag konnten drei Männer in zwei bis drei Tagen ausführen.

Schwingen, das sind runde, bauchige Körbe, wurden aus Haselnußruten geflochten. Für die radial verlaufenden Rippen verwendete man zwei bis fünf Zentimeter breites Spanholz, das halbkreisförmig gebogen wurde. Die Haselnußruten wurden in circa ein Millimeter dünne Bänder (»Schienen«) geteilt und um das Spanholz geflochten. Die obere Einfassung, die beiden Handgriffe oder der Henkel bestanden aus einer ungespalteten und ungeschälten Rute. Auch Buckelkörbe mit Schulterriemen aus Leder oder Leinen wurden häufig aus Haselnußruten erzeugt.

Im Winter, wenn es zum Haselnußstaudenschneiden zu kalt war, stellten die Korbflechter ovale Schwingen aus »Ilesch« (Waldrebe, Liane) her.

Aus Binsen vom See machten sie Matten als Fußabstreifer und Taschen, wie sie heute noch von Fleischhauern (Metzgern) verwendet werden. Aus Maisfedern wurden Einkaufstaschen erzeugt. Einzelne Zigeuner flochten aus gedrehtem Stroh und Haselnußbändern (Schienen, Vitelan) Brot- und Kornkörbe. Zur Herstellung der Körbe zogen sie die ganze Familie heran. Meist arbeiteten sie vor der Hütte im Freien und erzählten einander dabei Geschichten. Manche arbeitsunfähige ältere Leute, verlegten sich dabei ausschließlich aufs Erzählen und wurden dafür sehr geschätzt.

Jede Familie spezialisierte sich auf eine eigene Technik des Korbflechtens und hatte einen ganz bestimmten Abnehmerkreis. Schon in der Mitte des vorigen Jahrhunderts stellten die Korbflechter Näh- und Strickkörbe mit und ohne Deckel her und verkauften sie an Händler, die damit die Großräume Graz und Wien belieferten. Die Bauern stellten im allgemeinen ihre Körbe selbst her und kauften nur dann bei den Zigeunern, wenn ihnen die Zeit zum Flechten fehlte.

War ein Serie von Körben (meist zwölf) fertiggestellt, so lud sie der Zigeuner entweder sich selbst oder seiner Frau auf den Rücken und ging »auf die Roas« (Reise), das heißt, er ging hausieren. Zunächst lieferte er die bestellten Körbe ab, den Rest versuchte er in den Nachbardörfern abzusetzen. Die »Roas« dauerte in der Regel zwei bis drei Tage. Der Preis ein- und derselben Korbgröße variierte, es wurde gehandelt. Waren die Erwartungen und die Zielvorstellungen am Anfang der Reise noch sehr hoch gesteckt, so verließ die Zigeuner doch bald die Geduld, und um schnell wieder heimzukehren, begannen sie, ihre Ware zu verschleudern. Vor allem, wenn sie allein unterwegs waren, fühlten sie sich durch die ablehnende Einstellung ihrer Umgebung verunsichert und beeilten sich, wieder in die vertraute Umgebung ihrer Familie zurückzukehren. Auch heute noch ist zu beobachten, wie das Selbstbewußtsein eines Zigeuners zunimmt, wenn er sich in Begleitung eines Familienmitglieds befindet.

Rutensessel in der Zigeunersiedlung Dobersdorf, Zwischenkriegszeit

SESSELFLECHTER

In drei Orten des Burgenlands, in Deutsch-Kaltenbrunn, Sulzriegel und St. Martin an der Raab, waren in der Zwischenkriegszeit Rutensesselmacher zu Hause. Wo und wann sie dieses Handwerk erlernten und warum es von Zigeunern in anderen Orten nicht übernommen wurde, läßt sich nicht rekonstruieren.

Rutensesselflechter aus Deutsch-Kaltenbrunn, 1934

Das Gerüst eines Rutensessels bestand aus Holz. Sitzfläche und Lehne wurden aus starken, weißen Weidenruten geflochten. Für die Herstellung eines Sessels benötigte man etwa drei Stunden. Wenn ein Dutzend Sessel fertiggestellt war, lud einer der Zigeuner die Sessel auf den Rücken und ging damit auf die »Roas«.

Mit Erlaß vom 2. Oktober 1934 wurde die Ausbildung in dieser handwerklichen Tätigkeit neben Tonarbeiten, Brennen und Glasieren, Bürstenbinden, Korbflechten aus Stroh und Ruten, leichten Blech-, Draht- und Metallarbeiten sowie Löten und Nieten und dem Herstellen einfacher Gebrauchsgegenstände auch in den Lehrplan für Zigeunervolksschulen aufgenommen.

BESENBINDER

Eine weitere Arbeit der männlichen Zigeuner war die Herstellung von Besen. Dazu verwendeten sie Birkenzweige, die sie zusammenbanden und an langen Holzstielen befestigten. Ihre Frauen verkauften die Besen an Kaufleute und Händler der Umgebung. Die Bauern zählten nicht zu ihren Abnehmern, da sie ihre Besen selbst banden.

Zigeunerklasse in Stegersbach, dreißiger Jahre

TIPPANMACHERINNEN (PINSELMACHERINNEN)

Zu den typischen, von den Zigeunerfrauen verrichteten Arbeiten vor dem Ersten Weltkrieg gehörte das Verputzen der Bauernhäuser, das Ausbessern der Wände, die im Frühjahr neu mit Lehm angeworfen wurden, und das Ausschamottieren von Öfen und Herden, Arbeiten, die die Bäuerinnen selbst nicht machten.

Die Zigeunerinnen besserten auch den gestampften Lehmboden aus, wohlhabendere Dorfbewohner ließen sich von ihnen die Häuser innen und außen frisch kalken.

Die für das Auskalken nötigen Mauerpinsel (Tippan) stellten die Zigeunerinnen selbst her. Ursprünglich verwendeten sie dazu Roßhaar, später aber Straußgras (agrostis tenuis), das kompakter war als das Haar und beim Ausmalen keine Streifen hinterließ. Zudem war das Sammeln des Grases kostenlos.

Wann sich die Zigeuner auf das Pinselmachen verlegt haben, läßt sich nicht mehr feststellen. In den Konskriptionen des Komitats Wieselburg wurden bereits 1837 in den Orten St. Andrä, Moson, Zurndorf, Puzsta-Somorja, Wallern, St. János, St. Péter, Zaneg und Andau Straußgras- oder Tippanverkäuferinnen erwähnt (Zigeunerkonskriptionen Moson). Ein ungarisches Lesebuch für die 3. Volksschulklasse, das bis 1921 im Burgenland verwendet wurde, berichtet ebenfalls von den Weißpinselmacherinnen.[20]

Das Straußgras (Zwirntippan = agrostis tenuis, weißer Tippan = agrostis alber, roter Tippan = agrostis canina) ist eine bedürfnislose, wild an Flußufern und im dichten Buschwald wachsende Pflanze. Es wird bis zu einem halben Meter lang, die zwirnartigen Halme sind biegsam. Wenn es vor dem Reifen geerntet wird, behält es seine Elastizität, im Wasser wird es weich.

Die Zigeunerinnen pflegten allein auf die Suche nach Straußgras zu gehen und ihre Fundplätze geheim zu halten. Es kam auch vor, daß sie, um ihre Konkurrentinnen zu täuschen, Umwege machten und so versuchten, andere Frauen in die Irre zu leiten.

Straußgras wurde während des ganzen Sommers gesammelt. Da es im feuchten Zustand leichter zu pflücken war, gingen die Zigeunerinnen am frühen Morgen, solange das Tippan noch taufrisch war, auf die Suche. Sie ernteten das Gras mit der Schere oder einem Messer oder mähten es mit der Sichel ab. Büschelweise legten sie es auf ein Leintuch, das sie sodann an den Ecken zusammenknüpften, über die Schulter warfen und heimtrugen. Jedesmal sammelten sie Material für fünf bis sieben Pinsel. Zu Hause wurde das Tippan im Freien aufgelegt und mit einem gewöhnlichen Kamm ausgekämmt, um es von Unkraut zu befreien und gebrochene Gräser zu entfernen. Die auf diese Art gereinigten Büschel ließ man ein bis zwei Wochen unter dem Bett trocknen. Dann hatten die Grasfasern eine zwirnartige Qualität und wurden mit einem starken Spagat zu Strähnen zusammengeschnürt. Eine Strähne war gerade so dick, daß sie zwischen Daumen und Zeigefinger gut gehalten werden konnte. Ein Pinsel bestand aus zehn bis zwölf Strähnen, die mit einer festen Schnur zusammengebunden und an ihrem Ende gleich lang geschnitten waren. War eine genügende Anzahl von Pinseln fertiggestellt, meist nicht mehr als zehn, gingen die Zigeunerinnen damit zum nächstgelegenen Markt. Dort kam es häufig zu Streitigkeiten wegen des Standgelds. Um die Mietkosten für den Standplatz zu vermeiden, boten nämlich viele Frauen ihre Pinsel auf- und abgehend zum Verkauf an.

Die Bauern selbst beschäftigten sich nicht mit der Pinselherstellung, da es für sie günstiger war, die fertigen Pinsel bei den Zigeunern zu kaufen. 1920 kostete ein Pinsel 1,50 bis 2 Forint.

Wenn den Zigeunerinnen Pinsel übrig blieben, versuchten sie, diese auf ihrem Heimweg hausierend zu verkaufen, oder sie besuchten abseits gelegene Einschichthöfe, wo sie erhoffen konnten, Abnehmer zu finden. Allerdings wurde dort immer nur mit Naturalien bezahlt.

Der Käufer selbst befestigte den Pinsel an einem etwa zwei Meter langen Tannenstiel, den er, um ein Verrutschen zu verhindern, am oberen Ende aufgerauht hatte.

Damit beim Streichen nicht zuviel Kalk abtropfte, war eine gewisse Handfertigkeit notwendig. Nach dem Streichen löste man den Pinsel vom Stiel und wusch ihn gut aus, damit er nicht verfaulte. Er wurde an einem schattigen und kühlen Ort aufbewahrt, damit man ihn wieder verwenden konnte. Da die Straußgraspinsel weicher waren als Haarpinsel und einzelne Grasfasern stärker an der Wand haften blieben, eigneten sie sich für neuere Anstriche weniger gut. Mit dem Abgehen von den Kalkanstrichen kam deshalb auch das Ende der Graspinsel, die im Vergleich zu den Haarpinseln nur ein Drittel gekostet hatten.[21]

BÜRSTENBINDER

Ein anderer Frauenberuf und eine Nebenerwerbsquelle war das Bürstenbinden. Das Rohmaterial dafür war Binsengras, das auf feuchten Wiesen ausgegraben wurde. Die Zigeunerinnen stellten daraus einfache Bürsten mit einem Holzgriff her, die von den Bauern zum Gebindewaschen, Bodenreiben und Wäschewaschen verwendet wurden.

WANDERHANDWERKER

Scherenschleifer, Schirmflickerinnen und Rastelbinder zählten zu den Wanderhandwerkern. Diese Berufe wurden von der ansässigen Bevölkerung teilweise geschätzt, teilweise als parasitäre Beschäftigungen angesehen, da die Zigeuner dabei immer als Bittsteller auftraten. Meinten die einen, daß die Wanderhandwerker fleißig seien und, im Gegensatz zu den Bettlern, wenigstens einen Beruf ausübten, so hielten die anderen lediglich die seßhaften Berufe für seriös, die Wanderhandwerker hingegen generell für unsichere Gesellen und Diebe.

Die Gruppe der Wanderhandwerker wurde von der Bevölkerung auch »Waldzigeuner« genannt. Viele von ihnen hatten einen Gewerbeschein oder eine Lizenz, die sie zur Ausübung ihres Berufes berechtigte.

Die Waldzigeuner waren besonders endogam orientiert, das heißt, sie heirateten nur untereinander und es hätte als Schande gegolten, in die Rangklasse der Sammler, Musiker, Händler oder Taglöhner »hinunterzuheiraten«. Wanderhandwerker lebten nur in einigen Orten des Burgenlands. Bedingt durch ihre endogame Einstellung, waren in ihren Siedlungen immer dieselben Berufe anzutreffen. Die Söhne erlernten das Handwerk der Väter und nur durch eine zufällige Heirat konnte ein Beruf auch in einem andereren Ort heimisch werden. Derartige Hochzeiten waren jedoch verpönt. Tatsächlich konnte der Wechsel zu einer anderen Gruppe nur dann vorgenommen werden, wenn der Betreffende seine eigene Familie und Herkunft aufgab.

Zigeunerhandwerker mit von drei Hunden gezogenem Wagen, 1937

Nach dem Zweiten Weltkrieg starben die Berufe der Waldzigeuner völlig aus. Einerseits hatten Wiedergutmachungsgelder, andererseits das Aufkommen der Industriegesellschaft mit gesicherten Mindesteinkommen die Wanderberufe unnötig gemacht. Nicht zuletzt hatte die fast vollständige Vernichtung der Zigeuner im Dritten Reich einen so vollkommenen Bruch hinterlassen, daß die junge Generation nicht mehr in die traditionelleren Berufe der Eltern hineinwachsen konnte.

Jahresablauf der Wanderhandwerker

Den Winter verbrachten die Wanderhandwerker bei ihren Familien in ihren eigenen Häusern in der Heimatgemeinde. Nur wenige Gegenstände konnten sie auf Vorrat herstellen. Da sie also keiner geregelten Arbeit nachgingen, galten sie als faule Nichtstuer, die ihre Zeit mit Schlafen, Branntwein trinken und Kartenspielen vergeudeten. Nur selten kam es vor, daß ein Handwerker auch im Winter, mit dem

Schlitten, unterwegs war. Wanderzeit war üblicherweise von Frühling bis Spätherbst. Die Wanderhandwerker bewegten sich in einem Umkreis von höchstens 40 Kilometer von ihrem Wohnsitz und suchten jedes Dorf jährlich zweimal auf. Ihre Wanderrouten waren immer dieselben und sie empfanden das Gebiet, in dem sie hausierten, als ihre Heimat.

Alleinreisende

Alleinreisende wanderten von Ort zu Ort und trugen ihr Handwerkszeug in einer Buckelkraxen (Rückentrage) am Rücken. Sie übernachteten in Heutristen, Scheunen, Ställen und Bauernküchen. In einem etwa vierzehntägigen Turnus kehrten sie heim, blieben einen Tag bei der Familie, wechselten die Wäsche und machten sich danach wieder auf, um ihrer Arbeit nachzugehen.

Zu zweit oder mit der ganzen Familie reisende Handwerker

Wenn ein Handwerker mit seinem Sohn unterwegs war, so luden die beiden ihr Gepäck auf einen Leiterwagen oder sie besaßen einen selbstgezimmerten größeren Wagen, der von ihnen selbst und zusätzlich noch von einem oder mehreren Hunden gezogen wurde.

Wenn eine ganze Familie unterwegs war, so besaß diese immer einen Wagen und zusätzlich noch ein Zelt. Kamen sie zu einem Ort, wo es Arbeit für sie gab, so schlugen sie in der Nähe des Ortes am Wegrand, auf einem Feld oder im nahen Wald ihr Sátor (Zelt) auf. Während die Eltern hausierten, blieben die Kinder unter Aufsicht einer Großmutter oder eines älteren Kindes beim Lagerplatz. Die Länge des Aufenthalts an einem Ort richtete sich nach der Menge der angebotenen Arbeit und betrug in der Regel zwei bis drei Tage.

RASTELBINDER

Im 19. Jahrhundert gab es Rastelbinderfamilien (Rastel = Drahtgestell zum Abstellen des heißen Bügeleisens), die bis zu dreißig Personen umfaßten.[22] Der Umkreis ihres Arbeitsfeldes war größer als in der Vor- und Zwischenkriegszeit.

Die gemeinsam umherziehende Familie bestand oft aus vier Generationen. In einer Familie gab es sowohl Rastelbinder, als auch Schmiede und Kesselflicker. Hatten sie in der Nähe eines Dorfes ihr Lager aufgeschlagen, so gingen alle, außer den ältesten Angehörigen und den kleinsten Kindern, auf Arbeitssuche. Die Dorffrauen ließen sich von den Zigeunerinnen die Zukunft voraussagen, die Männer des Dorfes benutzten den Besuch der Zigeuner als willkommenen Anlaß, sich abends im Wirtshaus zu versammeln. Dort trafen sie die Musiker und Tänzerinnen der Zigeuner und feierten mit ihnen gemeinsam die ganze Nacht.[23]

Die Rastelbinder wurden auch Reindelbinder genannt, weil sie angebrochene Tongefäße mit Draht umbanden. Sie verrichteten ausschließlich Kaltschmiedearbeiten.

Das Werkzeug der Rastelbinder wurde in der Buckelkraxen am Rücken mitgetragen. Es bestand aus Lötkolben, Draht, Lötstein, Feile, Salmiak, Blechschere, Zange, Hammer, einer kleinen Stahlfeile und einem leichten Amboß, der in den Erdboden gesteckt wurde. Dieser Amboß war dem Dengelstock der Bauern ähnlich. Außerdem führten sie mehrere Schraubenmuttern, die beim Löcherstanzen als Unterlage verwendet wurden, und Weißblech zum Flicken von Töpfen mit sich. Sie gingen von einem Haus zum anderen und riefen:

Frau Muata, hama nix zum Bindn, zum Flickn, zum Lötn, was?

Die alljährliche Ankunft des Rastelbinders wurde von den Bauern bereits erwartet, denn er versorgte diejenigen, die selbst nicht in die Stadt kamen. War man seiner Lebensart gegenüber auch oft mißtrauisch, so anerkannte man doch sein handwerkliches Können bei der Anfertigung und Reparatur der Werkstücke. Überdies war der Preis niedrig, und mit etwas Geschick konnte man auch davon noch etwas herunterhandeln.

Für größere Anfertigungen stellten die Bauern das notwendige Rohmaterial selbst bei, da die Rastelbinder nur kleine Blechstücke für ihre Reparaturen mit sich trugen.

Die Rastelbinder stellten Sonderanfertigungen wie Kübel (Eimer), Pfannen, Backbleche, Seifenschöpfer und Mistschaufeln her. Für Kübel wurde zunächst aus einem flachen Stück Blech der kreisrunde Boden herausgeschnitten. Dann paßte man den Mantel und den separaten Bodenreifen an und nietete die drei Teile zusammen. Zwei auf dem Amboß gehämmerte ringförmige Ösen hielten den Henkel. Rund um den oberen Rand des Mantels wurde ein Draht gespannt und das Blech nach außen umgebogen. Der Henkel wurde ebenfalls aus Draht hergestellt. Drei Rillen verzierten seitlich den Kübel, die ihm außerdem größere Festigkeit verliehen. Die Arbeitszeit betrug circa zwei Stunden. Vor 1921 kostete ein Dreiliter-Kübel zehn Forint, ein Fünfliter-Kübel zwölf Forint. Die Bauern bezahlten häufig auch mit Naturalien.

Hirten, die über Nacht bei den Tieren auf der Weide blieben und Bauern, die sich ihr Essen auf dem Feld zubereiteten, verwendeten Pfannen mit drei Beinen, die über eine einfache Feuerstelle gestellt werden konnten. Die Rastelbinder stellten derartige Pfannen aus besonders starkem Eisenblech her. Mit der Schere schnitten sie ein rundes Stück aus und hämmerten auf dem Amboß die Seite auf. Nachdem der Rand abgefeilt worden war, nieteten sie die Beine und den Stiel an. Das Material für eine Fünfliter-Pfanne kostete vor 1921 zwölf Forint, die fertige Pfanne wurde um 25 Forint verkauft.

Backbleche (tepsia) wurden aus Braunblech angefertigt. Es gab rechteckige, deren Seiten aufgebogen und dann zusammengenietet wurden, und aus einem Stück gehämmerte, runde Formen. Die eckigen wurden zur Zubereitung von Fleisch und zur Herstellung von Wurst verwendet, die runden, oft kunstvoll verzierten, dienten zum Kuchenbacken. Fleischbleche konnten die Rastelbinder in 30 Minuten herstellen, für eine Gugelhupfform benötigten sie zwei Stunden.

Da vielen Bauern gekaufte Seife zu teuer war, stellten sie diese selbst aus Knochen und Pottasche her. Dieser Seifenbrei, der sich nie verfestigte, wurde in einem Faß aufbewahrt und mit einem Seifenschöpfer abgeschöpft. Die Schöpfer wurden aus Altblech hergestellt und auf dem Amboß rundgehämmert. Ein hölzerner Stiel war mit Nägeln angenietet. Oft fertigten die Rastelbinder Seifenschöpfer während der winterlichen Wanderpause auf Vorrat an und verkauften sie im Sommer. Die Herstellung dauerte eineinhalb Stunden, das Stück wurde 1921 um drei Forint verkauft.

Aus Dachrinnenblech vom Eisenhändler fertigten die Rastelbinder Mistschaufeln. Sie schnitten ein Stück Blech quadratisch zu und bogen es auf dem Amboß an drei Seiten auf. Der Rand wurde zurückgeschlagen. Einen weiteren Blechstreifen hämmerten sie zu einem Rohr, das als Stiel angenietet wurde. Herstellung und Material kosteten zehn Forint.

Stecknadeln, Stahldraht oder Regenschirmdraht dienten zur Herstellung von einfachen Angelhaken, die nur eine Öse und keinen Widerhaken aufwiesen. Auch Angelhaken wurden vornehmlich im Winter angefertigt, in Blechbüchsen verstaut und hausierend verkauft.[24]

Da der Rastelbinder sein Leben nicht ausschließlich durch die Herstellung von neuen Produkten fristen konnte, lötete und nietete er alte Blechhäfen (Kochtöpfe), Wasserschüsseln, Backrohre, Waschtöpfe, Futterrübendämpfer und Weingartenspritzen. In Töpfe und Kübel setzte er neue Böden ein und flickte Tongefäße, indem er Drahtnähte anbrachte oder sie mit Draht umwickelte.

Als Topfflicker standen die Zigeuner mit den wandernden slowakischen Rastelbindern in Konkurrenz, die ebenfalls hausierend von Dorf zu Dorf zogen.

Heute existiert der Beruf des Rastelbinders nicht mehr. Diejenigen, die Konzentrationslager und Weltkrieg überstanden haben, sind heute zumeist selbständige Spengler. In Großpetersdorf, in Oberwart und in Spitzzicken besitzen Zigeuner moderne Spenglereibetriebe.

SCHERENSCHLEIFER

Das Scherenschleifen war ursprünglich eine Spezialität der Sinti, die in ganz Österreich ihre Dienste anboten. Im südlichen Burgenland wurde dieses Handwerk aber von den Burgenland-Roma übernommen. Bei der polizeilichen Zigeunerzählung im Jahr 1927 wurden 27 »lizensierte« Schleifer gezählt, die in den Orten Großmörbisch, Königsdorf, Dobersdorf, Doiber, Gritsch, Deutsch-Kaltenbrunn, Weichselbaum, Zahling und Rax beheimatet waren.[25] Ein allein wandernder Schleifer hatte in jedem Ort seinen ganz bestimmten Stützpunkt bei einer Familie, wo er verköstigt wurde und übernachtete und in deren Hof er seine Schleifmaschine aufstellte. Besaß er eine Lizenz, so war er bis 1921 gesetzlich befugt, zum Bürgermeister des Ortes zu gehen, der ihm einen Übernachtungsplatz in einem der größeren Häuser zuweisen mußte. Nach 1921 änderte sich zwar die Gesetzeslage, das Gewohnheitsrecht blieb jedoch bestehen. Die Familie, die ihn beherbergte, bedachte er mit einem Geschenk, oder führte Reparaturen kostenlos durch. Auch half er bei verschiedenen Arbeiten und erzählte abends Geschichten und Witze. Der Scherenschleifer war im allgemeinen in jedem Haus beliebt. Er galt als weitgereister Mann, der Abwechslung, Unterhaltung und neue Informationen in den Alltag der Bauern brachte. Ein Bauer aus Eisenberg (Bezirk Jennersdorf) wußte folgendes zu berichten:

> Einmal hatte ein Schleifer sich zu den Bauern gesetzt und ihnen beim Kürbiskernschälen geholfen. Dabei hatte er viel erzählt. Vor dem Fortgehen fragte er, ob er sich seinen Hosensack mit den Äpfeln vollstopfen dürfe, die in einer Schüssel am Tisch standen. Der Bauer willigte ein. In den Hosensack gingen unerwartet viele Äpfel hinein, bis der Korb schließlich leer war. Der Bauer war einen Augenblick lang verdutzt, doch dann fing er an zu lachen und der Zigeuner lachte auch, als er zur Tür hinausging.

Scherenschleifer aus Gritsch, Zwischenkriegszeit

Scherenschleiferfamilien führten ihr Gepäck auf einem Leiterwagen mit sich, oder trugen es, aufgeteilt auf alle Familienmitglieder, auf dem Rücken. Der Mann hatte zusätzlich noch seine Schleifmaschine, die vorne ein Rad hatte und wie eine Scheibtruhe (Schubkarre) geschoben wurde.

Eine Schleiferfamilie schlug ihr Lager immer an einer windgeschützten Stelle in der Nähe eines Baches auf. Die Frau, Kleinkinder und Mädchen schliefen im Zelt oder in einer aus Zweigen erbauten Laubhütte. Der Mann und die größeren Buben übernachteten unter freiem Himmel. Nur bei großer Kälte und Regen suchten sie den Schutz einer Scheune. Am Morgen verließ das Schleiferehepaar sein Lager und ging ins Dorf. Während der Mann seinen selbstgebauten Apparat auf dem Dorfplatz oder im Hof eines Bauern aufstellte, ging seine Frau von Haus zu Haus, klopfte an und fragte nach stumpfen Scheren, Messern, Rasiermessern, Fleischmaschinenmessern, Krauthobeln, Rübenmessern, Wiegemessern oder Brecheleisen. Sie bot auch neue Messer zum Kauf an, die ihr Mann im Winter hergestellt hatte.

Kannte die Bäuerin die Zigeunerin noch nicht, so war sie zunächst mißtrauisch. Sie fragte die Zigeunerin, aus welchem Ort sie stamme und versuchte, gemeinsame Bekannte zu finden. War ein Bezugspunkt hergestellt, so wich das Mißtrauen und sie gab der Schleifersfrau die Messer mit. Der Schleifer reparierte und schärfte die Geräte auf seiner Maschine, wobei er den Schleifstein mit dem Fuß in Schwung brachte. Jeder Schleifer hatte ein eigenes Zeichen, das er in die Klingen eingravierte. Wenn man seinen wirklichen Namen nicht kannte, so benannte man ihn nach seinem Zeichen. Ein Scherenschleifer im Bezirk Jennersdorf war etwa allgemein als der »Sechserlschleifer« bekannt, weil er in jede Klinge die Ziffer sechs eingravierte. Die Schleifersfrauen sammelten auch kaputte Regenschirme ein, die sie selbst reparierten. 1927 gab es im Burgenland acht lizensierte »Regenschirm-Ausbesserinnen«. Die Frau des Scherenschleifers brachte die reparierten Regenschirme und die geschliffenen Scheren und Messer den Bäuerinnen am nächsten Tag wieder zurück. Die Bäuerinnen waren immer davon beeindruckt, daß die Zigeunerinnen nie eine Schere verwechselten, sondern stets die richtige zurückbrachten. 1935 kostete das Schleifen einer Schere 50 Groschen.

Musiker

Aus historischen Quellen ist bekannt, daß zwischen 1530 und 1680 musizierende Zigeuner gemeinsam mit den türkischen Heeren nach Ungarn kamen. Wenn das Heer zum Kampf rüstete, mußten die Musikanten die Krieger durch ihre Musik anfeuern. Die Musiker begleiteten die Soldaten zum Kampfort, mußten dort die Schlacht mitverfolgen und später von den Heldentaten und vom Ausgang der Schlacht berichten. Sie vermittelten ihre Nachrichten, indem sie auf ihrer Geige spielten und dazu sprechend ihre Botschaften verbreiteten. Besonders bei Siegeszügen durch eroberte Städte durfte ihre Musik nicht fehlen. Daß ihre Berichte immer etwas einseitig waren und den Heldenmut der eigenen Truppen hervorhoben, ist verständlich.[26]

Als Berichterstatter traten die Musiker entweder allein oder zu zweit auf. Die Erzählung wurde mit Musik auf der türkischen Geige, der Laute und dem Tamburin begleitet. Manchmal wurden die Soldaten auch von »Mädchenfrauen« (Jungfrauen) in die Schlacht begleitet. Diese vollführten dabei einen Stampftanz, der die Heidukken aufmuntern sollte. Das gebräuchlichste Instrument der Heeresmusik des 16. Jahrhunderts war die türkische Pfeife (tárogató), die sich auch im ungarischen Raum schnell verbreitete. Zur gleichen Zeit lernten die Ungarn aber auch noch ein anderes Instrument der Osmanen kennen: Als Fürst Liechtenstein 1584 nach Konstantinopel reiste und in Esztergom übernachtete, wurde er mit türkischer Zigeunermusik empfangen. Besonders beeindruckte ihn ein zitherförmiges Instrument, das Zimbal. Es entwickelte sich in der Folge zu einem nicht mehr wegzudenkenden Bestandteil der Zigeunermusik.[27]

Die damals aus der Türkei neu ankommenden Heere bevorzugten jedoch bereits Blech-Bandas (Kapellen), die aus Trompeten, Pfeifern und Blechtrommeln bestanden. An der Spitze einer Banda stand der »Mechter Basi« (Dirigent). Mit ihrer schrillen Musik erregten die Bandas großes Aufsehen. Beim Friedensschluß von Pozsega, einer Stadt in Kroatisch-Slawonien, die ein Franziskaner 1689 von den Türken befreit hatte, erschien eine türkische Abordnung, an deren Spitze eine 60 Mann starke Kapelle marschierte. Sie bestand aus Scharen von Sängern und Spielleuten mit kleinen Trommeln, Handpauken, Schellen, blechernen Klingdeckeln, Dudelsäcken und kleinen Mohrenpfeifen.[28]

Aber auch am ungarischen Königshof waren Zigeunermusiker anzutreffen. Die Gemahlin von Mathias Corvinus, Königin Beatrix von Aragon, hatte schon 1489 einige Zigeunergeiger zu ihrer persönlichen Verfügung.[29] Ebenso waren die Zigeunermusikanten Ludwigs II. und der Königin Isabella (1543) in ganz Ungarn bekannt.[30] Ihr Ruf drang bis nach Wien, wo ungarische Berichterstatter meldeten: »Am Hof geht es lustig zu, sogar der Kardinal Fráter György tanzt zur Musik der Zigeuner.«[31]

Die ungarischen Magnaten liebten große Unterhaltungen. Musik war dabei ein wesentlicher Bestandteil. Gerade zu Notzeiten pflegte man den Tanz und die Unterhaltung. Ein ungarisches Rezept gegen Schwermut waren Harfe, Geige, Dudelsack, Sprungtanz und Wein. Bei jenen Grundbesitzern, die sich eigene Musiker leisten konnten, erfreuten sich die Zigeuner großer Beliebheit.

In der Türkenzeit war es jedoch nicht leicht, sich diese so beliebten Zigeunermusiker zu beschaffen. Man konnte sie kaufen, tauschen, ausleihen oder rauben. Wenn man Glück hatte, befanden sich auch unter den Kriegsgefangenen welche. Heute noch erhaltene Briefe von Grenzoffizieren berichten von dieser Art, zu eigenen Zigeunermusikern zu kommen.

Es scheint eine beliebte Beschäftigung des Adels gewesen zu sein, Zigeunermusiker zu »stehlen«. So holte sich Boldizsár Batthyány während der Türkenkriege nach einer Schlacht nicht nur seine Musikanten, er entließ auch alle türkischen Gefangenen gegen die Überlassung von Musikinstrumenten. Die Bestimmungen waren so streng, daß auch alle Kriegsfreiwilligen, die ihre Gefangenen nach Gutdünken selbst behalten durften, verpflichtet waren, Musiker an den Grafen abzuliefern.

Auch der Schwager Boldizsár Batthyánys, Graf György Zrinyi, beschaffte sich seine Musiker während eines Kriegszugs im Jahr 1574. Er war mit seinem Fang sehr zufrieden. Bei einer Hochzeit, zu der die beiden — ehemals freien — Zigeuner Antal Verancsics und Máthyás Burján den Gästen aufspielen mußten, spielten sie so schön, daß die an der Tafel Sitzenden zu essen vergaßen.[32]

1591 ist über dieselben Musiker in einem Bericht aus Körmend zu lesen:

> Den Musikern geht es gut. Sie haben die kroatische Sprache gelernt und ihre neue Wohnung lieb gewonnen. Wenn ihre Frauen hier wären, würden sie sich nicht in ihre Heimat zurücksehnen, sondern für immer hierbleiben.

Allgemein jedoch war es üblich, daß gefangene Zigeuner, ähnlich wie Pferde, an den Füßen Fesseln angelegt bekamen. Es war auch eher ungewöhnlich, über Musikanten zu berichten, weil dieser Berufsstand als minderwertig galt. Einige Daten sind aus den alten Wirtschaftsbüchern zu entnehmen, in denen Aufzeichnungen über die Entlohnung der Musiker enthalten sind. Beispielsweise bezahlte 1545 Kristóf Nádasdy für einen Geiger 12 Pfennig. 1552 wurde bei Nádasdy ein neuer Zigeunergeiger eingestellt. 1567 erhielt der Zigeuner Georg Sipos (Pfeifer) einen Posten bei Perényi, und dem Geiger Ferencz Kelemen wurde im selben Jahr von seinem Herrn Sennyey ein Forint ausbezahlt.

1564 scheint in den Büchern des Grafen Nádasdy aus Sopron ein Zimbalist namens Imre auf.[33] 1575 klagte der Prediger Mihály Sorger, der auf der Burg Köszeg (Güns) lebte, daß die festlichen Unterhaltungen in der Nacht so laut seien, daß die ganze Nachbarschaft aus dem Schlaf gerissen werde.[34]

Mehr Informationen besitzen wir über die Hauskapellen der großen ungarischen Adelshäuser. Bei den Grafen Batthyány etwa wurden die Lautenspieler und Trompeter nicht zu den Musikern, sondern zum Militär gezählt. Zur ständigen Musikkapelle zählten nur die Geiger, Zimbalisten, Dudaspieler und Pfeifer, die Stammväter der heutigen Zigeuner-Banda.[35]

1610 bestand die Kapelle Graf Ferencz Batthyánys aus fünf Musikern: Geiger, Zimbalist, Dudelsackpfeifer, Trompeter und Trommler. 1641 unterhielt Adam Batthyány (1610-1659) auf seiner Burg zu Güssing eine ausschließlich aus Zigeunern bestehende Hofkapelle von vierzehn Musikanten. Darunter waren Geiger, Zimbalisten, Trompeter, Dudelsackspieler und Trommler. Der erste Geiger dieser Banda erhielt jährlich 32 Forint Lohn, freie Kost, Quartier und Kleidung. Alle anderen bekamen 20 Forint ausgezahlt. Am Anfang hatte auch diese Kapelle nur militärischen Interessen gedient, später jedoch wurde sie mehr und mehr zur Unterhaltung des Hofes herangezogen.[36]

Es fällt auf, daß die Musiker keine Zunamen trugen, sonder nach dem Instrument, das sie spielten benannt wurden: Czimbalos Márton, Hegedüs Jankó (Geiger

Jankó), Dudás Pál (Dudelsackpfeifer Pál), Sipos Jóska (Flötist Jóska) oder Trombitas Pál (Trompeter Pál).[37] Diese Namen sind ein sicherer Beweis dafür, daß die Musiker nicht aus Ungarn stammten, sondern eigentlich Gefangene waren, die erst am Hof Batthyánys magyarisiert wurden. Aus den ursprünglichen Instrumentennamen entwickelten sich später echte Familiennamen wie Sipos, Hegedüs oder Pfeiffer, die auch heute noch gebräuchlich sind.[38]

Im 17. Jahrhundert trat in Ungarn eine allgemeinde Verarmung ein. Mit dem Absinken der türkischen Macht war auch der Niedergang der Wirtschaft und der politischen Bedeutung verbunden. Viele ungarische Adelige mußten zwischen 1605 und 1649 ihren Hofstaat aufgeben, und nur noch sporadisch besorgte man sich bei den Türken Musikernachwuchs. Viele der ehemals leibeigenen Musiker waren aber dadurch frei geworden und zogen nun als freie Musiker von Hof zu Hof, wo sie gern gesehen waren. Nach 1683 brach der Kontakt zu den türkischen Zigeunern ab. Jene türkischen Heere, die nach der zweiten Türkenbelagerung Wiens mehr und mehr zurückgedrängt wurden, besaßen auch andere Lebensgewohnheiten, als jene, die schon lange Zeit ungarisches Gebiet besetzt hielten.

Nur die großen Adelsfamilien behielten ihre Zigeunerkapellen. 1683 beschäftigte Adám Batthyány immer noch 16 Musiker. Auch die Grafen Zrinyi und Eszterházy, die selbst sehr musikalisch waren — Pál Eszterházy lernte schon in seiner Schulzeit auf dem Virginal zu spielen — hatten immer eigene Musikanten. Auf Burg Somlyó bewohnten 1594 die Musiker sogar ein eigenes Haus. 1666 unterhielt Graf Erdödy eine Kapelle, die aus drei Geigern, einem Zimbalschläger, drei Pfeifern, vier Trompetern, einem Dudelsackpfeifer und einem Trommler bestand.[39] 1689 schreibt der Zigeuner Somogyi Ferencz: »Der Herr wird uns noch Zeiten geben, wo ich am Schloß Rochonczy wieder meine Lieder spielen und auch den Zigeunertanz tanzen kann.« [40]

Die Eszterházy waren auch im 18. Jahrhundert große Förderer der Zigeunermusik. Zum Beispiel ist ein Privileg erhalten, in dem Graf Ferencz Eszterházy von Galántha (Komitat Preßburg), erblicher Herr der Herrschaften Forchtenstein, Sempthe (Slowakei), Gran und Devecs (Komitat Somogy) seine Untertanen, die Zigeunermusikanten Ferencz Bakos, János Bakos, Laszkó Bakos, László Boromi und Lászlo Tinka unter seinen persönlichen Schutz stellt. Ihr ruhiges Leben, ihre friedlichen Sitten, ihr »respektierliches Benehmen« und die guten Dienste, die sie als Musiker leisteten, werden in einem Freibrief hervorgehoben. Damit sie in Zukunft ungehindert studieren und üben und so ihren Beruf mit mehr Sorgfalt ausüben können, um dem Grafen seinen Wünschen gemäß zu dienen, wird erklärt, daß diese fünf Musikanten bis an ihr Lebensende von jedem Frohndienst, jeder Tributzahlung und allen anderen Geldabgaben befreit seien. Ferner wird ihnen der Titel »Hof-Musikanten« verliehen und allen Untertanen seiner Herrschaft befohlen, sie als solche mit Respekt zu behandeln. Dieses Privileg wurde am 20. November 1751 auf Schloß Szens (bei Galántha) ausgestellt und am 14. Juni 1755 wiederholt.[41]

Es ist nicht genau zu verfolgen, was mit diesen an den Höfen dienenden, privilegierten Musikern weiter geschah. Es ist jedoch bekannt, daß im 18. Jahrhundert aus

Zigeunerkapelle in einem Restaurant, G. Morelli, vor 1914

den herrschaftlichen Musikkapellen einige Zigeunerbandas mit Weltruf hervorgingen, die sich aber rasch assimilierten und den Kontakt mit Zigeunern aufgaben.

Im Zug der Ansiedlungspolitik Maria Theresias sollten viele Zigeunerfamilien auf den Gebieten der ungarischen Magnaten feste Wohnsitze erhalten. Diese neuen Zigeunerfamilien wurden bei weitem nicht so freundlich aufgenommen, wie ehemals die Musiker, die in der Zwischenzeit seßhaft geworden waren. Aus den Konskriptionen von 1780-1783 ist zu entnehmen, daß etwa 10 Prozent dieser Neuansiedler ihren Lebensunterhalt durch Musizieren verdienten. Im 18. Jahrhundert wurde somit die Musik für breitere Schichten zugänglich, das Repertoire und die Instrumente paßten sich dem Geschmack der Bauern an. Zu den höfischen Musikkapellen bestand jedoch keine Verbindung.

Ab dem 19. Jahrhundert findet man im gesamten Karpatenraum Angaben über Zigeunermusik, die vorwiegend mit Geige, Baß, Bratsche und Schlaginstrumenten gespielt wurde. Zu dieser Zeit fand auch in Westungarn eine Aufwertung und Idealisierung der Zigeunermusiker statt. Maler wie Pettenkofen stellten die Lebensform dieser Musiker in stark romantisierter Weise dar. Ihre Rolle wurde so sehr überbewertet, daß auch Franz Liszt dem Irrtum unterlag, daß alle ungarische Musik ursprünglich eigentlich zigeunerischer Herkunft sei. Er behauptete, daß die von Zigeunern gespielte Musik eine musikalische Überlieferung aus ihrer Urheimat Indien sei. Das Wort »Zigeunermusik« ist durch den üblichen Sprachgebrauch in einem falschen Sinn bekannt geworden.[42]

Was man allgemein »Zigeunermusik« nennt, ist allerdings keine aus dem Osten hergebrachte Zigeunertradition und nicht ursprüngliches Eigentum der Zigeuner. Vielmehr ist es ein Teil der ungarischen Musik, die von den Zigeunern gepflegt wurde, wobei volkstümliche Kunstlieder durch die phantasierende Vortragsweise und den ungebunden, freischwebenden Rhythmus der Musikanten verändert wurden. Das Repertoire der Kapellen entstammte aber dem Fundus der Dorfleute, und es entspricht durchaus den Tatsachen, daß die Zigeuner in ihrer Musik viele Melodien vor dem Vergessen bewahrt haben. Sie verwendeten sowohl die fünfstufigen Klangfolgen des alten Stils als auch neue Lieder, ja sogar geistliche Gesänge wurden zu typischer Zigeunermusik verarbeitet. Es zählte zu ihren besonderen Eigenschaften, alle gehörten Elemente zu erfassen und, wie etwa durch den beliebten Quintenwechsel, in eine für sie bezeichnende Form zu bringen.

Die Ungarn selbst waren keine Instrumentalmusiker, sondern engagierten zu ihrer Unterhaltung meist Zigeuner, die man als Dienstleistungsmusiker bezeichnete. Im 19. Jahrhundert wurden in Westungarn Zigeunermusiker noch nicht als Künstler betrachtet.

DIE BANDAS DES 20. JAHRHUNDERTS

Erst zu Beginn des 20. Jahrhunderts wurde es üblich, daß sich die Musiker zu Bandas zusammenschlossen und so ihren Lebensunterhalt zu bestreiten suchten. Die Bandas spielten zu Anlässen wie Hochzeiten, Tanzfesten und Umzügen und unternahmen auch Heischegänge innerhalb der Orte.

Zigeunerbanda mit ihren Instrumenten, 1934

Bandas aus reinen Streichergruppen waren im Burgenland selten, da sich diese Musik zur Begleitung von Umzügen nicht besonders eignete. Meist wurden die Streicher von einer steirischen Knopfharmonika begleitet. In den Siedlungen beherrschten immer mehr Burschen ein Instrument. Jedoch besaßen wenige eine Lizenz, die von der politischen Behörde ausgestellt war und ihren Inhaber berechtigte, seine Siedlung zu verlassen und in anderen Orten zu spielen. Lizensierte Kapellen zogen herum, spielten auf öffentlichen Tanzveranstaltungen und waren oft bis zu vierzehn Tage unterwegs, ehe sie wieder in ihre Heimatgemeinde kamen. Gelegenheitsmusiker durften hingegen nicht in der Öffentlichkeit spielen und waren gezwungen, auch andere Arbeiten anzunehmen.

Die Zigeunerbandas setzten sich oft aus Musikern aus verschiedenen Orten zusammen. Sie waren lose organisiert, und die Zahl ihrer Mitglieder konnte von einem Auftritt zum nächsten variieren.

Während die Bandas vor dem Ersten Weltkrieg im allgemeinen nur aus zwei bis fünf Personen bestanden, wuchsen sie in der Zwischenkriegszeit zuweilen bis auf zwölf bis fünfzehn Musiker an. Zum Üben trafen sich diese Bandas gewöhnlich zweimal in der Woche auf einem freien Platz in einer der Zigeunersiedlungen.

In Deutsch-Kaltenbrunn galten die Musiker als so begabt, daß sogar der Dorflehrer mit ihnen übte, um sein Geigenspiel zu perfektionieren.

Zigeunerkapelle in Oberwart, um 1930

Das Repertoire einer Zigeunerkapelle bestand normalerweise aus regional üblicher Tanz- und Unterhaltungsmusik. Die Lehrmethode der Zigeuner war für damalige bäuerliche Verhältnisse ungewohnt und wurde von den Ortsbewohnern immer wieder mit Staunen kommentiert. Dem Schüler wurde gezeigt, wie er die Finger auf dem Geigenhals halten müsse. Dabei drückte ein hinter ihm Stehender einfach die richtigen Finger auf die Saite. Gespielt wurde nur nach dem Gehör. Notierte Musik wurde nicht verwendet, da niemand vom Blatt spielen konnte.

Mit 17 Jahren durften die Jungen erstmals auf kleinere Tourneen mitfahren. Jeder junge Musiker mußte sein Instrument selbst anschaffen. Häufig wurden deshalb Geigen auf Raten gekauft.

In manchen Orten existierte neben der Zigeunermusik auch eine bäuerliche Ortskapelle, die dann mit den Zigeunern in Konkurrenz trat. Im allgemeinen waren die Zigeunerkapellen aber wesentlich billiger und legten auch die Dauer ihrer Spielzeit nicht von vorherein fest. Es war auch üblich, lange mit ihnen um den Preis zu feilschen, wobei zuweilen die finanzielle Notsituation der Musiker ausgenützt wurde. Das Angebot von Musikanten war nämlich weitaus größer als die Nachfrage, und es kam vor, daß man eine Banda aus der Nachbarschaft eingagierte, wenn man sich mit der Ortsbanda nicht über den Preis einigen hatte können.

Nur in Gegenden, wo es überhaupt an Musikern mangelte, genossen die Zigeuner eine gewisse Vormachtstellung. So etwa war die Zigeunerbanda von Neustift die einzige im gesamten Lafnitztal.

HAUSIERENDES MUSIZIEREN

Musiziert und gesungen wurde zu allen festlichen Anlässen des bäuerlichen Jahres, wobei manche Lieder einen sozialen Platzwechsel erlebten. Vom Meierhof in Schachendorf ist ein interessantes Beispiel überliefert, das unter anderen Mitgliedern der magyarischen Sprachgruppe nicht bekannt ist:

Dann freut sich das Zigeunerkind,
Wenn das Schwein krepiert.
Seine Hände, seine Füße sind voll von Fett.
Er weint auch drei Wochen lang nicht,
Hei, tirajlej, tirajleje, tirajlej! Hei.[43]

Ursprünglich von den Zigeunern gesungen, wurde dieses Lied später von den Knechten übernommen und als Spottlied auf die Zigeuner vorgetragen. Die Meierhofarbeiter wollten so ihre soziale Überlegenheit zum Ausdruck bringen. Dabei wurde der Text bewußt nach Zigeunerjargon betont. Aus einem a wurde ein á, statt eines z ein zs gesungen.

Es sind mehrere Lieder bekannt, die derart verändert wurden. Am Beispiel des

Liedes »Weihnachtsengel« kann demonstriert werden, wie sich ein Lied verändern und zum Gut einer anderen sozialen Gruppe werden konnte.

Die Dorfburschen von Schachendorf unternahmen alljährlich in der Weihnachtsnacht, in der Zeit zwischen Christmette und Morgengrauen, einen Heischegang von einem Bauernhof zum anderen. Als etwa gegen Ende des 19. Jahrhunderts die Zigeuner das Weihnachtssingen immer aktiver übernahmen, und ihren Heischegang mit demselben Lied wie die Bauernheischesänger begannen, gaben die Dorfburschen das nächtliche Singen auf. Um 1939 wurde dieses Lied von den Nichtzigeunern bereits als typisches Lied der Zigeuner betrachtet und ausschließlich im Jargon der Zigeuner gesungen. In seiner deutschen Übersetzung lautet das Lied:

Fliegt herunter, fliegt herunter
Klopft an, klopft an
An allen kleinen Fenstern.
Schiefertafel und in der Hütte
Kündet ihr große Freude an:
Weihnachtsfeier an!

Statt »Schiefertafel« (ung. palatábla) hieß es im Originaltext »im Palais« (ung. palotában). Da den Zigeunern das Wort »Palais« unbekannt war, ersetzten sie es durch das ähnlich klingende Wort Schiefertafel, das ihnen von der Schule her bekannt war, verballhornten dadurch ungewollt das Lied und nahmen es so in Besitz.[44]

Auch das Neujahrswünschen war ursprünglich ein Brauch, der von der bäuerlichen Jugend getragen wurde. Im mittleren Burgenland war es üblich, daß die Kinder der Armen oder Arbeitslosen am Tag vor Neujahr von Haus zu Haus Glückwünschen gingen und dafür eine Spende erhielten.[45] Von den Armen übertrug sich diese Gepflogenheit auf eine sozial noch tiefer gestellte Schicht. Nun übten fast ausschließlich die Zigeuner das Neujahrssingen aus. Es blieb im Burgenland bis 1938 ihr Privileg. Am Vor- und Nachmittag des 29., 30. und 31. Dezember zogen zwei bis drei Musikergruppen bis zum Einbruch der Dunkelheit durch das Dorf. Am Feiertag selbst blieben sie zu Hause. Die Musikanten hatten sich vorher abgesprochen und die Arbeit so eingeteilt, daß kein Haus ausgelassen wurde. Sie gingen in die Höfe und stellten sich vor die Haustüren. Dort spielten sie ein Lied und sprachen anschließend ihren Glückwunsch:

I bitt schön, a glückliches neues Jåhr
mit viel Glück und Segen
a långes Leben
und Gott soll euch geben,
daß dås neue Jåhr besser is
åls dås ålte.

Unter den Neujahrssängern waren Geiger, Ziehharmonikaspieler und Blechbläser.

Die Bauern gaben den Musikanten Brot und Speck zum Mitnehmen und ein Glas Wein, das an Ort und Stelle getrunken wurde. Der aufgetischte Wein war aber kein Qualitätswein, sondern wurde »Wassermichl« oder »Haustrunk« genannt. Er wurde, wie der Name sagt, mit Wasser vermischt. Manchmal gab es auch »Tresterwein«, der aus Trebern gemacht wurde. Von Geschäftsleuten und Handwerkern erhielten die Zigeuner Bargeld, das am Ende der Tour aufgeteilt wurde.

In Walbersdorf blieb das Neujahrssingen in anderer Form erhalten. Hier gingen junge Frauen und Kinder von Haus zu Haus, um Glückwünsche vorzutragen. Ob das nun die ursprünglichere Art des Heischegangs war, läßt sich heute nicht mehr feststellen.

Folgender Spruch wurde von den Frauen aufgesagt:

Wir wünschen enk an goldenen Tisch,
auf jedem Eck an bråtna Fisch,
in da Mitt a Kandl Wein,
dåß Herr und Frau kånn lustig sein.

Was wünschen wir der Hausfrau?
Wir wünschen ihr ein goldnen Rock,
der steht wie ein Nagerlstock (Nelkenstock).
Was wünschen wir dem Hausherrn?
Wir wünschen ihm ein rote Hosen,
wo die Tåler drinnat loßen (warten).

Der Hergott soll enk beschützen,
vor Feuer, vor Wasser
und allen bösen Krankheiten.

Nach ihrem Vortrag erhielten die Frauen Geld oder Lebensmittel. Wenn man ihnen zu wenig gab, oder sie verjagte, so schrien sie:

Der Donner soll enk daschlågn,
den Bluitschåmma (Blutschwamm) sollts kriagn!

Auch dieses von den Frauen aufgesagte Gedicht war ursprünglich nicht zigeunerischer Herkunft. Aus einem Robotbüchlein des Jahres 1880 wissen wir aber, daß es bereits damals nur von den Zigeunern verwendet wurde. In seiner eigentlichen Form begann das später verstümmelte Gedicht mit der Zeile: »Wir bringen ein freudenreiches neues Jahr ...«[46]

Am Faschingsdienstag wurde von den Bauernburschen ein Umzug veranstaltet. Während sie selbst alle maskiert waren, gingen die sie begleitenden Zigeunermusikanten ohne Masken. Die Faschingsumzüge wurden sowohl in kleinen Gruppen, die nur von wenigen Zigeunern begleitet wurden, als auch geschlossen mit einer Zigeunerbanda von bis zu vierzehn Mann, durchgeführt. Durch die möglichst lautstarke Musik sollten die Bewohner des Dorfes auf den bevorstehenden Bettelbesuch aufmerksam gemacht werden. Von den durch die Masken erbetenen Gaben erhielten die Zigeuner den ihnen gebührenden Teil an Fleisch und Eiern.

In Ungarn war es nicht üblich, Geburtstage zu feiern, der höchste persönliche Festtag war der Namenstag. In vielen Orten gingen die Zigeuner am Josefstag, dem 19. März, in sämtliche Häuser und suchten die darin wohnenden »Seppln« auf. Sie brachten ein Ständchen und erhielten dafür etwas Geld. In Neustift an der Lafnitz war es an diesem Tag Brauch, den Zigeunern einen halben Sauschädl (Schweinekopf) zu geben.[47]

Gern besuchten die Zigeuner auch die höher gestellten Dorfbewohner an deren Namenstag. Hier flossen, vorausgesetzt die Zigeuner waren nicht unbeliebt, reichlichere Gaben. Den Dörflern war diese Art der Bettelei etwas Selbstverständliches, und sie waren den musizierenden Zigeunern durchaus gewogen.

Ähnlich dem Namenstagswünschen ging auch das Hochzeitsladen vor sich. Allerdings wurde hier bei jedem Haus haltgemacht und die Bewohner dazu aufgefordert, am bevorstehenden Fest teilzunehmen.

Als in der Zwischenkriegszeit die gesellschaftliche und wirtschaftliche Lage der Zigeuner immer schlechter wurde, mußten sie immer erfindungsreicher werden, um ihr tägliches Brot zu verdienen. Originell war die Idee eines Fünfjährigen aus Hegyeshalom, der am Bahnhof vor den Zügen auf der Geige spielte, um die Reisegäste zu unterhalten. Seine Mutter ging dann den stehenden Zug entlang und hielt eine Büchse an einem langen Stab zu den Zugfenstern hinauf.

1938 wurde den Zigeunern das Musizieren gesetzlich verboten. Jede Art von Musikerlizenz, Musiker- und Kapellmeisterberechtigungsscheine wurden unter dem Vorwand eingezogen, daß diese behördlichen Bescheinigungen indirekt zum Betteln verwendet würden.[48]

MUSIK FÜR TANZUNTERHALTUNGEN

Wurde eine Musikkapelle engagiert, um bei einer Tanzveranstaltung aufzuspielen, dann war das meist einträglicher, als bei Heischegängen vor jedem Haus zu spielen. Schon deshalb, weil ein bestimmter Grundlohn bereits im vorhinein festgesetzt wurde, der sich während der Veranstaltung noch um die Trinkgelder vermehrte. Zu Neujahrs- oder Faschingsbällen wandten sich die Wirte oder Vereine oft an Zigeunerkapellen. Die Musiker erhielten einen gewissen Anteil vom Eintrittsgeld, den der Veranstalter dem Leiter der Banda nach dem Ball übergab. Erst dieser teilte den Betrag unter seinen Musikern auf.

Auch für die Mehrzahl aller Hochzeiten im Burgenland wurden Zigeunerkapellen verpflichtet.

In Kleinmutschen etwa war die Hochzeitstafel in der Regel im Hof des Brautvaters aufgestellt, wo eine Laubhütte errichtet wurde, in der die Gäste tanzten. Die Musiker, die die ganze Nacht spielten, wurden während der Hochzeit auch verköstigt. Einmal während des Abends ließen sie einen Teller oder einen Hut herumgehen und erhielten so ebenfalls ein Trinkgeld. In den späten Nachtstunden, wenn Gäste und Musiker schon müde waren, ließen sich die Gastgeber manchmal ein Spiel einfallen. Es sollte festgestellt werden, wer länger durchhalten könne, ein Tänzerpaar oder ein bestimmter Musiker der Gruppe. Dabei wurde Csárdás getanzt. Der Sieger erhielt aber weder Geld noch sonst einen Preis, es ging bei diesem Spiel lediglich um die Ehre.

Eine Zigeunerbanda spielt zum Hochzeitstanz vor dem Haus des Brautpaares auf, Stegersbach 1932

Grundsätzlich wurde vor derartigen Veranstaltungen vereinbart, wie lange die Kapelle spielen sollte. Wollten die Musiker aber zur vereinbarten Zeit das Fest verlassen, versperrte man ihnen den Weg und drohte ihnen, sie zu schlagen, wobei kräftige Flüche und Beschimpfungen gegen sie losgelassen wurden. Meist blieb den Zigeunern, die ja zu anderen Hochzeiten wieder aufspielen wollten, keine andere Wahl als weiterzuspielen. Bei guter Stimmung blieb die Kapelle dann bis zum Morgen. Aber auch ohne Zwang kehrten die Musiker oft erst in den frühen Morgenstunden von ihrer Arbeit heim. Da die Bauern einen anderen Lebensrhythmus besaßen als die Zigeunermusiker und sie diese häufig am Tag im Freien schlafend antrafen, kamen die Zigeuner bald in den Ruf, faule Leute zu sein.

Wie schon erwähnt, zogen die Zigeunerbandas vor Kirtagen (Kirchtagen), aber auch Maifesten, Sommerfesten, Feuerwehrfesten und anderen Festen, durch das Dorf und luden die Bewohner zur Teilnahme an diesen Veranstaltungen ein. Meistens hatten die Bauern schon Besuch von Verwandten und Bekannten aus den Nachbarorten, und so entstand beim Erscheinen der Musiker bald eine fröhliche

Stimmung. Die Bauern begannen im Hof zu tanzen, und die Zigeuner verdienten ein gutes Trinkgeld.

Für das Fest selbst wurde vor dem Gasthaus oder auf dem Dorfplatz eine Laubbude oder eine Tribüne für die Musiker und die Tänzer errichtet. Dort spielte allerdings die reguläre Dorfmusik, die Zigeuner mußten sich mit einem Auftritt in einer Weinschenke oder in der Schankstube begnügen. Dennoch war auch diese Arbeit anstrengend genug, denn die dörflichen Feste begannen nach dem Kirchgang (etwa um 14 Uhr) und dauerten bis in den nächsten Morgen.

Eine Andekdote aus der »Gendarmerie Rundschau« berichtet vom Ende einer derartigen Veranstaltung:

> Einige von einer Tanzveranstaltung heimkehrende Musikanten kamen zeitig in der Früh am Haus eines beliebten, pensionierten Gendarmen vorbei. Spontan stiegen sie über den Zaun, brachten ihm ein Ständchen und trompeteten und trommelten einige Märsche. Dann trat der Primas Simmerl vor und erklärte: »Brauchens uns nix geben, Herr Inspektor, Herr! Wir haben Ihna gern g'habt!« Hierauf verabschiedeten sie sich, stiegen wieder über den Zaun und gingen heim.[49]

BLASMUSIK

Die Blasmusik setzte sich in den ländlichen Gebieten des Burgenlands erst relativ spät durch. Da man der Meinung war, daß Zigeuner schlechthin gute Musiker seien, wurden auch einzelne Zigeuner in die Gadje-Blechkapellen integriert.

Zigeunerkapelle aus Unterwart, 1937

Zigeunermusikkapelle und Offizierskorps der Freiwilligen Feuerwehr von Unterwart, 1935

In der Zwischenkriegszeit versuchten auch reine Zigeunergruppen »Blechpartien« zu gründen. Eine derartige Kapelle aus Neustift an der Lafnitz bestand aus Klarinette, Flügelhorn, Baßflügelhorn, F-Baß und Tschinelle. Auffallend ist, daß sich diese Blasmusikkapelle gerade in Neustift, nahe der steirischen Grenze bildete, denn in deutschsprachigen Dörfern wurde allgemein die Blasmusik, in ungarisch- und kroatischsprachigen eher die Streichmusik bevorzugt.

Da die Oberwarter Bauernburschen das Blasen und Klarinettenspielen in den dreißiger Jahren nach einjähriger Übung immer noch nicht erlernt hatten und von den Ortsbewohnern bei Auftritten ausgelacht wurden, übergab der Feuerwehrhauptmann alle Instrumente den Zigeunern. Diese beherrschten die Instrumente nach kurzer Zeit.[50]

Graf Gyula Erdödy aus Rotenturm ließ aus den begabten Zigeunern aus Unterwart 1935 eine eigene Blasmusikkapelle aufstellen, ließ sie schulen und mit Uniformen ausrüsten. Ihr Kapellmeister, Julius Horvath, auch Gyula genannt, der 1925 die Musikerlizenz erwarb, brachte die Kapelle zu einem gewissen Ansehen. Sie wurde ständig zu öffentlichen und kirchlichen Veranstaltungen, zu Hochzeiten und Begräbnissen herangezogen. Nach öffentlichen Veranstaltungen mußten die Musiker die Uniformen abgeben, durften die Instrumente aber behalten. Als die Musiker 1938 die Unterwarter zu einer NS-Großkundgebung in der Kreisstadt Oberwart begleiteten, wurden sie von den dortigen »rassebewußten« NS-Amtswaltern in demütigender Weise wieder heimgeschickt.

In den Städten entwickelten sich Musikkapellen, deren Mitglieder sich als echte Künstler betrachteten und auch von den Gadje, anders als die oben beschriebenen Musiker, als solche behandelt wurden. Diese Musiker spielten in Restaurants für die gehobene Bürgerschicht auf.

Bis 1921 setzten sich in kleineren Orten Kapellen noch aus bodenständigen Zigeunern zusammen. Eine derartige Kapelle gab es im Einkehrgasthaus von St. Margarethen. Hier wohnten innerhalb der Zigeunersiedlung etliche Musiker. Da diese im Dorf alles beobachteten, erfuhren sie bald, wenn in der Schenke (Csárda) eine größere Privatgesellschaft eingekehrt war. Dann kehrten auch sie ein und boten ihre Dienste an. Oft kam es vor, daß der Wirt selbst die Musiker holen ließ, weil eine gute Gesellschaft zusammengekommen war, die in Stimmung zu kommen versprach, denn zu ihm kamen viele Reisende aus Ungarn, meist Leute in gehobener Position, die in einer Kutsche einen Tagesausflug machten, um eine Nacht durchzuzechen. Aber auch die Arbeiter des St. Margarethener Steinbruchs oder Jagdgesellschaften kamen im Gasthof zusammen. Zum Feiern fehlte nie ein Grund und die Ungarn machten ihrem Ruf, musikliebend und gesellig zu sein, alle Ehre. Ein aus dieser Zeit stammendes Sprichwort bezeugt diese Eigenschaft: »Gib einem Ungarn ein Glas Wasser und einen Zigeunergeiger, und er wird betrunken werden.« Es entstand auch ein eigenes Wort für den Begriff, »sich von Zigeunermusikern unterhalten lassen«, nämlich »cigányozni« oder »cigánnyal mulatni«. Sinngemäß übersetzt heißt das schmausen, schwelgen, sich ergötzen.

Zwischen den Musikern und dem Wirt entwickelte sich im Lauf der Zeit eine hervorragende Zusammenarbeit, da bei guter Stimmung beide Teile von diesem Geschäft profitierten. Die Zigeuner erhielten zwar kein Geld vom Wirt, wurden aber großzügig verköstigt. Während die übrigen spielten, saß abwechselnd einer der Musiker in der Küche und aß.

Meist bestand die Musikergruppe aus vier bis sechs Musikanten, manchmal war auch ein begabter kleiner Bub dabei. Beim Mulatság bestellten die Gäste dieses oder jenes Lied und bei genügendem Alkoholgenuß klebten sie dem Primas bei besonderen Leistungen einen Geldschein auf die Stirn. Oft kam es auch vor, daß ein Gast einen Schein in die Hälfte riß und dem Zigeuner nur den halben Schein auf die Stirn klebte. Die zweite Hälfte sollte der Zigeuner erst dann erhalten, wenn der Gast vollends zufriedengestellt war.

Nach der offiziellen Sperrstunde wurde oft im Keller »privat« weitergefeiert. Die Musiker blieben immer bis zum Ende. Zwei- bis dreimal am Abend sammelten sie ab. Bei guter Laune steckten die Gäste dem einen oder anderen noch einen Geldschein in die Saiten. Was an Essen übrigblieb, durften die Zigeuner mitnehmen, oder sie erhielten eine Gutschrift. Zuweilen kam es vor, daß die Musiker nach einem solchen Abend noch acht Tage ins Gasthaus gingen, um ihr Guthaben abzuessen und -zutrinken, denn während des Spielens tranken sie nicht. Ihre Frauen brachten die Musiker niemals ins Gasthaus mit.

Zigeunermusiker mit Ziehharmonika, Kemeten 1978

Zigeunermusiker mit Geige, Neustift 1979

In Jennersdorf, im Gasthaus Raffel, spielten ebenfalls Berufsmusiker, die in den Nachbarorten wohnten.

Nach dem Zweiten Weltkrieg zogen sich viele dieser Musiker aus dem Geschäft zurück, weil sie durch die neue Unterhaltungsmusik brotlos geworden waren und die nun aktuelle Musik ablehnten. Das Publikum wünschte jetzt vor allem volkstümliche Musik im Stil der Alpenländer (Oberkrainer) oder moderne Tanzmusik zu hören.

Ein sehr treffender Kommentar eines älteren Musikers aus Neustift bei Güssing dazu war:

> I håb ka Freid mehr zum Spüln. Des Moderne is fad, vor ållem da Rhythmus is imma daselbe.

Im übrigen aber zogen sich etliche Musiker vom Spielen zurück, weil ihre ehemaligen Kollegen heute in Ungarn leben und keine Möglichkeit mehr besteht, gemeinsam aufzutreten.

Einige der Berufsmusiker wanderten auch in die Großstädte ab, weil dort die Verdienstmöglichkeiten besser waren. Nur wenige gute Musiker blieben im Burgenland zurück. Einer von ihnen war der Zimbalist Stefan Horvath, der nach 1945 in Oberwart am Telek wohnte. Er spielte mit den verschiedensten Gruppen und unternahm große Tourneen, die ihn durch alle Bundesländer, die Bundesrepublik Deutschland, die Schweiz und Italien führten. Um 1960 trat er auch in einer bekannten österreichischen Fernsehsendung auf.

Zigeunerkapelle im Restaurant Sifkovits in ihrer Arbeitskleidung, Rust 1960

In größeren Restaurants oder zu besonderen Anlässen hingegen traten Kapellen auf, die nicht bodenständig waren, sondern aus Westungarn stammten. Ihr Repertoire wurde von den übrigen Zigeunern als der ungarischen Romantik zugehörig betrachtet und daher nicht sehr geschätzt.

Die Berufsmusiker trugen während ihrer Arbeit eine Art Dienstkleidung, die aus weißen, bauschärmligen Hemden und leuchtenden goldbestickten Giletjäckchen bestand. Beim Verlassen des Arbeitsplatzes zogen sie wieder ihre Alltagskleidung an. Die Musiker selbst waren stolz auf ihren Beruf, sie waren stolz darauf, gute Psychologen zu sein und den Gästen das Geld aus der Tasche herausspielen zu können. Sie waren überzeugt davon, das Gefühl der Zuhörer ansprechen zu können. Wenn der Zuhörer in Tränen ausbrach, war dies für die Musiker das Zeichen von Erfolg und eine Selbstbestätigung. Sie waren auch stolz darauf, nicht wie die anderen Zigeuner in Naturalien bezahlt zu werden, und es lag unter ihrer Würde, jemals auf Heischegänge zu gehen oder gar ihr Geld zu erbetteln.

Schon im 18. Jahrhundert entstand der Brauch, daß die Zigeuner bei Festgelagen nach der Stimmung des Gastgebers spielten. Doch wurde diese Art im Lauf der Zeit perfektioniert. Mit einem Blick hieß es zu erraten, auf welche Melodie der Zuhörer eingehen würde und in welcher Laune er sich befinde. Dieses Anpassungs- und Einfühlungsvermögen wurde sehr geschätzt. Die Zuhörer waren dankbar dafür, daß ihre Gefühle erraten wurden. Es bestätigte ihnen vielleicht auch, daß noch alles »seine Ordnung« hatte.

Die Berufsmusiker pflegten mit den Dorfzigeunern keinen Kontakt mehr, sie sahen sogar mit Verachtung auf sie hinab. Aus diesem Grund waren sie der Zigeunergemeinschaft nicht mehr ganz zugehörig und konnten dorthin auch nicht mehr zurück. Sie selbst beherrschten das Notenlesen noch nicht, aber ihre Kinder schickten sie zunächst in die Schule, später womöglich in eine Musikschule und versuchten, sie mit Nichtzigeunern zu verheiraten.

Als im Lauf der letzten dreißig Jahre der Fremdenverkehr auch das Burgenland entdeckte, schossen rund um den Neusiedlersee Lokale und Weinschenken aus dem Boden. Heute ist in vielen Restaurants und Gasthäusern des Seewinkels, aber auch in Rust, Mörbisch, Kalkgruben, in der Storchenmühle in Oslip, der Purbacher Nikolauszeche und im Gasthof Raffel in Jennersdorf wieder Zigeunermusik zu hören. Diese wird meist von den aus Ungarn oder Preßburg geholten Zigeunerkapellen gespielt, die den einheimischen Gruppen vorgezogen werden, da sie ihre Musik professionell geschult betreiben.

In Oberpullendorf aber gibt es heute eine Zigeunerkapelle, die aus ortsansässigen Musikern besteht. Es sind dies die Geiger Geza Horvath und Ladislaus Horvath und der Baßgeiger Adolf Papai. Sie treten bei verschiedenen Veranstaltungen im gesamten Burgenland auf, zuweilen verstärkt durch einen in Wien lebenden Oboespieler und einen Zimbalisten. Während der Sommermonate spielt diese Kapelle in einem Gasthof in Kalkgruben.

Zigeunerkapelle, Oberpullendorf 1981

Die jungen Burgenland-Roma lehnen die herkömmliche Zigeunermusik jedoch ab. Ihre Vorbilder sind vielmehr die erfolgreichen Lowara-Jazzgruppen von Karl (Charly) Ratzer und Harry Stojka. So gibt es in St. Margarethen, Oberwart und Rax neue Formationen, die sich dem Jazz verschrieben haben. Neben den üblichen Jazzinstrumenten setzen sie auch die Ziehharmonika ein.

MUSIK IM FAMILIENKREIS

Die Musik, die von Zigeunern zum Gelderwerb gemacht wurde, hat mit der Musik, die sie zu ihrer eigenen Unterhaltung spielten, nichts zu tun. Zum Eigenbedarf innerhalb der Familie wurde immer nur gesungen und eine Begleitung dazu durch Zungenschnalzen oder Fingerschnippen angedeutet. Manchmal wurde auch ein Musikinstrument mit der Stimme imitiert (Mundbaßbegleitung) oder der Sänger auf einer Mundharmonika begleitet.

Sänger und Mundharmonikaspieler improvisieren,
Unterwart 1980

Diese Musik entstand spontan aus dem Stehgreif und wurde weder wiederholt noch überliefert. Die Liedelemente sind meist eine Verwebung von mehreren gehörten Themen der populären Musik. Es kann sogar fast immer nachgewiesen werden, welchen Ursprung die übernommenen Melodien haben. Die Möglichkeit, sich bekannte Weisen anzueignen, war früher dadurch gegeben, daß professionelle Musiker diese Stücke für das Dorfpublikum spielten. Nachdem auch die Texte in der Landessprache erlernt wurden, konnten sie in veränderter Form in die Zigeunersprache übertragen werden.

Heute enthalten diese Stegreiflieder Elemente von Schlagern und Hits der Popmusik.

Spezifisch zigeunerisch daran ist das ästhetische Moment der Auswahl, die Vortragsweise, die kurzen Intervalle, die Kombination von verschiedenen Rhythmen, der Reichtum an ornamentalen Formen und die Umformung. Das Lied erhält oft eine sinnliche Tönung und erfährt gleichzeitig eine Affektaufladung. Der Vortrag zeichnet sich durch die Vorliebe für gleitende Übergänge von Stufe zu Stufe und häufiges Variieren aus. Der Stimmklang ist oft »rauchig, kehlig und nasaliert.«[51]

Ziehharmonikaspieler aus Oberwart, 1978

SIEDLUNG UND WOHNKULTUR

Nicht die Zigeuner selbst, sondern die Gemeinde bestimmte, ob Zigeuner in einem Ort siedeln durften und an welchem Platz die Zigeunerkolonie errichtet werden sollte. In vielen Orten wurden die Zigeuner bereits unter Maria Theresia und Joseph II. angesiedelt. Diese Siedlungen wurden am Dorfrand, »im Hintaus«, außerhalb der Dorfgrenze, in einem abseits gelegenen Graben, in der Nähe eines Baches, am Waldrand oder an der äußersten Grenze des »Hotters« (Gemeindegrenze) angelegt.

Das Siedlungsgebiet der Zigeuner blieb in jedem Fall Eigentum der Gemeinde oder der Grundherrschaft. Es war ein territorial fest begrenztes Gebiet, das auch im Kataster namentlich ausgewiesen war. Flurnamen wie Zigeunerhütten, Zigeunerkolonie, Zigeunersiedlung, Zigeunerlager oder Zigeunergraben weisen heute noch auf die ehemalige Zigeunerbesiedlung hin. Landläufig aber wurde das Territorium der Zigeuner von der übrigen Bevölkerung verächtlich als »Niemandsland« bezeichnet. Meist wurde für die Siedlung ein ungerodetes, unwegsames oder feuchtes Gebiet ausgewählt, denn man wollte den Zigeunern kein fruchtbares, anderweitig nutzbares Gebiet abtreten.

Auffallend ist aber, daß Zigeunersiedlungen vorwiegend am Rand von mittelgroßen Städten und größeren Dörfern anzutreffen sind, weil die Zigeuner nur in Ansiedlungen einer gewissen Größenordnung genügend Arbeit zum Überleben finden konnten.

Ein Großteil der Ansiedlungen fand lange nach den theresianischen Ansiedlungsbestrebungen statt und geht auf die Zeit zwischen 1850 bis 1880 zurück.[1] Man holte sich nur dann Zigeuner freiwillig ins Dorf, wenn man ihre Dienste dringend benötigte. So erhielten etwa zwei Schmiede, die in Oberwart lebten und ihre Dienste bei Graf Erdödy in Rotenturm verrichteten, im Jahr 1850 vom Grafen selbst die Erlaubnis, sich in Unterwart anzusiedeln.

1851 wurden drei Zigeuner in die Gemeinde Neustift an der Lafnitz geholt, die statt der Bauernsöhne den zwölfjährigen Wehrdienst verrichten sollten. Nach abgeleisteter Wehrpflicht kehrten diese Zigeuner in den Ort zurück, weil sie laut Gesetz bereits nach zehn Jahren Militärdienst das Heimatrecht in der Gemeinde Neustift erworben hatten.[2]

Die Gemeinde Sulzriegel im Bezirk Oberwart kaufte im Jahre 1852 einen Zigeuner, der sich nach seinem Wehrdienst ebenfalls mit seiner Familie in dem Ort niederlassen durfte.

In einem Nachbarort von Kroatisch-Ehrensdorf lebte 1860 ein Zigeunerschmied namens Petschek, während es in Kroatisch-Ehrensdorf zu dieser Zeit keinen Schmied gab. Petschek wurde von der Gemeinde abgeworben und mit einer

Schmiede und einer Hütte belehnt. Nach einer gewissen Bewährungsfrist erhielt er ein Gemeindezeugnis, das dem heutigen Heimatrecht entspricht.[3]

Obwohl seit 1770 im Pfarrbuch von Stegersbach Zigeunertaufen belegt sind, wird in der Ortschronik berichtet, daß der Schmied Stefan und seine Frau Sali die ersten Zigeuner waren, die 1870 in den Ort kamen, mit einer Schmiede belehnt wurden und sich hier eine Hütte bauten.[4]

Im Walbersdorf siedelte sich die erste Zigeunerfamilie im Jahr 1910 an. Es waren der Schmied Nazl und seine Frau, die »Züchterin«. Sie hatte diesen Namen von den Bauern bekommen, weil sie 16 Kinder zur Welt gebracht hatte und sehr dick war.

Die »Züchterin«, Walbersdorf, Zwischenkriegszeit

1880 wurde in Krobotek, im Bezirk Jennersdorf, ein gewisser Lukatsch von den Bauern als Viehhalter aufgenommen. Die Gemeinde stellte ihm ein Grundstück zur Verfügung, auf dem er für sich und seine Familie das erste Zigeunerhaus des Ortes aufstellte.

Eher experimentelle Motive standen hinter dem Vorschlag (1871) des Habsburger Erzherzogs Josef, in den Herrschaften Kittsee und Forchtenstein Zigeuner anzusiedeln.

Ungefähr um dieselbe Zeit versuchte der Erzherzog, der von den Zigeunern »romani rai« oder »amaro kraj« (König, bzw. Protektor der Zigeuner) genannt wurde, auch auf seinem eigenen Landsitz Arboretum in Alcsuth (Komitat Fehér) 36 Zigeunerfamilien, insgesamt 117 Personen, anzusiedeln. Er ließ ihnen die Pferde wegnehmen und schickte ihre Kinder zur Schule. Ihren Lebensunterhalt sollten sie als Rübenausnehmer, Düngeraufladér, Steinsammler und Schmiede verdienen. Der Ansiedlungsversuch mußte nach einem Jahr abgebrochen werden, als auf Wunsch der Komitatsbehörde die Zigeuner wieder entfernt wurden. Erzherzog Josef konnte immerhin erwirkten, daß sie wieder Pferde und Wagen erhielten. Es wird angenommen, daß einige der vertriebenen Familien in den Seewinkel vordrangen und sich dort niederließen.[5]

Eine neue Zuwanderungswelle erfolgte im Jahr 1945, als nach Beendigung des Krieges viele Zigeuner aus Ungarn wieder ins Burgenland zurückkehrten.

Die bis heute letzte Zuwanderungswelle ins Burgenland fand, ebenfalls aus Ungarn, 1956 statt, als im Rahmen der allgemeinen Fluchtbewegung auch viele ungarische Zigeuner ihr Land verließen. Die Zigeuner wurden von ihren Verwandten, von denen sie seit 1938 abgeschnitten gewesen waren, gut aufgenommen und trachteten, in deren unmittelbarer Nähe zu siedeln, da sich Zigeuner verschiedener Schichten, aus Neigung zum Zusammenleben, immer neben den bereits Angesiedelten niederlassen. Sie sind sich ihrer Unterschiedlichkeit allerdings bewußt, und trotz ihrer engen Nachbarschaft pflegen sie mit den anderen Schichten nur oberflächliche Kontakte.[6]

Der österreichische Staat kam diesen politischen Flüchtlingen beim Ankauf von Bauplätzen sehr entgegen. In den Orten Mörbisch, Neustift an der Raab, Krobotek, Rax, Eisenberg und Heiligenkreuz leben heute Zigeuner, die 1956 nach Österreich geflüchtet waren.

Wenn in früheren Zeiten die Gemeinde das Territorium der Zigeunersiedlung plötzlich für anderwertige Zwecke benötigte, konnte eine zwangsweise Umsiedlung der Zigeuner jederzeit vorgenommen werden. Die erste schriftlich belegte Umsiedlung erfolgte 1878 in Unterschützen, wo die gesamte Zigeunersiedlung vom oberen in den unteren Ortsteil verlegt wurde.

Zu Beginn des 20. Jahrhunderts wurde die Zigeunersiedlung von Mattersburg, die ehemals am Ortsrand lag, verlegt. Diese Maßnahme schien der Gemeinde wünschenswert, weil die Stadt mittlerweile stark gewachsen war und die Zigeuner nicht im Ortskern wohnen sollten. Aus diesem Grund wurden die Zigeunerhütten niedergerissen und das brauchbare Material auf eine vier Kilometer vom Ort entfernte Gemeindewiese am Waldrand geführt, wo sich die Zigeuner mit dem herbeigeschafften Material ihre Hütten wieder neu aufbauen mußten.

In Stegersbach befand sich die ehemalige Zigeunersiedlung im »Zigeunergraben«, drei Kilometer außerhalb des Dorfes. Um die Zigeuner, die plötzlich als kriminell galten, in unmittelbarer Kontrolle der Gendarmerie zu haben, verlegte die Gemeinde 1899 die ganze Siedlung auf das »Erdödy Feld«. Dort fiel sie einem Brand zum Opfer. Die Zigeuner kehrten auf eigene Initiative in den Zigeunergraben zurück. Nach 1918 hatten sich die Zigeuner Grundstücke in der Nähe des Grabens gekauft und eigene Häuser gebaut. Daraufhin beschloß die Gemeinde, selbst allen Grund rund um den Zigeunergraben aufzukaufen, um eine weitere Expansion der Zigeunersiedlung zu verhindern.[7]

In Rohrbach lebten die Zigeuner bis zum Ersten Weltkrieg in Erdhütten auf dem »Kogelberg«. In der Zwischenkriegszeit zogen sie in den »Bachgraben« und errichteten sich dort neue Hütten. Für den im Bachgraben in Anspruch genommenen Platz mußte jede Familie 18 Schilling Pacht an die Gemeinde bezahlen.[8] 1938 wurde beschlossen, das Lager im Bachgraben aufzulassen und die Zigeuner im »Edelmühlgraben« anzusiedeln.[9]

Auf Grund der NS-Gesetze wurden, mit wenigen Ausnahmen, alle Zigeunerhütten und -häuser niedergerissen. Im Zug der ersten Inhaftierungswelle im Jahr 1939 wurden alle auf Gemeindegrund stehenden Zigeunerhäuser niedergebrannt. Wenige Tage nach dem 6. Jänner 1942 wurde die zweite Inhaftierungswelle durchgeführt, in deren Folge alle Hütten vernichtet und die Zigeuner auch ihrer Grundstücke beraubt wurden. Im April 1943 fand die dritte und letzte Inhaftierungswelle statt, bei der alle Siedlungen gänzlich geleert wurden.

Folgendes Schreiben ging damals an die Gemeinden:

> Am Donnerstag den 15. April 1943 erfolgt eine neuerliche Aussiedlung der Zigeuner. Es werden voraussichtlich nur mehr einige Familien zurückbleiben, sodaß die meisten Zigeunerlager nunmehr vollkommen leer werden.
>
> Es ergibt sich nun die Frage, was mit den Zigeunerhütten, die frei werden, zu geschehen hat. Da in mehreren Fällen Zigeunerhütten vorhanden sind, die fast schade wären, ohneweiters dem Erdboden gleich zu machen, ist es notwendig genau zu überprüfen, was mit ihnen zu geschehen hat. Bis zur Klärung dieser Frage verbiete ich vorläufig die Zerstörung der Zigeunerhütten durch Abtragung, Brand udgl.
>
> Ich mache Sie verantwortlich, daß vorläufig kein Schaden angerichtet wird. Ich stehe nach wie vor grundsätzlich auf dem Standpunkt, daß die Zigeunerhütten nach Möglichkeit samt und sonders aus dem Landschaftsbild verschwinden, es ist aber untragbar, überstürzte Maßnahmen zu treffen. Deshalb behalte ich mir die Entscheidung für jeden Einzelfall vor und werde insbesondere auch mit dem Kreisleiter der NSDAP das Einvernehmen pflegen.
>
> Wenn ein Bürgermeister der Ansicht ist, daß es zweckmäßig ist, die Zigeunerhütten alle wegzureißen, weil von ihnen nichts für andere Zwecke verwendbar ist, so bitte ich mir Anträge zu stellen.
>
> Gleichzeitig beauftrage ich Sie, etwaige Habseligkeiten, die zurückgelassen wurden, soweit sie nicht ebenfalls wertlos sind, vorläufig sicherzustellen. Es geht nicht an, daß sich einzelne Volksgenossen an der zurückgebliebenen Habe bereichern, wie dies bei der ersten Aussiedlung vorgekommen ist. Dies wäre genau so Diebstahl wie jeder andere. Grundsatz muß bleiben, daß sich am Zigeunervermögen niemand bereichern darf.

Dieser Erlaß wird ihnen durch den zuständigen Gendarmerieposten übermittelt werden.

Der Landrat[10]

Nach 1945 mußte den Rückkehrenden wieder Pachtgrund von den Gemeinden zur Verfügung gestellt werden. Dies erfolgte in einigen Orten an derselben Stelle, wo vor 1939 die Zigeunersiedlung gewesen war.

Damit hatten die Umsiedlungen aber noch kein Ende gefunden. Aus Angst vor weiteren Repressionen verließen viele Rückkehrende auch nach 1945 freiwillig ihre Heimatorte, um sich in der nächstgrößeren Zigeunersiedlung niederzulassen, wo sie sich in der größeren Gruppe etwas sicherer fühlten. Trausdorfer zogen nach Podersdorf und Hirm, Neumarkter nach Rax und Althodiser nach Oberwart.

Einige Gemeinden versuchten in den Nachkriegsjahren, die überlebenden ortsansässigen Zigeuner auszukaufen. Sie erwarben im Nachbarort, oder sogar im Nachbarbundesland, Gründe, Häuser oder auch Wohnungen und stellten diese den Zigeunern zur Verfügung. Auf diese Art entledigten sich die Gemeinden ihrer »Zigeunerfrage«.

So kaufte etwa die Gemeinde Rudersdorf Grundstücke in Wiener Neustadt, die sie den aus den Konzentrationslagern zurückgekehrten Zigeunern vermachte. Für den Zimbalisten Horvath aus Unterschützen kaufte seine zuständige Gemeinde ein Grundstück in Oberwart am Telek, und die Gemeinde Althodis kaufte für eine zurückgekehrte Familie eine Wohnung im Hochhaus von Oberwart.

Die bis heute letzte Verlegung einer ganzen Siedlung erfolgte 1972 in Oberwart. Die nach 1945 aufgebaute Siedlung wurde auf Gemeindebeschluß abgetragen und auf den heutigen Platz, zwei Kilometer außerhalb der Stadt, an den Waldrand neben den Müllablagerungsplatz verlegt. An der Stelle der ehemaligen Siedlung wurde das Schwerpunktkrankenhaus errichtet. Heute besteht die Siedlung aus Einfamilienhäusern, die von der Gemeinde oder, in den letzten Jahren, von jungen Ehepaaren selbst gebaut wurden.

In zwei Fällen ist bekannt, daß wohlhabende Zigeuner (Musiker) sich außerhalb der Zigeunersiedlung ansiedelten und so den Grundstein für eine weitere Zuwanderung von Zigeunern legten. Dies war in der Vorkriegszeit in Deutsch-Kaltenbrunn der Fall. Zunächst hatte es auch hier nur eine Siedlung gegeben, die am Ortsanfang lag und aus elenden, hölzernen, teils sehr verfallenen Hütten bestand. In der Siedlung lebten einige Zigeuner, deren Wunsch es war, sich zu assimilieren. Der erste Schritt dazu war die räumliche Distanzierung von der Zigeunersiedlung, um damit die wirtschaftliche Besserstellung kundzutun. Ferdinand Horvath aus Deutsch-Kaltenbrunn erklärte es folgendermaßen:

> Die tüchtigeren Leute, die ein wenig Geld erspart hatten, kauften eigene Grundstücke, einen Kilometer außerhalb des Ortes, und bauten sich gemauerte Häuser.

Die Gemeinde wiederum war bestrebt, alle Zigeuner an einem Fleck unter Kontrolle zu behalten. Aus diesem Grund durften Zigeuner nur aneinander angrenzende Grundstücke kaufen. So formierte sich »am Bergl« eine zweite Zigeunersiedlung, die von den »Reichen« bewohnt wurde.

Auch in St. Martin an der Raab gab es zwei räumlich voneinander getrennte Zigeunersiedlungen. Die Armen lebten im Maglgraben, die neuen, gemauerten Häuser der »Reichen« standen im Rotgraben. Nach der Deportation wurden etliche Häuser dieser beiden stattlichen Zweitsiedlungen stehengelassen, da sie wertvollen Wohnraum darstellten. Nach 1945 brachte man in diesen Häusern auch Nichtzigeuner unter.

Was vor dem Zweiten Weltkrieg einigen Zigeunern noch gelungen war, nämlich ihre Integrationswünsche in der dörflichen Gesellschaft zu verwirklichen, das gelang nach 1945 nicht mehr. Zwei Einzelschicksale zeigen beispielhaft, wie Integrationsversuche von Zigeunern erfolgreich verhindert wurden.

In Rohrbach wollte Johann Horvath, der einzige Zigeuner-Heimkehrer des Ortes, den Pachtgrund, auf dem er nach 1945 sein Haus erbaut hatte, kaufen.[11] Obwohl er dieses Haus schon seit Jahren bewohnte, wurde sein Ansuchen mit der Begründung abgelehnt, daß der Platz als Baugrund ungeeignet sei.[12] Nach seinem Tod fiel der Pachtgrund mit dem Haus wieder an die Gemeinde zurück. Das Gebäude wurde 1974 abgetragen[13] und so hatte sich Rohrbach auch des allerletzten Zigeuners entledigt.

1975 hatte ein anderer J. Horvath bereits ein Grundstück im Ortskern von Unterwart gekauft und wollte dort ein Einfamilienhaus errichten. Erst bei der Bauverhandlung wurden die Anrainer darauf aufmerksam, daß es ein Zigeuner war, der das neue Grundstück erworben hatte. Nun lehnten sich alle Anrainer dagegen auf, einen Zigeuner zum Nachbarn zu bekommen und übten auf die Gemeinde so starken Druck aus, daß der Kauf des Grundstückes rückgängig gemacht werden mußte.

Anordnung der Siedlung

Immer schon erregten die Zigeunersiedlungen Anstoß unter der Ortsbevölkerung, weil sie nach einem anderen System heranwuchsen, als die Siedlungen der Bauern. Diesem Unwillen gegenüber der Regellosigkeit der Siedlungen wurde erstmals 1774 von Maria Theresia Ausdruck gegeben, wenn es in einem Currens heißt:

> Die Zigeunerhäuser, welche noch nicht in der Ordnung der anderen Häuser aufgestellt sind, auch wenn sie von gutem, harten Zeug erbaut sind, müssen alle abgerissen und zusammengeworfen und in der Reihe und Ordnung der anderen Häuser erbaut werden, und alle sollen ihre Contributionszahlung entrichten.[14]

Ob diese Verordnung durchgeführt wurde, ist nicht überliefert, aber noch vor dem Zweiten Weltkrieg wurden viele Zigeunersiedlungen im Volksmund »wilde Siedlungen« genannt, weil die aufgestellten Hütten in unregelmäßiger Ordnung beisammenstanden, jede davon in eine andere Richtung blickte und es keine Zeile oder Straße gab.

Keine der Hütten besaß einen eigenen Hof oder eine eigene Umzäunung. Da es in den Hütten keinerlei sanitäre Einrichtungen gab, verrichtete man die Notdurft in den Gäßchen hinter dem Haus oder man benützte das von der Behörde vorgeschriebene, gemeinsame Plumpsklo.

Das Haus und den Platz rund um das Haus bezeichnete die Familie als »ihren Platz«. Nur bei Streitigkeiten mit dem Nachbarn grenzte sich die Familie von diesem ab und verbot ihren Kindern, das Haus und das Gebiet rund um das Nachbarhaus zu betreten.

Gadje, die mit den Zigeunersitten nicht vertraut waren, nahmen Anstoß an der scheinbaren Regellosigkeit und Willkür der Zigeunersiedlungen und nur wenigen Besuchern fiel auf, daß es in der Mitte jeder Siedlung einen kleinen Platz gab, auf dem Kinder spielten, Musiker probten und Frauen beim Tratsch beisammenstehen konnten.

Während der Jahre des Dritten Reichs wurden alle herkömmlichen Zigeunersiedlungen niedergerissen, ihre Anordnung läßt sich heute nur mehr durch Beschreibungen und Fotos rekonstruieren.

Zigeunersiedlung Oberwart, 1931

Postkarte der »Zigeunerkolonie« Oberwart, Zwischenkriegszeit

Heute ist die Form, in der Zigeunerhäuser beisammenstehen, unterschiedlich. Sie hängt wesentlich vom Assimilationswillen ihrer Bewohner ab. Es gibt Siedlungen, in denen Hütten, Häuser und neugebaute Villen so angeordnet sind wie eh und je, also in der oben geschilderten scheinbaren Regellosigkeit. Dies ist in Unterwart, Rattersdorf, Kleinbachselten und Trausdorf der Fall.

In manchen Orten freilich wurde den Zigeunern in der Nachkriegszeit genau vorgeschrieben, wo Häuser gebaut werden durften und daß diese straßenseitig orientiert sein müßten. Von außen kann man daher keinen Unterschied zu den Häusern der Gadje bemerken. Beispiele dieser Siedlungsanordnung findet man in Langental und Kleinpetersdorf.

In Oberwart wiederum bauen sich neu hinzukommende Zigeuner neben den von der Gemeinde aufgestellten Reihenhäusern selbst neue Häuser nach eigenem Gutdünken und leben dort, im Bewußtsein ihrer Eigenart und ohne Furcht und Scheu vor eventuellen künftigen Feindseligkeiten anderer Ortsbewohner, die ihnen freilich nach wie vor ablehnend gegenüberstehen und sich weigern, ihnen auch nur ein Stück Grund und Boden in ihrer Mitte zu verkaufen. In der Siedlung von Oberwart ist eine rege Bautätigkeit zu bemerken. Es scheint, als könnte in den kommenden Jahren eine eigenständige Zigeunersiedlung heranwachsen. Die neuen Einfamilienhäuser zeigen alle einen gewissen Wohlstand. Sie werden entlang des Hügels so angeordnet, daß man neben der Straße spielen und tratschen kann, Autos und Mopeds repariert, ein- und ausgeladen und Altwaren und Altautos abgestellt werden können.

Auch in Heiligenkreuz, Liebing, Unterwart, Kleinbachselten und Neustift an der Lafnitz sind Siedlungsformen traditionellen Stils wieder im Entstehen.

Schließlich gibt es auch einige Zigeunerfamilien, die sich sowohl auf Grund ihrer Erfahrungen in der Vergangenheit, als auch ihres größeren materiellen Wohlstands assimilieren wollen. Sie wohnen nicht in geschlossenen Zigeunersiedlungen, sondern in größeren Miet- und Hochhäusern inmitten der anderen Bevölkerung, als Gleiche unter Gleichen und suchen ihre Herkunft und Eigenart zu verleugnen. Diese Assimilierung gelingt den Zigeunern aber nur dann, wenn sie von ihrem Heimatort abwandern und sich in einem anderen Bezirk des Burgenlands, in einer großen Stadt oder in einem anderen Bundesland neu einkaufen und dort in aller Anonymität und in Verleugnung ihrer Abstammung eine neue Existenz aufbauen.

Behausungen

Über die Entwicklung der Zigeunerbehausungen wissen wir nur wenig, da mit unbeständigem Material gebaut wurde und daher nicht einmal Reste von Häusern erhalten sind. Es gibt auch kaum Beschreibungen darüber, da die Zigeunerbehausungen als »Schandfleck jeder Gemeinde« galten und nur unzureichende Quellen zur Verfügung stehen, wie Aquarelle des Malers August von Pettenkofen vom Ende des 19. Jahrhunderts, kurze Artikel aus der Zeitschrift »Gendarmerie-Rundschau« aus der Zwischenkriegszeit, Fotografien, ebenfalls aus dieser Zeit, die aber nur Vermutungen über Größe, Grundriß und Material zulassen. Rückschlüsse können durch Vergleiche mit dem benachbarten Westungarn angestellt werden, wo heute Zigeuner unter ähnlichen Verhältnissen leben wie im Burgenland der Zwischenkriegszeit, und schließlich gibt es noch mündliche Beschreibungen von Angehörigen der älteren Generation.

Zu Beginn des 18. Jahrhunderts waren die Zigeuner Halbnomaden, lebten den Sommer über in ihren Zelten und zogen immer in demselben Gebiet umher. Bei Einbruch der Kälte kehrten sie alljährlich in dasselbe Dorf zurück und verbrachten die Wintermonate in selbstgebauten, festen Behausungen. Im Frühling verließen sie diese Übergangsbehausungen, die während der Sommermonate durch Wind und Wetter verfielen. Bei der Rückkehr im nächsten Winter wurden sie repariert oder neu erbaut.

Im Zug der verschiedenen Ansiedlungsversuche veränderten sich die Lebens- und Arbeitsgewohnheiten der Zigeuner. Die Familien blieben das ganze Jahr hindurch in ihren Unterkünften und statteten diese entsprechend besser aus.

Bis zum Zweiten Weltkrieg waren die verschiedensten Typen von Unterkünften und Bauformen nebeneinander zu finden. Sie entsprachen der wirtschaftlichen Situation der einzelnen Familien und waren von dem verfügbaren Material und den landschaftlichen Gegebenheiten abhängig. So wurden Brandruinen, Mauerreste von verlassenen bäuerlichen Wirtschaftsgebäuden, aufgelassene Magazine, Ziegeleien, Fabriken und Meierhöfe für die eigenen Wohnzwecke adaptiert. Neben diesen improvisierten Behausungen gab es auch mehrere »typische« Formen, die der seßhaften Bevölkerung abgeschaut worden waren.

Haustypen

Die einfachste Form war die Höhle.

> In einem möglichst steilen Hang wurde ein Loch gegraben, das etwa ein Klafter (189 cm) breit, und ein Klafter hoch war und etwa sieben Schuh (1 Schuh oder Fuß = 32 cm) in den Hügel hineinragte. Diese Höhle war nur als Schlafplatz gedacht, man konnte darin nicht aufrecht stehen. Diese Höhlen wurden womöglich so angelegt, daß die Öffnung nach Süden schaute, um die Sonne als natürlichen Wärmespender zu nutzen.[15]

Zum Bau solcher Höhlen eigneten sich nur Hügel aus festem, aber leicht zu bearbeitendem Material, wie Lehm, Sand, Sandstein oder Tuff.

Eine andere einfache Art der Unterkunft war die Erdhütte (ung. Putri). Das Wort ist in den allgemeinen burgenländischen Sprachgebrauch eingeflossen. Das Putri war im gesamten Burgenland verbreitet.

Putrihaus im 19. Jh., A. v. Pettenkofen

Nach Möglichkeit wurde die Hütte an einen Hügel angebaut, da dieser Schutz gegen Wind und Wetter bot und den hinteren natürlichen Abschluß der Hütte bildete.

Putri mit Holztür, Fenster und Rauchabzug,
St. Margarethen, Zwischenkriegszeit

Zunächst wurde ein Loch von einem halben Meter Tiefe ausgegraben und dann ein Giebelbalken in Kopfhöhe waagrecht in die Hängeschräge eingerammt. Der vordere Teil des Giebelbalkens ruhte auf einem Querbalken, der wiederum von senkrechten, in den Boden gerammten Pfählen getragen wurde. An den Giebelbalken wurden nun an beiden Seiten Bretter, Stangen, Äste und Rindenschwarten schräg angelehnt und mit Rasenziegeln oder einer Art Verputz aus Lehm, Stroh und Mist überdeckt, um so einen Schutz gegen Regen, Schnee und Kälte zu erlangen. Die Frontansicht hatte die Form eines Dreiecks und schaute gegen Süden oder gegen Sonnenaufgang. An warmen Tagen wurde das Tageslicht durch die Frontöffnung hereingelassen. Bei Schlechtwetter und in der Nacht dienten Wolldecken,

Stroh- oder Binsenmatten zum Verschließen der Eingangsöffnung. Betreten konnte man das Putri über zwei nach unten führende Stufen.

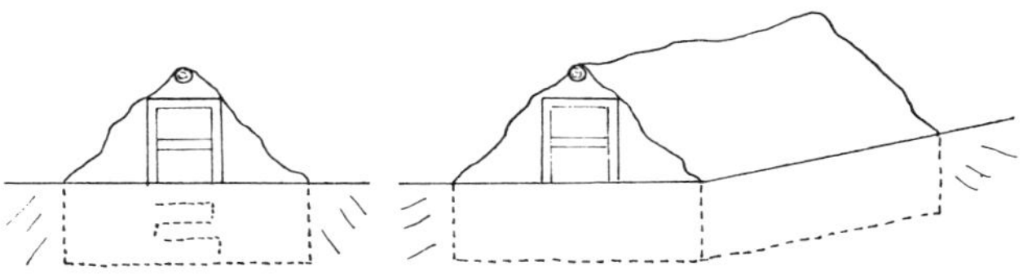

Auch in flachen Gegenden wurde eine ähnliche Art von Erdhütten errichtet. Der Giebelbalken ruhte vorn und hinten auf einem Querbalken, der wiederum von zwei Balken getragen wurde. Diese schrägwandigen Hütten sind in ihrer äußeren Form den Nomadenzelten noch sehr ähnlich.

Im Lauf der Zeit verfeinerte sich die senkrechte Vorderfront dieser Hütten. In die Eingangsöffnung wurde eine Tür mit Türangeln eingebaut und zuweilen auch ein kleines Fenster in der Vorderfront ausgespart. Auch die Inneneinrichtung wurde im Lauf der Zeit verbessert. Die aus Weidenruten geflochtenen, innen und außen mit Lehm verschmierten Öfen hatten die Form einer Säule. Der Rauch entwich durch ein Kaminrohr, das senkrecht durch die Decke der Hütte ragte. Der Ofen stand auf einem Sockel. Eine darunterliegende Aushöhlung diente als Backraum; der nach

Festnahme eines Zigeuners vor einem Putri,
St. Margarethen 1934

Zigeunerhäuser in Mörbisch am See, Zwischenkriegszeit

allen Seiten verbreiterte Sockel war die Lagerstätte. Auch an der Rückwand und an den Seitenwänden wurden Lager zum Schlafen eingerichtet. An den schrägen Wänden waren Brettchen, Haken und Nägel zum Aufhängen von Kochgefäßen und Kleidungsstücken angebracht.

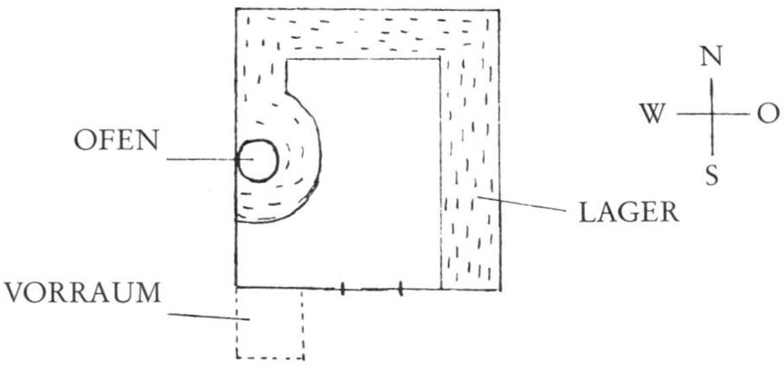

Oft hatten die Hütten noch einen Vorraum aus Flechtwerk, in dem ein Hund oder ein Schwein untergebracht werden konnte.[16]

Fotografisch belegt ist, daß solche Erdhütten in St. Margarethen, Walbersdorf und Mattersburg bis 1939 bewohnt wurden. Ältere Ortsbewohner aus Podersdorf,

Forchtenstein, Draßmarkt, Neckenmarkt, Halbturn, Großhöflein und Trausdorf erinnern sich ebenfalls noch an diese »Putrihäuser«.

Neben diesen sehr rudimentären Wohnformen gab es auch etwas »fortgeschrittenere«, die sich von den vorher beschriebenen dadurch unterscheiden, daß aus verschiedenen Materialien und in verschiedenen Techniken vier senkrechte Wände aufgebaut wurden. In diesen Seitenwänden sparte man Fensteröffnungen aus.

> In den Boden wurde eine zwei Meter breite und drei Meter lange Grube gegraben, in den Ecken vier gabelförmige Baumstämme eingegraben, darauf beidseitig starke Längshölzer befestigt, auf die einige Querhölzer gelegt wurden. Ein Dach aus Schwarten, Reisig und Erdreich wurde darübergelegt.[17]

Aus Erzählungen konnten auch andere Bauarten ermittelt werden.

Rutengeflechtbau

In der Nähe von Flüssen und Bächen standen den Zigeunern Weidenruten als kostenloses Baumaterial zur Verfügung. Die Wände der Häuser wurden aus Weidenruten geflochten, im Boden verankert und mit Lehm verschmiert.[18]

Gesatzte Häuser in Walbersdorf, Zwischenkriegszeit

Schrottwandbau

Ähnlich wie bei der oben genannten Bauweise bestand das Wandgerüst aus eng aneinander gestellten Stangen, die später zusammengebunden und innen und außen mit Lehm verputzt wurden.

In Oberwart wurde fast durchwegs so gebaut. Die einzige vorhandene Abbildung dieser Bauart stammt aus Dobersdorf.[19]

In Bau befindlicher Schrottwandbau,
Dobersdorf 1934

Gesatztes Haus

Nachdem der Grundriß angezeichnet war, nagelten die Hausbauer die Verschalungen in der notwendigen Länge zusammen. An den Stehern wurden die Verschalungen befestigt, Reisig, Stroh und Lehm eingefüllt und mit einem Stößel festgestampft. Zur besseren Haltbarkeit wurden Querstangen eingefügt. Sobald der Lehm einer Schicht getrocknet und fest war, wurde die Schalung ein Stück höher gezogen und unterstützt, um die nächsthöhere Schicht in gleicher Weise zu fertigen. Dieser Vorgang mußte mehr als zehnmal wiederholt werden, um eine zwei Meter hohe Lehmwand zu bauen. Bei dieser schweren Arbeit waren vier bis fünf kräftige Männer vonnöten.

Anschließend wurde das Haus außen und innen mit Lehm verschmiert. Für diese Arbeit verwendete man kein Werkzeug, sondern glättete die Wände mit den bloßen Händen. Anschließend wurde das Dach aufgesetzt. Sobald der Lehm ganz trocken war, wurden die Wände innen und außen mit Kalk geweißt.

Lehmziegelbau

In der Zwischenkriegszeit fertigten sowohl Zigeuner als auch Nichtzigeuner ihre Häuser aus ungebrannten Lehmziegeln, die sie selbst in den Lehmgruben schlugen.

Blockbau

In waldreichen Gegenden verwendeten die Zigeuner häufig auch Holz zum Bau von Blockhäusern, die außen entweder roh blieben, oder mit Lehm verschmiert und nachher gekalkt wurden. Auf den Gebieten der Grundherrschaft Batthyány, im Bezirk Oberwart, erhielten Nichtzigeuner und Zigeuner für ihren Hausbau von der Forstverwaltung unentgeltlich Holzstämme mit einer Länge bis zu drei Metern.

Der Fußboden

Alle einfachen Hütten hatten als Fußboden einen gestampften Lehmboden, nur bei den besser ausgestatteten Hütten waren vereinzelt auch Bretterböden zu finden.

Gesatztes Haus mit Strohdach und Leiter zum offenen Dachboden,
Neudorf bei Landsee, Zwischenkriegszeit

Gendarmerie im Einsatz in einer burgenländischen Zigeunersiedlung; verputzte und gekalkte Blockbauten mit offenen Dachböden, Zwischenkriegszeit

Das Dach

Die Decken aller aufgezählten Hausarten bestanden aus Holz. Nachdem der einfache, steile Dachstuhl aufgesetzt worden war, wurde er je nach vorhandenem Material gedeckt (mit Stroh, Schilf, Baumzweigen, Brettern, Holzschindeln, Rindenstücken). Alle Dächer hatten einen offenen Giebel. Der Dachboden konnte von außen mit einer selbstgefertigten Leiter erreicht werden, war begehbar und diente als Lagerraum.

In jeder Zigeunersiedlung gab es inmitten der einfachen Hütten ein hervorstechendes, stabiles Haus, in dem der Zigeunerbürgermeister (Cigány Biró) oder ein erfolgreicher Musiker wohnte. In einzelnen Fällen war dieses relativ stattliche Haus von der Gemeinde aufgestellt worden und beherbergte den Zigeunerschmied. Die Familie, die das schöne Haus bewohnte, war sich ihres besseren Status bewußt und stolz darauf.

Familie eines Wanderhandwerkers vor dem Zelt,
Zwischenkriegszeit

Siedlung Mattersburg, Zwischenkriegszeit.
Nebeneinander existierten drei unterschiedliche Bauformen:
links, ein verputztes und gekalktes Haus aus Lehmziegeln mit holzgedecktem Giebeldach;
in der Mitte, ein Putri;
rechts, ein mit Lehm ausgefüllter Fachwerkbau.

Hausiererzelt

Während des sommerlichen Umherziehens nächtigten die Wanderhandwerker und Hausierer in Zelten, die sie auf freiem Feld in der Nähe eines Dorfes errichteten. Dieses Zelt bestand aus einem Gabelholz und zwei Stangen, die in einem Dreieck aufgestellt wurden. Darüber spannte man eine Plane. Das Zelt konnte mühelos wieder abgebaut werden, die einzelnen Teile führte man in einem Wagen mit.

Wohnen nach dem Zweiten Weltkrieg

Nach 1945 bauten sich einige Heimwerker wiederum Blockhäuser im alten Stil auf, sofern ihnen das Material von der Heimatgemeinde zur Verfügung gestellt wurde.

In Neustift bei Güssing, auf Nr. 27 a, steht noch heute der einzige und letzte Blockbau, der bis 1983 von einem Ehepaar bewohnt wurde. Frieda und Stefan Horvath errichteten die Hütte im Jahr 1946 auf herkömmliche Art. Sie ist 3,5 Meter lang und je 2,5 Meter breit und hoch, die Holzblöcke sind mit Moos verfugt, die Wände außen und innen mit Lehm verschmiert und mit Kalk getüncht. Das Dach aus Holzbrettern ist mit Teerpappe überdeckt.[20]

In der Regel bauten sich die Heimkehrer Notwohnungen. Sie adaptierten Bunker der deutschen Wehrmacht, lebten in Baracken, in Wellblech- oder anderen Hütten, die aus Holzabfällen, Karton, Papier, Pappe, Teerpappe und anderem Material zusammengeflickt waren.

Lehmziegelbau inmitten neuer Häuser, Unterwart 1978

Als sich die allgemeine wirtschaftliche Situation besserte, wurde es auch für die Zigeuner möglich, sich nach und nach gemauerte Häuser zu bauen, die sich heute von anderen burgenländischen Einfamilienhäusern nicht unterscheiden.

Zehn Jahre nach Ende des Kriegs bewohnten Zigeuner bereits Häuser, die sich weder im Äußeren noch in der Inneneinrichtung von denen der Gadje des gleichen Gebiets unterschieden. Alle diese Behausungen, von den einfachsten bis zu den komfortableren, waren immer peinlich sauber gehalten.[21]

Gleich nach 1945 boten einige burgenländische Gemeinden kleine Bauparzellen im Ausmaß von höchstens drei Hektar zum Kauf an, um die biwakierenden Zigeuner einzugliedern. Einige Zigeuner, die es sich finanziell leisten konnten, machten von dieser Möglichkeit Gebrauch und ließen sich kleine Häuser bauen. Daß sie beim Bau – im Gegensatz zu »Häuslbauern« aus der Ortsbevölkerung – nicht selbst Hand anlegten, wurde von der einheimischen Bevölkerung mißbilligt.[22]

Die weitere Entwicklung war uneinheitlich. Neben Baracken gibt es heute Häuser aus alten Ziegeln, Hütten aus gestampftem Lehm und Holzhäuser. Daneben aber stehen auch einstöckige Villen mit dem heute allgemein üblichen Komfort.

Einrichtung

Noch in der Zwischenkriegszeit war die Einrichtung in vielen Zigeunerhäusern denkbar einfach.

Als Lager diente zumeist die bloße Erde, auf die Lumpen, Mäntel, eine Strohschütte oder ein Sack mit Laub, Heu oder Stroh gelegt wurden.

Neue Einfamilienhäuser, Unterwart 1978

Vereinzelte Familien besaßen auch Decken und Bettzeug. Der »Zigeunerbürgermeister« von Oberwart etwa war bereits 1933 im Besitz eines Doppelbettes mit Leintüchern und weißer Überdecke.[23]

Im Sommer wurde das häusliche Lager von Burschen und Männern nicht verwendet, sie schliefen in ihrer Kleidung im Freien. Wenn im Haus nur eine Pritsche vorhanden war, wurde diese jedenfalls der Frau überlassen und alle anderen Familienmitglieder legten sich auf den Boden. Nicht alle Familien besaßen Einrichtungsgegenstände, wie Tisch, Stühle, Kasten, Kommode, Wiege, Petroleumlampe oder Heiligenbilder. Bei vielen Familien lagen die Kleidungsstücke auf einem Haufen auf dem Fußboden oder waren an Stangen, Nägeln oder Baumästen aufgehängt. Daran änderte sich bis zur Zigeunervernichtung im Dritten Reich nichts.

Nach 1939 wurden im Anschluß an Deportation und Vernichtung die verbliebenen Habseligkeiten der Zigeuner von den örtlichen Behörden an Gastarbeiter verteilt. Dazu heißt es im Erlaß des Landesrats an alle Bürgermeister:

> Bei der Sicherstellung von Habseligkeiten ist selbstverständlich darauf zu achten, daß, wenn Gegenstände aus den Zigeunerhütten herausgenommen werden, nicht Seuchen oder Ungeziefer verschleppt werden. Insbesondere kann die Verwendung von Bettzeug und dergleichen wohl nur mit größter Vorsicht und nach gründlicher Reinigung für ausländische Arbeiter erfolgen.[24]

In der Nachkriegszeit behalf man sich vielfach mit Kisten, wenn es an Möbeln fehlte. Aber in der Zeit des wirtschaftlichen Aufschwungs richteten sich die nichtzigeunerischen Dorfbewohner allmählich modern ein und die von ihnen abgestellten Möbelstücke kamen den Zigeunern zugute. Nach Erhalt der »Wiedergutmachungszahlungen« waren auch die Zigeuner selbst in der Lage, im bescheidenen Rahmen, neue Möbelstücke anschaffen.

In den siebziger Jahren verfügten Dorfzigeuner bereits über gut eingerichtete Häuser. Heute sind die Wohnungen jüngerer Zigeuner häufig mit modischen Möbeln, Tischen mit Resopalbelag, Eckbänken, weißen Küchenkästen etc. eingerichtet und unterscheiden sich daher kaum von den Wohnungen der Gadje. Die Wohnungen alter, alleinstehender Zigeuner und alter Ehepaare, deren Kinder nicht mehr zu Hause wohnen, haben allerdings kaum diesen Standard und dieses Maß an Konformität. Alte Puppen, alte Heiligenbilder, Marienstatuen, Bilder mit eingebauter Spieluhr und maschinell erzeugte Wandteppiche mit Jagdmotiven gehören hier zum üblichen Inventar.

NAHRUNGSMITTEL UND ERNÄHRUNGSGEWOHNHEITEN

Nahrungsbeschaffung

Zu den ursprünglichsten Arten des Nahrungsmittelerwerbs zählt zweifellos das Sammeln. Da sich die Zigeuner vorwiegend im Freien aufhielten, hatten sie gute Kenntnisse über alle möglichen genießbaren Pflanzen und Früchte. Vor allem sammelten sie die verschiedensten Beeren, Edelkastanien, Haselnüsse, Pilze, Vogeleier und Wildgemüse. Zur Zubereitung von Tees wurden Kräuter und Blüten wie Kamille, Hagebutten, Lindenblüten und wilder Thymian gesammelt.

Während das Sammeln von Kräutern und Früchten zu den Aufgaben der Frauen gehörte, zählte die Jagd zur Domäne der Männer. Das freie Jagdrecht war aber durch verschieden Jagd- und Wasserrechte erheblich eingeschränkt. Man mußte sich daher auf den Fang von Kleintieren wie Iltisse, Marder, Igel, Eichhörnchen und Krähen verlegen, die man mit einfachen Schlingen, gekauften Fallen und Steinschleudern jagte.

Verschiedene Nahrungsmittel, die die Zigeuner nicht einsammeln konnten, erbettelten sie bei den Bauern. Dazu zählten vor allem Kernöl, Schmalz, Brot, Eier, Bratenfett und Maismehl. Besonders vor Sonn- und Feiertagen, wenn auch die Bäuerinnen größere Vorräte hatten, lohnte sich der Bittgang. Mitunter erhielten die Zigeunerinnen an solchen Tagen auch Speck, Fleisch, Blunzen (Blutwurst), Suppe, Hühnerflügel oder Milch. Manchmal gab es sogar Eier. Viele Bauern legten nach dem Schlachten das »minderwertige Fleisch« beiseite, um es den Zigeunern zu überlassen. Kuttelfleck (Magen), Kuheuter, Stierhoden, Knochen und Därme, die die Bauern nicht essen wollten, bildeten für die Zigeuner immer noch willkommene Nahrung.

Hatte ein Jäger einen Dachs oder Fuchs erlegt, nahm er häufig nur den Pelz und gab das Fleisch den Zigeunern. Auch überzählige junge Hunde und Katzen wurden ihnen überlassen und wanderten in den Kochtopf.[1]

Gemüse und Obst erbettelten die Zigeuner aus den Hausgärten und oft, während die Bauern bei der Feldarbeit waren und das Haus leerstand, nahmen sie sich von den in den Laubengängen zum Trocknen gelagerten Gemüsevorräten. Feldfrüchte wie Salat, Kraut, Kohl, Rüben, Erdäpfel (Kartoffeln), Mais, Zwiebeln, Knoblauch, Paradeiser (Tomaten), Gurken und Kürbisse stahlen sie von den Feldern. Auch Traubenkulturen und Obstgärten, die von den Dörfern weiter entfernt lagen, dienten als Zubesserungsquellen.

Wegen der angedrohten Strafen und aus Angst vor Ansteckung verwendeten die Bauern Tiere, die an Milzbrand, Rotlauf[2] und anderen Krankheiten verendet waren, nicht für sich selbst. Weil es ihnen aber als Vergeudung erschien, die Kadaver den gesetzlichen Vorschriften entsprechend auf dem öffentlichen Aasplatz zu vergraben, überließen sie verendete Schweine, Kälber, Kühe, Schafe, Hasen, Enten, Gänse und Hühner heimlich den Zigeunern. Manche Bauern gruben diese Tiere, um dem Gesetz Genüge zu tun, zwar am Aasplatz ein, übergossen sie jedoch nicht, wie es Vorschrift war, mit Petroleum oder Kalk, sodaß die Zigeuner dieses Fleisch wieder ausgraben und als Nahrung verwenden konnten.

Bezeichnend für diese Usancen ist ein mündlich überlieferter Bericht des Bauern Braininger aus Minihof im Bezirk Jennersdorf:

> Amål håm ma den Aufträg kriagt, a Gruam gråbn am Aasplatz, dås gänze Fadl (Ferkl,C.M.) einihaun, und dånn mit Kalk übergießen, damit's nicht genießbar is. Jå mei Liaba, då wårs åber ånders, wia ma's Loch håben fertig ghåbt, sind scho die Zigeiner kommen, von Neumårkt, und der Mozl håt gschrien: »Nit Braininger, i bitt di hunderttausendmål, wirst mir do å kein Kålk drüberschütten, das schöne Fleisch, dånn håb ma går nix zum Fressen!« Is guat, håb ma uns denkt, in Gott's Nåmen. Der Mozl håt scho sei Messer eingsteckt ghåbt, sei långes, is hin zum Fadl, hat vorne das Schulterblatt åbagschnitten, hinten die Füß weggschnitten, dås Fadl auseinåndergschnitten, die Innereien außagrissn und dånn sind's schon gfåhrn, då sind schon die Buabn scho kommen, mit dem Wagl...

In manchen Orten wurde der Aasplatz tagsüber von der Gendarmerie bewacht, in der Nacht jedoch konnte das Aas ungestört ausgegraben und weggeschafft werden, da das Stehlen verendeter Tiere vom Aasplatz zwar verboten war, aber stillschweigend geduldet wurde.

Auf die Frage, warum die Zigeuner vom Genuß des Aasfleisches nicht erkrankten, antworteten sie in stereotyper Weise:

> Dås Fleisch, dås unser Herrgot åhgstochn håt, is besser als solches, dås von der Hand des Menschen stirbt.

Bis 1939 wurde der Genuß von Aasfleisch immer wieder in ähnlicher Weise gerechtfertigt:

> An Zigeuner gschiacht nix, die Erdn håt's rein gmåcht, guat håt's gschmeckt.

Auch Kadaver von Tieren, die bei einem Stallbrand zugrunde gegangen waren, wurden von den Zigeunern der Umgebung gerne abgeholt und verzehrt. Verendete Pferde und Fohlen wurden jedoch ursprünglich nicht gegessen. Sinti, Lowara und andere Wanderzigeuner vermeiden heute noch das Berühren von Pferdekadavern und auch bei den später seßhaft gewordenen Gruppen war dieses Tabu zumindest bis 1775 noch lebendig. In den folgenden Jahren wurde es aber, wohl als Folge der großen Armut vieler seßhafter Zigeuner, verdrängt und allmählich vergessen.

Man sagte den Zigeunern nach, daß sie beim Verenden der Tiere, hauptsächlich der Schweine, künstlich nachhalfen. Es verbreitete sich unter den Bauern das Gerücht, daß die Zigeuner nach dem Genuß von infiziertem Fleisch heimlich in die

Sautröge urinierten oder Stückchen von diesem infizierten Fleisch in die Tröge warfen, um so eine Ansteckung der gesunden Schweine zu erreichen.

Zeitweise waren die Zigeuner Erntehelfer bei der Getreideernte auf den herrschaftlichen Gutshöfen. Neben Geld erhielten sie dafür häufig Naturalien wie Erdäpfel, Brot, Getreide, Fleisch, Schmalz oder Eier. Noch heute helfen Zigeuner oft bei der Obsternte und werden auf dieselbe Weise entlohnt: Sie erhalten einen Teil der von ihnen geernteten Erdbeeren, Ribiseln (Johannisbeeren) oder Weintrauben.

Noch in der Zwischenkriegszeit kauften die Zigeuner nur solche unentbehrliche Lebensmittel, die sie bei den Bauern nicht erhalten konnten. Vor allem waren dies Zucker, Salz, Mehl und Reis. Für Hochzeiten und Taufen kauften sie Branntwein zur traditionellen Bewirtung ihrer Gäste.

Vorräte

Da die Zigeuner als Nomaden ihren Wohnsitz ständig wechselten, war es bei ihnen nicht üblich, Vorräte anzulegen. Erst in der Zeit ihrer Seßhaftwerdung erlernten sie auch verschiedene Arten der Vorratshaltung.

In Berichten des 18. Jahrhunderts wird bereits festgestellt, daß größere Fleischmengen entweder in der Sonne gedörrt oder über offenem Feuer geräuchert wurden, Techniken der Nahrungskonservierung also, die auch bei der bäuerlichen Bevölkerung üblich waren.[3]

Später wurden eigene Selchen aus Holz gezimmert und freistehend hinter den Häusern errichtet. Hölzerne Selchen fanden sich bei den Zigeunern bis zum Jahr 1939 im gesamten Burgenland und heute noch sind die etwa ein Quadratmeter großen und bis zu zwei Meter hohen Selchen vereinzelt hinter den Wohnhäusern zu sehen. Nach Aussagen der Zigeuner eignet sich Fohlenfleisch zum Selchen am besten. Neben verschiedenen Fleischarten wurden aber auch Zwetschken-, Birnen- und Apfelspalten gedörrt.

Tierkadaver (Murdarlo Mas, Mulo Mas), die aus den Misthaufen der Bauern oder vom Aasplatz ausgegraben wurden, konnten oft nicht gleich zur Gänze verzehrt werden. Die Reste der zumeist an Rotlauf eingegangenen Schweine wurden deshalb im Wald vergraben oder im nahen Fluß zur Auswasserung verankert. Beide Methoden sollten der Reinigung dienen. Die Zigeuner waren überzeugt, daß sowohl das Wasser, als auch die Erde jede Krankheit aus dem Fleisch herausziehen könne. Beim Eingraben des Fleisches war außerdem das nach einigen Tagen entstehende, besondere Aroma beliebt: das Fleisch begann zu »wildeln«. Da die Zigeuner mitunter beim nächtlichen Graben nach Fleisch beobachtet wurden, sagte man ihnen immer wieder nach, sie grüben im Wald nach gestohlenen Wertsachen oder verscharrten gar menschliche Leichen. Wurden die Beobachtungen der Gendarmerie gemeldet, konnte die unheimliche Betätigung bald aufgeklärt werden. Häufig aber wollten sich die Gadje nicht dem Spott ihrer Nachbarn aussetzen und zugeben, einer Einbil-

»Zigeunerkuh« und an das Haus angebauter Ziegenstall, Walbersdorf 1933

dung zum Opfer gefallen zu sein. Sie meldeten ihre Beobachtungen daher nicht der Behörde, sondern gaben sie nur heimlich weiter. So entstanden wilde Gerüchte, in denen die Zigeuner des Kannibalismus bezichtigt wurden.[4]

Zu den verwendeten Konservierungsmethoden zählte auch das Trocknen von Obst und Heilkräutern auf den Dachböden der Zigeunerhäuser. So klein diese Hütten auch oft waren, besaßen sie doch alle einen begehbaren Dachboden unter dem Giebeldach, wo im Herbst Nüsse, Äpfel, Birnen, Zwetschken und Pilze luftig zum Trocknen aufgelegt wurden. Im Wohnraum selbst gab es außer Erdäpfeln, Rüben und einem Topf Schweine- und Hundeschmalz keine Vorräte.[5]

Heute haben sich die Zigeuner weitgehend assimiliert, pflegen Gemüsegärten und lagern ihre Vorräte in dafür geeigneten Räumen, ebenso wie die übrige Bevölkerung das tut.

Planmäßige Viehhaltung wurde von den Zigeunern nur selten betrieben, doch finden sich schon 1725 Berichte über den Besitz von Schweinen, die frei zwischen den Hütten herumliefen.[6] Selbstverständlich wurden auch Ziegen, im Volksmund »Zigeunerkühe«, und Hühner gehalten.

In der Oberwarter Sonntagszeitung, die in der Zwischenkriegszeit ebenfalls zigeunerfeindliche Berichte brachte, konnte man von einem im Wald versteckten Hühnerstall mit zehn Hühnern lesen, die alle bei Bauern gestohlen worden waren.[7]

In der Nachkriegszeit hielten die Zigeuner in Oberwart, Unterwart und Liebing Schweine, Ziegen, Hühner und Kaninchen in den Ställen hinter den Wohnhäusern, ohne sich jedoch auf eine bestimmte Tierart zu spezialisieren und die Anzahl war immer sehr beschränkt. Üblich war das Halten von einer Ziege oder einem Schwein. In Oberwart wurden in der Nachkriegszeit sogar Garagen zu Kaninchenställen umfunktioniert. Heute ist die Haltung von Hasen, Hühnern, Truthühnern und Ziegen wieder stärker verbreitet. Im angrenzenden Ungarn, wo Verwandte der im Bezirk Jennersdorf lebenden Zigeuner anzutreffen sind, werden, im Gegensatz zum Burgenland, in Szakonyifalu und Rönök auch Schweine gehalten. Erst heute, auf Grund der Umorientierung durch Schule und angesichts der verbesserten sozialen Lage, verwenden auch die Zigeuner die neuen technischen Konservierungsmethoden, wie Kühlschränke und Tiefkühltruhen. Mehrheitlich lehnen sie aber auch heute noch chemisch konservierte Lebensmittel und Dosennahrung ab und bevorzugen Selbstkonserviertes oder Eingekochtes.

Feuerstelle

Auch bei den Zigeunern sorgten, wie in der nichtzigeunerischen Gesellschaft, die weiblichen Familienmitglieder für die Zubereitung des Essens. Alte Frauen allerdings waren zumeist von dieser Pflicht befreit und hauptsächlich mit der Aufsicht der Kinder betraut. Die Männer kochten nur, wenn sie ohne weibliche Begleitung unterwegs waren.

Offene Feuerstelle im Freien, 1934

Offene Feuerstelle, Zwischenkriegszeit

Bis 1938 kochten die Zigeuner sowohl im Freien als auch in Putris auf offenen, in Bodenhöhe befindlichen Feuerstellen. Dazu gruben sie ein Loch in den Boden und verwendeten als Untersatz für den Kochkessel Steine oder einen Dreifuß. Im Gegensatz zu den Nichtzigeunern kochten und aßen sie stets im Freien, sobald es die Witterung zuließ.

In den Putris zu kochen war unter anderem deshalb unbeliebt, weil diese häufig keinen Rauchabzug besaßen und der Rauch nur durch die Eingangstür entweichen konnte.

In gesatzten Hütten wurde auch der Herd aus Lehm gebaut. Dessen Standort plante man bereits bei der Errichtung der Hütte und mauerte an der Stelle, an der später das Ofenrohr durch die Wand gesteckt werden sollte, einen Keil ein. Nach Fertigstellung der Wand konnte dieser Keil herausgeschlagen und statt dessen das Abzugsrohr eingesetzt werden. Viele Lehmöfen hatten auch alte, eiserne, von den Bauern ausrangierte Herdplatten und manche waren mit einem Backofen ausgestattet.

Wer einen gebrauchten Kanonenofen oder Sparherd besaß, verwendete diesen im Winter in der Hütte. Das Kaminrohr wurde entweder durch eine Seitenwand oder durch das Dach gesteckt.

In der unter Denkmalschutz stehenden Zigeunerhütte in Neustift bei Güssing steht heute noch ein Sparherd aus Eisenblech in Verwendung, dessen Herdplatte mit Ringen und sechs Vertiefungen (Krapfenpfanne) versehen ist.

Im Sommer war es üblich, transportable Öfen und Herde ins Freie zu bringen und dort zu kochen.

Heute steht in vielen Zigeunerküchen sowohl ein moderner Elektroherd, als auch ein emaillierter Sparherd, der mit Abfallholz beheizbar und daher kostengünstig ist.

Transportabler Herd im Freien, 1934

Mit dem Aufkommen neuer Herde veränderte sich die gesamte Kücheneinrichtung des Zigeunerhaushalts. Der Mittelpunkt der neuen »Wohnküche« ist heute der Küchentisch, an dem häusliche Arbeiten verrichtet werden.

Wenn Besuch da ist, sitzen die alten Frauen wie früher am Boden, schälen so ihre Erdäpfel, lösen die Erbsen aus oder putzen die Pilze [8] und überlassen den Gästen den Platz am Tisch. Diese problemlose Art der Anpassung an gegebene Lebensumstände und die Fähigkeit zur Improvisation haben sich manche ältere Zigeuner bewahrt, die sich nicht auf festgefahrene Formen des täglichen Arbeitsablaufs festgelegt haben.

Geschirr

An Küchen- und Eßgeschirr war in den Zigeunerhaushalten nur das Allernotwendigste vorhanden. Zur Aufbewahrung von Lebensmitteln dienten selbstgemachte Körbe und alte Blechdosen. Als Universalkochgeräte standen früher ein Blech- oder Eisenkessel und eine Pfanne in Verwendung. Ein größerer Krug aus Ton oder Blech diente ausschließlich als Behälter für Trinkwasser. Ein bis zwei kleinere Töpfe, eine Milchkanne, Holz- oder Blechschaffeln, sowie Messer und Löffel ergänzten das Küchengeschirr. Gegessen wurde gemeinsam aus einem Topf oder einer Schüssel. Blech- und Eisengeschirr wurde später zum Teil durch emailliertes ersetzt. Bis 1939 standen Teller nur bei »wohlhabenden« Familien in Gebrauch.

Die Wanderhandwerker, die einen Teil des Jahres mit ihren Familien unterwegs waren, reduzierten das mitgeführte Geschirr auf das Wesentlichste. Kessel und

Pfannen wurden an die Buckelkraxen (Rückentrage) angebunden, den Wasserkrug hatte ein Kind umgehängt, Messer und Löffel wurden im Gepäck verstaut. Häufig benutzten die Zigeuner alte, von den Bauern weggeworfene Küchengeräte. Nur selten wurde neues Geschirr gekauft und im wesentlichen blieb das von den Zigeunern verwendete Koch- und Eßgeschirr bis in die jüngste Vergangenheit unverändert. Erst das Aufkommen von billigem Kunststoffgeschirr und der Preisverfall bei emaillierten Küchengeräten erlaubte auch ihnen, sich hierin dem Niveau burgenländischer Arbeiterhaushalte anzugleichen.

Kochgewohnheiten

Gekocht wurde in der Regel zweimal täglich. Das Frühstück bestand aus saurer Suppe mit Brot oder einer ortsüblichen Sterzart (Mais, Buchweizen). Kaffee war für die Zigeuner wie auch für die meisten Nichtzigeuner zu teuer.

Bevor die Frau mit den Kindern betteln oder hausieren ging, frühstückten sie. Wenn die Vorräte nicht für alle Familienangehörigen ausreichten, erhielten zunächst nur die kleinen Kinder und die zu Hause bleibenden Alten etwas. Diejenigen, die fortgingen, rechneten damit, unterwegs zu einem Imbiß zu kommen. Musiker, die meist erst in den Morgenstunden von ihrer Arbeit heimkamen, nahmen am gemeinsamen Frühstück nicht teil.

Eine Mahlzeit zur Mittagszeit war nicht üblich. Sobald die Frau nachmittags von ihrer Bettel- und Hausiertour heimgekehrt war und frische Nahrungsvorräte mitgebracht hatte, bereitete sie ein Essen. Diese Mahlzeit bestand häufig aus einer Suppe, die aus den erbettelten und in der Milchkanne heimgetragenen Essensresten gekocht wurde. Wenn die Frauen nichts von der Betteltour heimbringen konnten, gab es eine Brennsuppe, die oft mit Hundefett zubereitet wurde. Das sollte vor der unter den Zigeunerkindern besonders verbreiteten Schwindsucht schützen. Üblicherweise aber bestand das Hauptgericht aus einem Eintopf, dessen Inhalt und Geschmack sich danach richtete, was die Zigeunerin von ihrer Bettelrour mitgebracht hatte. Wenn Bauern geschlachtet hatten, so bestand der Eintopf aus minderen Fleischstücken, Fett und Innereien. Hunde und Katzen, die den Zigeunern überlassen wurden, wanderten ebenso wie gewilderte Hasen und Dachse oder gestohlene Hühner in ihre Kochtöpfe. Das Fleisch verendeter oder kranker Tiere wurde zuerst in Essig vorgekocht und dann erst gemeinsam mit Erdäpfeln und dem anderen vorhandenen Gemüse gegart.

Auch in den fünfziger und sechziger Jahren stellte der Eintopf eines der häufigsten Gerichte bei den burgenländischen Zigeunern dar.[9]

Ein nicht alltägliches Ereignis war das Abkochen von Fleisch vom Schindanger. Da diese Art der Nahrungsbeschaffung verboten war, konnten die Männer das Fleisch erst spät in der Nacht holen, wenn der Platz nicht mehr bewacht wurde. Das Fleisch sollte dann auch rasch verzehrt werden, um jede Spur so schnell wie möglich zu beseitigen. Aus diesem Grund kam es vor, daß die Männer bereits unterwegs im Wald einen Teil der Beute aßen und somit noch ein zusätzliches spätes Nachtmahl genossen.

Ein alter Lehrer berichtete, daß er 1937 um ein Uhr nachts, als er gerade von einer Unterhaltung mit dem Rad heimfuhr, im Wald zwischen St. Martin a. d. Raab und Windisch-Minihof einige Eisenberger Zigeuner antraf, die in einem Kessel einen Hund kochten, der mit Salz, Knoblauch, Zwiebel, Wacholder und anderen Gewürzen so köstlich gewürzt war und so gut roch, daß auch er der Einladung nicht widerstehen konnte, ein ihm angebotenes Stück davon zu kosten.

Neben den herkömmlichen Gerichten gab es natürlich auch jahreszeitlich bedingt einige besondere Speisen.

Im Sommer wurde aus den gesammelten Eierschwämmen, Bowisten, Täublingen, Semmelstoppelpilzen, Wiesenchampignons usw. ein Schwammerlgulasch gemacht, dem Erdäpfelwürfel und manchmal sogar Rahm beigegeben wurden. Parasole, Brätlinge und Reizger wurden auf der Herdplatte geröstet. Das Braten von Pilzen, Äpfeln, Edelkastanien, Erdäpfeln und Kukuruz ist auch heute noch üblich. Als besondere Spezialität galten Flußkrebse, die von den Männern auf der Glut zubereitet wurden. Heimlich gefangene Fische bereicherten ebenfalls den Speisezettel der Roma.

Als »Nationalspeise« der Zigeuner gilt der Igel. Obwohl heute keine wirtschaftliche Notwendigkeit mehr besteht, Kleintiere zu fangen, Igel unter Naturschutz stehen und ihren »Jägern« eine Geldstrafe droht, sind sie bei den Zigeunern nach wie vor eine beliebte Jagdbeute. Die günstigste Zeit für den Igelfang ist der Herbst, weil die Tiere dann viel Fett angesetzt haben und sich für den Winterschlaf in Laubhügeln verkriechen. Dort werden sie von den Buben aufgestöbert und mit Stöcken, an denen ein Widerhaken befestigt ist, aufgespießt.

Der Igel (Borso, Niglo oder Nigerl) kann auf zwei Arten zubereitet werden: Die Stacheln werden abgesengt oder mit dem Messer abrasiert. Dann wird das Tier ausgenommen, gewürzt und gekocht oder auf dem offenen Feuer gebraten.

Um sich das Abrasieren der Stacheln, bzw. das Abhäuten zu ersparen und einen besonders feinen Geschmack zu erzielen, wird der Igel ausgenommen und samt den Stacheln in feuchtem Lehm eingehüllt. Diese Lehmkugel wird in die Glut gelegt, mit Reisig bedeckt und solange dort belassen, bis der Lehm gebrannt ist und ein leises Sausen im Innern der Kugel den Garzustand des Igels ankündigt. Nun wird die Kugel aus der Glut geholt und auseinandergeschlagen.

Gegessen werden zuerst die Innereien und dann das Fleisch. Übrig bleibt die Lehmschale, in der die Stacheln stecken. Hühner wurden auf ähnliche Weise mit den Federn in Lehm gepackt und im Feuer gegart. Heute wird diese Zubereitungsart vereinzelt noch in Siebenbürgen praktiziert.

Aus Gründen der Sparsamkeit wurden auch die Hühnerbeine gegessen: sie wurden separat zubereitet und bildeten so eine eigene Mahlzeit. Die sogenannten »Plaici« wurden in Salzwasser gekocht und abgenagt. Als Beilage dazu gab es gekochte Erdäpfel. Wenn die Bauern schlachteten, bekamen die Zigeuner die Abfallprodukte und bereiteten sich daraus ein »Festessen«. Die Pordscha oder Porcá (Därme) wurden im Bach gut gewaschen, dann in etwa 20 Zentimeter lange Stücke geschnitten, in gewürztem Essigwasser weichgekocht und anschließend in heißem Fett herausgebacken.

1978 wurde mir bei meinem Besuch in Oberwart dieses Gericht serviert. Die in Fett gebackenen Pordschá waren knusprig, geschmacklich sehr intensiv und ähnelten in ihrem Aussehen einem frittierten Tintenfisch. Beilagen zu diesem Gericht waren gekochte Salzkartoffeln und grüner Salat.

Aus Pordschá wurde auch ein Eintopfgericht gemacht, doch die gebackenen Pordschá waren viel beliebter.

Auch Kresli (Kreschli, Kalbsgekröse) zählte zu den sogenannten besonderen Speisen. Der Magen des Kalbes wurde geputzt, gewaschen, zusammen mit Erdäpfeln gekocht und sodann kleingeschnitten und geröstet.

Gelegentlich wurde behauptet, daß die Zigeuner weder Brot noch Mehlspeisen herstellen könnten. Ferstyanszky aber erwähnt bereits im Jahr 1775 die von den Romafrauen in der heißen Glut des Lagerfeuers gebackenen Kuchen.[10]

Im Nachlaß eines Zigeunerhaushalts aus der Zwischenkriegszeit habe ich ein handgeschriebenes Kochbuch mit etlichen Kuchen- und Tortenrezepten gefunden.

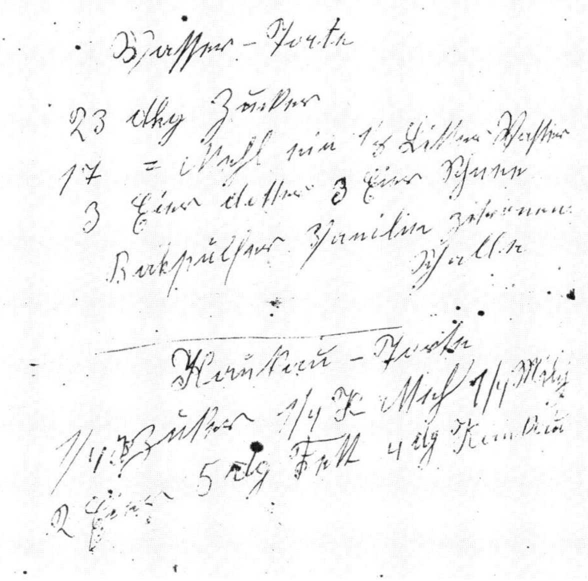
Wasser-Torte
23 dkg Zucker
17 = Mehl mit 1/8 Liter Wasser
3 Eier dotter 3 Eier Schnee
Backpulver Vanilin zitronen Schale

Karotten-Torte
1/4 K Mehl 1/4 Milch
1/4 Zucker 5 dkg Fett 4 dkg Karotten
2 Eier

Zigeunerinnen stellten auch, ebenso wie die Bäuerinnen, Strudel in vielen Varianten her. Als Strudelfülle wurden wilde Früchte, Obst und Gemüse verwendet. Es gab Schwarzbeer-, Kastanien-, Apfel-, Weintrauben-, Pfirsich-, Nuß- und Mohnstrudel, weiters Erdäpfel-, Rüben-, Kraut- und Bohnenstrudel. Auch heute ist der Strudel noch ein beliebtes Gericht.

Im Winter mußten sich die Zigeuner stark einschränken und mit sehr kärglicher Nahrung auskommen. Bohnen waren eines der Hauptnahrungsmittel. Die Abwechslung bestand in der Zubereitung. Man aß Bohnensuppe, Bohnenstrudel, Bohnensalat, abgeschmalzene Bohnen und Bohnensterz. Dazu gab es Sauerkraut, weiße Rüben, Stockrüben oder Kürbis.

Wenn die Zigeuner Därme und Igel aßen und als Delikatessen bezeichneten, so hatten sie dabei aus der Not eine Tugend gemacht. Denn ursprünglich hatten sie zu diesen von der übrigen Bevölkerung verschmähten Speisen aus Armut gegriffen.

In den letzten 15 bis 20 Jahren, mit zunehmendem Wohlstand, haben sich freilich auch die Eßgewohnheiten der Zigeuner geändert und jenen der übrigen Bevölkerung angepaßt. Das Frühstück besteht jetzt aus Kaffee, Weißbrot, Butter und Marmelade, das Mittag- und Abendessen an Wochen- und Feiertagen aus zwei Gängen.

Weil genügend Geld vorhanden ist, wird heute zweimal täglich Fleisch oder Wurst gegessen. Man will damit auch zeigen, daß man es sich eben leisten kann.

Alte, alleinstehende Zigeuner hingegen halten an den althergebrachten, billigeren Speisen fest. Zigeuner, die sich zu ihrer Herkunft bekennen, sind in der Regel gastfreundlicher als andere. Obwohl ich zu vielen Familien unangemeldet kam, wurde mir zu jeder Tageszeit Wein, Likör oder Kaffee serviert. Auch wurde ich stets zum Essen eingeladen. Es gab Nudel-, Schöberl-, Backerbsen-, Leberknödel- oder Schwammerlsuppe; als Hauptspeise gekochtes Fleisch, Wiener Schnitzel, gekochtes Huhn oder gebackene Pilze mit grünem Salat, Krautsalat oder gekochten Erdäpfeln als Beilage - durchaus österreichische Küche also. Außerhalb der Essenszeiten wurde mir entweder ein kalter Aufschnitt mit Paradeisern und harten Eiern, Grammelbogatschen mit Wein, Kuchen und Kaffee, Strudel, Kastanienreis, Kastanienkugeln oder »Kastanienrolo« (Roulade) serviert, oder es wurden mir, je nach Jahreszeit, Kirschen, Ribisel, Birnen, Weintrauben oder gebratene Kastanien angeboten.

Eßgewohnheiten

Als noch am offenen Feuer gekocht wurde, versammelten sich alle Familienmitglieder rund um die Feuerstelle, die sich im Winter in der Hütte, im Sommer vor der Hütte befand. Man saß oder hockte am Boden. Feste Nahrung aß man mit den Händen, eventuell unter Zuhilfenahme eines Messers, die Suppe wurde mit dem Löffel aus der gemeinsamen Schüssel gegessen. Wenn aber ein Tisch vorhanden war, wurde die gemeinsame Schüssel mit dem Eintopfgericht daraufgestellt und der Familienvater gab das Zeichen zum Essensbeginn. In einigen Familien wurde vor dem Essen gebetet. Der Vater sorgte auch dafür, daß nicht zu schnell und zu gierig gegessen wurde, eine Ordnungsmaßnahme, die nötig war, damit auch die jüngeren Familienmitglieder nicht leer ausgingen.

Die Mutter als Köchin beteiligte sich meist nicht am gemeinsamen Mahl, sie war am Herd und mit der Fütterung der Kleinkinder beschäftigt. Soweit sie ihren Hunger nicht schon während der Bettelgänge gestillt hatte, wurde für sie ein Rest zurückbehalten.

Die Vorliebe, das Essen im Freien einzunehmen, hat sich bei den Dorfzigeunern bis heute erhalten. Obwohl jetzt nur noch in der Küche gekocht wird, ißt man bis zum Spätherbst im Freien. Dazu werden vor dem Haus ein Tisch, Stühle und Bänke aufgestellt, wo sich die Gäste und Familienmitglieder zwanglos niederlassen.

Essen vor dem Haus, Kleinbachselten 1980

Rund um den Tisch vor dem Haus verbringt die ganze Familie einen Großteil des Tages. Man beobachtet Kinder beim Spiel, tratscht mit den Nachbarn, trinkt mit Freunden ein Glas Wein oder spielt mit Verwandten eine Partie Karten.

Der Tisch vor der Eingangstür ist das Kommunikationszentrum der intakten Zigeunerfamilie und der Platz vor dem Haus ihr eigentlicher Lebensraum. Das Haus dient, vor allem im Sommer, nur als Schlafraum.

Getränke

Schon immer standen die Zigeuner im Ruf, starke Alkoholiker zu sein. So wird bereits im 18. Jahrhundert berichtet, daß die Zigeuner Westungarns einen Großteil ihres Geldes für Bier und Branntwein ausgäben.[11]

Trotz dieses Vorurteils schreibt derselbe Chronist jedoch an einer anderen Stelle, daß das Hauptgetränk der Zigeuner Wasser sei und sie überhaupt Wein ablehnten.[12] Ähnliche Angaben finden sich in diversen Chroniken des 19. und 20. Jahrhunderts.

Noch in der Zwischenkriegszeit war es üblich, zu Hause Heidelbeerwein herzustellen. Die Heidelbeeren (Schwarzbeeren) wurden gepreßt, der Saft in Flaschen gefüllt und mit Zucker versetzt. Schon nach einigen Tagen war das Getränk vergoren und trinkfertig. Dieser Heidelbeerwein war sehr beliebt, doch mußte er bald verbraucht werden, da er sich für eine längere Lagerung nicht eignete und nur sechs bis acht Wochen haltbar war. Heute stellt niemand mehr Heidelbeerwein her, da die Zubereitung langwierig und mühsam ist, und man genug Geld hat, um sich jedes beliebige Getränk zu kaufen.

Seit dem wirtschaftlichen Aufschwung der letzten Jahrzehnte trinken die Zigeuner zu Hause vor und nach den Mahlzeiten Wein und bestellen auch im Gasthaus Wein oder Bier. Der Genuß von Branntwein geht jedoch stark zurück.

Genußmittel

Der Tabakgenuß wird in der Literatur immer wieder als Hauptbedürfnis der Zigeuner beschrieben. Männer, Frauen und Kinder rauchten Zigaretten, sooft sie sich welche beschaffen konnten. Im Gegensatz zu den Gadje-Frauen verzichteten die Zigeunerinnen weder in der Öffentlichkeit noch in der Familie auf den Rauchgenuß.

Zigeuner mit Zigarre, Kemeten 1979

Sie kauften entweder fertige Zigaretten oder stopften oder drehten sie sich selbst. Die selbstgedrehten Zigaretten nannten sie »Zipak«.[13] Wem der echte Tabak zu teuer war, der verwendete getrocknete Kartoffel- oder Rübenblätter.[14]

Es war auch üblich, daß Gastwirte Zigarettenstummel in einem Kübel neben der Eingangstür sammelten und die Zigeunerfrauen sich die »Tschiks« (Zigarettenstummel) abholten, um daraus neue Zigaretten zu drehen. Auch verschiedene Greißler (Krämer) hoben für »ihre Zigeuner« Zigaretten- und Zigarrenstummel eigens auf. Die Kinder rauchten ebenfalls und mußten es, im Gegensatz zu den Kindern der Nichtzigeuner, vor ihren Eltern nicht verheimlichen. Sie rauchten Tschiks, Lianenstengel und andere Pflanzen.

In der nationalsozialistischen Ära versuchte man auch, die Zigeuner durch Einschränkung des Zigarettenkonsums zu diskriminieren. In einem Erlaß des Landrats in Oberwart vom 9. 9. 1941 heißt es:

Pfeifenrauchende Lowariza, Walbersdorf, Zwischenkriegszeit

Die Tabakverschleißer werden angewiesen, Zigeunerkindern und Zigeunerweibern überhaupt keinen Tabak zu verabfolgen.

Den erwachsenen männlichen Zigeunern können täglich bis zu drei Zigaretten, auf keinen Fall jedoch mehr als die Hälfte der für deutsche Volksgenossen bestimmten Ration verabfolgt werden.[15]

Besonders beliebt war bei Männern und Frauen auch das Pfeifenrauchen. 1775 wurde das folgendermaßen beschrieben:

Sie schmauchen durch eine sehr kurze, ein Finger lange hölzerne Röhre. Das schönste Geschenk für einen Zigeuner ist sicher eine solche alte, gebrauchte, durchgebeizte Tobakröhre, welche er dann aufißt, das heißt zerkaut, und einige Tage dazu braucht. Einen Tag nicht zu essen, kann der Zigeuner leicht aushalten,

Zigarettenrauchender Zigeuner, Walbersdorf 1930

wenn er nur ein Blatt Rauchtabak oder ein Stück von einer solchen Tobaksröhre kaut und dazu Wasser trinkt.[16]

Zu besonderen Anlässen, wie Festen und Besuchen, rauchten die Männer Zigarren. So holte etwa mein Gastgeber, ein siebzigjähriger, in ärmlichen Verhältnissen lebender Zigeuner, während meines Besuches seine letzte Virginia aus dem Kasten hervor.

Das Tabakkauen war bei Zigeunern sowohl unter den Männern, als auch unter Frauen beliebt. Gekaut wurden ebenso die Stengel, wie auch die Blätter des Rauchtabaks und manchmal auch Zigarrenstummel. In Ermangelung eines Schnullers soll auch Kleinkindern etwa Kautabak gegeben worden sein. Bei Nichtzigeunern kauten hingegen nur Männer den Tabak. Schnupftabak war bei den Zigeunern nicht üblich.

Pfeifenrauchender Zigeuner, Kleinbachselten 1980

KLEIDUNG

Es ist leider nicht möglich, genaue Aussagen zu den Kleidungsgewohnheiten der Roma des Burgenlands vor dem 20. Jahrhundert zu machen, da nur Angaben über Ungarn zur Verfügung stehen, die nicht genau lokalisiert werden können. Es kann also nur das beschrieben werden, was auf westungarischen Bildern des 19. Jahrhunderts und auf Fotos des beginnenden 20. Jahrhunderts zu sehen ist.

Männerkleidung

Der erste Hinweis auf Männerkleidung aus dem Jahr 1725 ist die Feststellung, daß alle ungarischen Zigeuner walachische (rumänische) Kleidung oder die ungarische Landestracht trugen, aber niemals einen Bauernrock anlegten.[1]

In einem anderen Bericht aus dieser Zeit heißt es:

> Sie trugen bordierte Pelze oder galonierte Röcke mit silbernen Knöpfen, schritten aber ohne Hut einher. Denn einen Hut und schöne Csizmen (Stiefel) trug der Zigeuner nicht aus Notwendigkeit, sondern aus Stolz. Oft wurden gelbe Csizmen mit Sporen im Sommer angelegt, der Oberkörper war mit einem zerrissenen Hemd bedeckt oder nackt. Im Winter trugen sie, wenn sie überhaupt ausgingen, Lumpen an den Füßen.[2]

Diese Angabe bezieht sich mit Sicherheit auf Lowara, da diese, im Gegensatz zu den Burgenland-Roma, eine bessere wirtschaftliche Position hatten. In den Konskriptionen der theresianischen Zeit mußte unter Rubrik 28 und 29 angegeben werden, ob die Zigeuner gewöhnliche ungarische, oder »unterschiedliche Kleidung« trugen. Ein Verbot, sich in Leintücher zu hüllen, sollte dazu beitragen, die Assimilation zu beschleunigen. In den josephinischen Konskriptionen wurde festgehalten, daß nur etwa 0,33 Prozent aller Zigeuner Ungarns durch ihre Kleidung auffielen.

Die nächste Angabe ist erst im darauffolgenden Jahrhundert zu finden. Franz Liszt schreibt, daß die Männer seines Heimatortes Raiding das Jahr über Bundas, das sind Mäntel aus doppelten Lammhäuten, trugen.[3] Diese Beschreibung entsprang freilich nachweislich der romantischen Phantasie von Liszt und ist durch nichts belegt.

In der Zwischenkriegszeit legten die Dorfzigeuner auf gute Kleidung außerhalb der Siedlung Wert. Die Handwerker und diejenigen, die sich außer Haus aufhielten, trugen einen dunklen Anzug, ein Gilet (Weste), ein weißes Hemd, einen Hut und

Drei Zigeuner aus Unterwart, nach ihrer
Einlieferung ins NS-Arbeitslager
Steyrermühl, 1939

Links: Zigeuner aus Liebing, 1965
Rechts: Vater und Sohn, Heiligenkreuz 1978

Mangelhaft bekleidete Zigeuner,
Buchschachen 1933

schwere, dunkle Schuhe. Sie besaßen aber nur die Kleidung, die sie am Leibe trugen. Im Winter zogen sie zusätzlich noch Pelzröcke oder Mäntel an.

Die Männer, die sich in der Siedlung oder in deren unmittelbarer Umgebung aufhielten, waren nur notdürftig bekleidet. Sie trugen zerrissene Hemden und Hosen und waren größtenteils barfuß.

Heute kleiden sich die im Arbeitsprozeß stehenden Männer wie alle anderen Arbeiter. Auch die Altengeneration kleidet sich heute nicht anders als die anderen einheimischen pensionierten Arbeiter.

Frauenkleidung

Zu Beginn des 18. Jahrhunderts wird erwähnt, daß Zigeunerfrauen gern alte, abgetragene Kleidung kauften.

> Die Kleidung bestand aus einem Hemd oder einem Leinenkittel, im Winter wurde zusätzlich eine grobe Wolldecke übergeworfen. Die bevorzugten Farben waren grün und rot. Außerdem verzierten die Frauen ihre Kleider mit farbigen Borten und Schnüren, wofür sie unangemessen viel Geld aufwendeten.[4]

Im 19. Jahrhundert fielen nur mehr die Wanderzigeunerinnen durch ihre grellfarbige Kleidung auf. Sie waren wohlhabender als die seßhaften Zigeuner und schmückten sich mit bunten Tüchern, Glas- und Metallschmuck, um ihren Wohlstand zu manifestieren.

Links: Alltagskleidung der Roma-Frauen, Doiber, Zwischenkriegszeit
Rechts: Lowariza in typischer Kleidung, Walbersdorf, Zwischenkriegszeit

Mit der verstärkten Seßhaftwerdung rückten in der Folgezeit Roma und Gadje enger aneinander. Die Roma erbettelten ihre Kleidung von den Gadje und übernahmen so nach und nach deren Kleidungsgewohnheiten. War eine Zigeunerin von der Gemeinde als Gänsehirtin eingestellt, so erhielt sie zusätzlich zum Lohn zu Martini neue Winterkleidung, die sie sich selbst aussuchen konnte. Die Gemeinde bezahlte dann die Rechnung. In der Regel aber trugen die Rom-Frauen in der Zwischenkriegszeit nur abgetragene, von den Bäuerinnen geschenkte Kleidung. Gewöhnlich war dies entweder ein wadenlanger Kittel oder ein Rock mit Bluse und Joppe darüber. In der kalten Jahreszeit trugen sie zusätzlich einen Mantel oder hängten sich eine Wolldecke um. Die geschenkten Kittel veränderten sie meist geringfügig, nähten aus einem Rock eine Schürze oder brachten praktische, große Taschen an. Oft erkannte eine Bäuerin ihr verschenktes Kleidungsstück an einer Zigeunerin wieder und erklärte dann etwa: »Die hat mein Kittl an, nur aufignaht hat's eam.«

Unterhosen trugen die Zigeunerinnen nicht. Um zu urinieren, hockten sie sich bloß am Wegrand nieder, ohne den Kittel zu heben.

1930 heiratete mit Geza Stojka in die Romasiedlung von Walbersdorf eine Lowariza ein, was eher ungewöhnlich war. Trotz aller Integration hielt sie ihr ganzes Leben an ihrer Lowara-Tracht fest. Sie stellte ihr Kleid selbst aus alten Stoffresten mit verschiedenen Blumenmustern her. Das Oberteil hatte lange, weite Ärmel, die sie an den Rändern mit Borten besetzte. Der bis zu den Knöcheln reichende gezogene

Rock mit Schlitzen an beiden Seiten wurde in der Taille mit Bändern zusammengehalten. Auf den Rock nähte sie aus anderem Stoff noch zwei große Taschen auf, darüber trug sie eine Arbeitsschürze.

Auffallend war auch der Schmuck dieser Lowariza. Er bestand aus langen, beweglichen Ohrgehängen, einem Armreifen, an dem einige Münzen baumelten und aus einigen Ringen, einer davon mit einem Totenkopf.

»Die Horvath (die Roma-Sippe, in die Frau Stojka eingeheiratet hat) waren nicht dafür, soviel Schmuck zu tragen« erzählte mir eine alte Burgenland-Rom aus Walbersdorf, die mit dieser Bemerkung ihre Mißachtung gegenüber der Außenseiterin Stojka ausdrücken wollte.

Sie erzählte auch, wie den Lowaramädchen die Ohren gestochen wurden. Zunächst wurde das Ohrläppchen mit frischen Brennesseln betäubt, dann mit einer Nadel in das Ohr ein Spagat eingezogen, der vorher mit Brot eingerieben worden war. Nach 14 Tagen entfernte man den Spagat und steckte die Ohrringe durch.

Diese Methode des Ohrenstechens ist unter den Lowara Wiens auch heute noch üblich.

Mit der allgemeinen wirtschaftlichen Situation nach 1945 änderten sich auch die Kleidungsgewohnheiten der Zigeunerfrauen. Da sie ihren Lebensunterhalt nun nicht mehr durch Betteln bestritten, wurden die weiten Röcke und die darunter getragenen Schürzen unnötig.

Zigeunerinnen aus Neustift, 1979

Die wenigen Überlebenden des NS-Regimes versuchten, sich den Bäuerinnen und später den Taglöhnerinnen anzugleichen. Da Randgruppen der allgemeinen Entwicklung aber immer nachhinken, wurden zunächst nichtzigeunerische Kleidungsgewohnheiten der Vorkriegszeit übernommen. Die Rom-Frauen trugen die Kleider und Röcke etwas länger als die Bäuerinnen und bevorzugten auch dunklere Stoffe. Dadurch blieben sie weiterhin als Zigeunerinnen erkennbar.

Heute tragen die älteren Dorfzigeunerinnen Konfektionskleidung, die in den verschiedenen Katalogen der Versandfirmen angeboten wird. Sie wählen durchwegs buntgemusterte Modelle und kombinieren Punkte, Streifen, Karos und andere Muster.

Der bunte Arbeitsmantel ist heute das verbreitetste Kleidungsstück, und wird nicht nur im gesamten Burgenland von Zigeuner- und Gadjefrauen getragen, sondern ist auch im benachbarten Ungarn sehr beliebt.

Jugendlichen Zigeunerinnen war es noch 1964 von der Familie verboten, sich in anliegenden Shirts und Hosen zu zeigen und sich damit der gängigen Mode der jugendlichen Gadje-Bevölkerung anzuschließen. Eine junge Zigeunerin von heute bewegt sich hingegen durchaus selbstverständlich in T-Shirts, Hosen und engen Jeans. Ebenso beliebt sind aber auch einfach gemusterte Röcke und Kleider. Überhaupt

Zigeuner aus Mattersburg, 1979

lassen sich bei der Wahl der Konfektionskleidung heute keinerlei Unterschiede mehr zwischen jungen Zigeunerinnen und Nichtzigeunerinnen feststellen.

Halsschmuck und Ringe sind eher unauffällig. Ohrringe, die zum Klischee der Vorkriegszigeunerinnen gehören, werden von den jungen Mädchen heute abgelehnt.

Zigeunerinnen mit selbstgefertigten Schuhen vor ihrem Putri, Forchtenau, Zwischenkriegszeit

SCHUHE

> Im Winter wurden Fetzen mit schmalen Riemen an den Füßen festgebunden oder es wurde selbstgefertigte Fußbekleidung angezogen. Diese wurde den ganzen Winter über getragen und im Frühling weggeworfen. Den Sommer über ging man barfuß.[5]

Zwar stammt dieser Bericht vom Ende des 18. Jahrhunderts, aber er beschreibt eine Situation, die sich bis in die Zwischenkriegszeit kaum verbessert hatte.

Heute besitzen freilich alle Roma-Frauen mehrere Paar Schuhe für jede Witterung und Jahreszeit. Junge Frauen bevorzugen hohe Absätze. Auch im Sommer gehen die Zigeunerinnen nicht mehr barfuß, aus Angst, deswegen als Zigeunerin verspottet zu werden.

Junge Zigeunerin, Mattersburg, Zwischenkriegszeit

Zigeunerin aus Walbersdorf, Zwischenkriegszeit

HAARTRACHT

In der Zwischenkriegszeit trugen die Männer die gleichen Frisuren wie die Bauern ihrer Umgebung. Den Buben wurden die Haare oft zu Hause geschoren.

Die Frauen trugen ihre Haare vorwiegend lang, banden sie bei der Arbeit mit Bändern zusammen und steckten sie auf. In einzelnen Fällen wurde rechts und links ein dünner Zopf geflochten und der Rest der Haare aufgesteckt. Heute tragen die jungen Zigeunerinnen die Haare meist halblang und offen.

DIKLO
(KOPFTUCH)

Für verheiratete Zigeunerinnen war es im 18. und beginnenden 19. Jahrhundert familiäre Vorschrift, ein Kopftuch zu tragen, das im Nacken zusammengebunden wurde. Nur Unverheiratete durften ihre schönen, langen Haare zur Schau stellen. Im Zug der Seßhaftwerdung geriet diese Sitte jedoch immer mehr in Vergessenheit. Trotzdem trugen verheiratete Rom-Frauen noch in der Zwischenkriegszeit häufig ein Kopftuch, wenn auch der eigentliche Grund des Brauches nicht mehr bekannt war.

Zigeunerin mit zwei dünnen Zöpfen,
Rohrbach, Zwischenkriegszeit

Zigeunerin mit Diklo,
Neustift bei Güssing 1978

Ältere Zigeunerinnen tragen auch heute noch außer Haus ein Kopftuch. Junge Mädchen aber sieht man nicht mehr mit Kopftuch, weil sie nicht als Zigeunerinnen erkannt werden wollen.

Hüte waren bei Zigeunerinnen – anders als bei den Bäuerinnen – übrigens nicht üblich.

TASCHEN

Die Frauen benutzten auf ihrer Dorftour zusammengebundene Vierecktücher oder Einkaufstaschen. Darin wurden die Nahrungsmittel verstaut. Da Zigeunerinnen keine Geldbörsen besaßen, knüpften sie ihr Geld ins Taschentuch ein, und einige ältere Frauen halten bis heute an dieser Gewohnheit fest. Die Jugendgeneration verurteilt diese Gepflogenheit auch deshalb, weil sie annimmt, daß alte Zigeunerinnen heute auf Grund dieser Äußerlichkeit von den Gadje belächelt, oder auch geringschätzig behandelt werden. Sie sind der Meinung, daß es heute einen schlechten Eindruck macht, keine Geldbörse zu besitzen.

Daß sich die Jungen manchmal für die Gewohnheiten der Alten schämen, ist allerdings kein spezifisch zigeunerisches Phänomen.

Kinderkleidung

»Bis zum 10. Lebensjahr laufen Kinder im Sommer nackt herum und hängen sich im Winter ein Stück eines alten Leintuchs in Form eines Mantel um« heißt es in einem Bericht aus dem ausgehenden 18. Jahrhundert.[6]

Knaben waren in der Zwischenkriegszeit sehr notdürftig bekleidet. Sie trugen die abgetragenen, geflickten Joppen, Hosen und Hemden der Bauernkinder auch dann noch, wenn sie ihnen schon längst zu klein waren und ihnen die ehemals lange Hose nur noch bis zum Knie und die Joppe bis zum Ellbogen reichte. Wenn die Kleidung zerrissen war, wurde sie nicht gestopft. Es kam vor, daß ein Ärmel oder ein Hosenbein fehlte und das andere nur noch lose herunterhing.

Zuweilen liefen Zigeunerkinder sogar nackt oder halbnackt in der Siedlung herum. Schuhe — auch bei armen Nichtzigeunern Mangelware — besaßen sie nur in den seltensten Fällen. An kalten Wintertagen konnten die Allerärmsten aus diesem Grund das Haus nicht verlassen.

Kinder aus Buchschachen, 1936

Links: Kinder aus Doiber, Zwischenkriegszeit
Rechts: Kinder aus Liebing, 1965

Heute hingegen sind Knaben und Jugendliche nicht mehr von den Gadje-Altersgenossen zu unterscheiden. Sie sind ordentlich und sauber gekleidet. Jugendliche trachten sogar, sich auch zu Hause der neuesten Mode entsprechend zu kleiden.

Auch Mädchen trugen in der Zwischenkriegszeit die ausrangierte Kleidung der Bauernkinder auf.

Gewand von Toten

Ein altes Tabu der Roma gebot, das Gewand von Verstorbenen zu vernichten. Kein anderer durfte die Kleidung des Toten benützen, verschenken oder verkaufen, da die Kleidung das persönliche Hab und Gut des Verstorbenen war. Bis ins beginnende 20. Jahrhundert wurden sämtliche persönlichen Kleidungsstücke eines Verstorbenen in ein Tuch gebunden, während der Beerdigung ins Grab geworfen oder verbrannt. Man fürchtete, daß der neue Träger der Kleidung Macht über den Toten erlangen, und dieser dadurch nicht zur Ruhe kommen könnte. Dann würde der Mulo, der Geist des Toten, sich an dem neuen Träger der alten Kleider rächen.

Auch heute noch ist die Angst vor dem Mulo und die Furcht, Mulokleidung zu tragen, bei allen Generationen lebendig. Das Gewand wird heute aber weder verbrannt noch selbst verwendet, sondern man entledigt sich seiner, indem man es den Gadje zum Kauf anbietet. Des öfteren wurde mir solche Kleidung mit dem Kommentar angeboten:

> Kannst ruhig kaufen, sind eh nicht von einem Mulo, der Mann ist nur in Konkurs gegangen.

Zusammenfassend kann gesagt werden, daß die Kleidung der Roma sich seit dem 18. Jahrhundert wesentlich geändert hat. Die erste Änderung ist auf die Verordnungen von Maria Theresia und Joseph II. zurückzuführen, die das Tragen von »orientalischer Kleidung« verbot.[7]

Ein weiterer Grund ist natürlich die laufende Anpassung der Zigeuner an die allgemeine Veränderung der Kleidungsgewohnheiten innerhalb der gesamten Bevölkerung. Parallel zum Verlust traditioneller Berufe und Gepflogenheiten zeigt auch die Kleidung von Männern, Frauen und Kindern nach dem Zweiten Weltkrieg nicht mehr ländlichen, sondern eher großstädtischen Vorstadtcharakter. Das zu klein gewordene, abgetragene, zerrissene Gewand, die großen Flicken, die Vielfärbigkeit und die langen Röcke sind gänzlich verschwunden. Heute kann man Zigeunerinnen und Zigeuner aller drei Generationen nicht mehr an der Kleidung von anderen burgenländischen Kindern, Arbeitern und Pensionisten unterscheiden.

Während in den vierziger, fünfziger und sechziger Jahren unseres Jahrhunderts bei den Roma-Frauen noch geringfügige Unterschiede zur übrigen Dorfbekleidung festzustellen waren, ist in den siebziger und achtziger Jahren eine völlige Angleichung an die Umgebung festzustellen, weil jetzt auch die Zigeuner wirtschaftlich besser gestellt sind und Konfektionskleidung kaufen.

Die Lowara des Seewinkels trugen bis 1939 ihr traditionelles Gewand. Die Frauen trugen Volants und bortenbesetzte, lange, weite und bunte Kleider und mehrere Unterröcke. Ihre Kleider setzten sich aus verschiedenen erbettelten Stoffteilen zusammen und wurden von den Frauen selbst genäht. Da es ein Tabu war, die Knöchel frei zur Schau zu stellen, waren die Röcke bodenlang. Eine verheiratete Lowariza trug in der Öffentlichkeit immer ein Diklo (Kopftuch), denn die Haarpracht sollte nach der Hochzeit nur mehr dem eigenen Mann gezeigt werden. In Form von Ohrringen, Halsketten, Spangen, Armreifen und Ringen trugen die Lowara-Frauen ihr Vermögen ständig bei sich. Sie unterscheiden sich auch heute noch durch die Buntheit ihrer Kleidung und den zur Schau gestellten Schmuck von der übrigen Bevölkerung.

ZUSAMMENFASSUNG

Im früheren Westungarn, dem heutigen Burgenland, gibt es urkundlich nachweisbar seit dem 15. Jahrhundert – zunächst nomadisierende – Zigeuner.

Wesentliche zigeunerische Traditionen, wie Höflichkeitsfloskeln zur Begrüßung und zum Abschied, Trinksprüche, Tauf-, Hochzeits- und Begräbnisgebräuche, der Glaube an den Totengeist, Vorschriften und Tabus, wie das Verbot des Genusses von Aas, Pferde- und Hundefleisch, das Verbot der Ausübung des Schinderberufes, das Verbot der Prostitution und des Kontaktes mit Ärzten und Hebammen sind bei den Burgenland-Roma schon lange vor dem Ersten Weltkrieg verlorengegangen.

Dieser Traditionsverlust steht in engem Zusammenhang mit dem Zerfall der Großfamilien in einzelne Kleinfamilien, mit der Zwangsansiedlung unter Maria-Theresia und Joseph II. und der Umerziehung von Zigeunerkindern bei Pflegeeltern. Durch diese Isolation wurde die Weitergabe traditioneller Werte unterbunden.

Die Seßhaftmachung im 18. Jahrhundert, eine positiv gemeinte Initiative der Regenten, wirkte sich eindeutig negativ aus. Die Zigeuner verloren ihre kulturelle Eigenständigkeit und konnten sie durch nichts ersetzen. Mit dem Verlust der Freiheit büßten sie die Grundlage ihres gesunden Selbstwertgefühls ein, ohne die gewonnene Stabilität, Sicherheit, Bequemlichkeit und Bildungsmöglichkeit als Vorteil zu empfinden. Die beabsichtigte Integration trat nicht ein, sondern die Burgenland-Roma blieben bis zum Zweiten Weltkrieg, neben den vier anderen im Burgenland lebenden Volksgruppen (Ungarn, Deutsche, Kroaten und Juden), eine ethnisch, kulturell, sozial und sprachlich eigenständige Gruppe.

Die fast vollständige Ausrottung in den Jahren des nationalsozialistischen Regimes bewirkte einen nahezu totalen Bruch mit der Vergangenheit, denn von der Großeltern- und Elterngeneration überlebten nur ganz wenige das Konzentrationslager. So gab es niemanden mehr, der die ethnischen Werte und Normen weitergeben konnte.

Die Überlebenden waren hauptsächlich Kinder und Jugendliche, die ihre eigenen zigeunerischen Traditionen noch nicht kannten. Die wenigen Zigeuner (etwa 200 Personen), die nach 1945 in ihre Heimat zurückkehrten, hatten keinen traditionell-kulturellen Rückhalt mehr und waren nicht in der Lage, dort fortzusetzten, wo sie 1939 aufgehört hatten.

Für sie gab es zwei Möglichkeiten: der alten Heimat den Rücken zu kehren und in einem anderen Gebiet ein neues Leben aufzubauen, oder sich in einer Zigeunersiedlung niederzulassen.

Ein Teil der heimgekehrten Zigeuner wünschte sich zu assimilieren und wanderte daher in andere Bezirke des Burgenlands, in andere Bundesländer oder nach Wien ab, wo sie niemand kannte. In der Anonymität der neuen Umgebung bauten sie sich eine neue Identität auf und überwanden ihren gesellschaftlich unterprivilegierten Status. Viele wechselten ihre typisch zigeunerischen Familiennamen Horvath, Sarközy, Baranyai, Hodoshi, Karoly, Ujvary, Bihary, Papai und Stojka gegen die deutschen Namen Gartner, Weiss, Hirsch, Frost und Greis aus. Manche Eltern verheimlichten ihren Kindern sogar ihre zigeunerische Abstammung.

Die abgewanderten Zigeuner verwenden ihre eigene Sprache nicht mehr und bringen sie auch ihren Kindern nicht bei.

Andere wiederum wollen ihr Zigeunertum dahingehend abschwächen, daß sie die nichtzigeunerischen Vorfahren hervorheben, die in die Familie eingeheiratet haben. So sind Auskünfte wie die folgende nicht selten:

I bin går ka echter, mei Großmuata wår jå nur a hålbate.

Die zweite Gruppe von Heimkehrern siedelte sich wiederum im Burgenland, in abgesonderten Zigeunersiedlungen an und entwickelte in der dortigen Isolation neue Eigenschaften, die heute bei der übrigen Bevölkerung als typisch zigeunerisch gelten. Heute gibt es etwa zwölf derartige Siedlungen (wobei nur Gruppen von mindestens vier Häusern als Siedlung gewertet sind).

Bis 1948 bestand ein kultureller Austausch mit den im benachbarten Ungarn lebenden Ungrika-Roma. Seither aber gerieten die Burgenland-Roma in totale Isolation. Die ungarische Staatsgrenze und die politischen Verhältnisse im Nachbarland trennten sie von ihren Stammesbrüdern im Osten. Im Norden und Westen ihres Siedlungsgebietes (Niederösterreich, Steiermark) gibt es keine Burgenland-Roma.

Einige der in den Siedlungen lebenden Zigeuner gingen zunächst noch ihren Handwerksberufen nach. Doch dem setzte das allgemeine Wirtschaftswachstum ein Ende. In den späten sechziger Jahren unseres Jahrhunderts mußten sie wegen der zunehmenden Industrialisierung und der verbesserten Infrastruktur alle herkömmlichen Zigeunerberufe endgültig aufgeben. Früher waren die Handwerker von einem Einödhof zum anderen gegangen, das heißt, von einer wirtschaftlich isolierten Kleingemeinschaft zur nächsten. Nun aber existieren kaum mehr isolierte Höfe, nahezu jeder Bauer ist mobil geworden und daher nicht mehr auf Arbeitsgeräte oder Dienste der Zigeuner angewiesen. Die Dienstleistungen der Zigeuner werden nicht mehr gebraucht, die Wanderhandwerker mußten sich daher ihren Lebensunterhalt auf andere Weise verdienen und betätigten sich seither als ungelernte Arbeiter.

Heute ist in allen Siedlungen und Familien der Burgenland-Roma ein geistiger Bruch festzustellen, nämlich der Zwiespalt zwischen jenen, die ihre Eigenheit bewahren und jenen, die sich integrieren wollen. Die Bewahrer des Zigeunertums sind nur in der älteren Generation zu finden. Sie sind wirtschaftlich sehr genügsam und erwarten sich weder durch verstärkte Leistungen und größeren Konsum, noch durch den Abbau eigener Gepflogenheiten eine soziale Aufwertung ihrer Person. Sie gehen im Sommer ihrer Sammeltätigkeit nach und müssen sich deshalb spöttische Bemerkungen der Jugendlichen gefallen lassen.

Sie bekennen sich voll zu ihrem Zigeunertum und teilen die Menschen noch in die »Unsrigen«, die Zigeuner, und die »Eurigen«, die Gadje, ein. Mit ihrem Tod wird aber auch ihre Lebensart verloren gehen.

Denn die junge Generation strebt danach, die schlechte soziale Stellung auf verschiedene Art zu überwinden. Die Kinder verwenden untereinander das Wort »Zigeuner« als Schimpfwort und tun dies sogar gegenüber Nichtzigeunern. Sie lehnen es ab, Romanes zu sprechen oder auch nur zu verstehen und schämen sich für die eigentümliche Sprachfärbung ihrer Großeltern, die sie mitunter als »Ungarn« ausgeben.

Auch am Erzählgut der Großeltern sind sie nicht mehr interessiert. Als ich in Oberwart bei einem alten Märchenerzähler Tonbandaufnahmen machte, wurde sein Vortrag von Kindern und Enkeln gestört, belächelt und verspottet.

Weibliche Jugendliche wandern oft nach Tirol und Vorarlberg ab und arbeiten dort in den Saisonbetrieben. Sie trachten danach, dort einen Ehepartner zu finden und somit eine heute so beliebte Mischehe einzugehen. Nach der Hochzeit wird der Partner zu Hause stolz »hergezeigt«, aber der ständige Wohnsitz des jungen Paares bleibt die Heimat des Mannes.

Andere Jugendliche wiederum arbeiten als Pendler oder wandern nach Wien, Wiener Neustadt oder Graz ab. Am neuen Wohnort verschweigen sie ihre Herkunft. Der Familie gegenüber wird die neue Wohnadresse geheimgehalten, denn in der neuen Umgebung sind Verwandtenbesuche unerwünscht.

Die »Alten« könnten sie bei allfälligen Besuchen durch ihr Aussehen und Benehmen als Zigeuner verraten und die mühsam aufgebaute neue Identität der Abwanderer zerstören. Innerhalb der ethnozentristischen Gruppe wird erwartet, daß ein Mitglied jederzeit dem anderen Hilfestelllung leistet (Geld borgt, Kost und Quartier gewährt), wenn es von ihm gefordert wird. Mit der Geheimhaltung der neuen Adresse entziehen sich die Abwanderer auch dieser Pflicht. Dadurch wird freilich der Zusammenhalt geschwächt und die Gruppe verkleinert.

Eine auffallende Besonderheit der Burgenland-Roma ist die Abneigung gegen intellektuelle Bildung, das einzig Erstrebenswerte scheint ihnen materieller Wohlstand geworden zu sein.

Andererseits benötigt aber jede ethnische Gruppe gebildete oder künstlerisch begabte Einzelpersonen, die die Kultur und das Geistesleben befruchten und lebendig erhalten und so das Selbstwertgefühl und die Eigenart der Gruppe bewahren und stärken. Im Gegensatz zu anderen Zigeunergruppen (Lowara und Sinti brachten in Österreich bekannte Musiker hervor) fehlt dies bei den Burgenland-Roma vollkommen, ebenso wie jedes Interesse an den heute relativ häufigen Fernsehsendungen über ausländische Zigeunergruppen und deren Aktivitäten (Zigeunerweltkongresse, Wahl eines Zigeunerpräsidenten, Zigeunerwallfahrt in Südfrankreich usw.). So leben sie in besonders ungünstigen historischen, geographischen, sozialen und wirtschaftlichen Verhältnissen als regional eigenständige Gruppe, die unter den heutigen Gegebenheiten von innen her von Auflösung bedroht ist, wenn nicht in allernächster Zeit eine Trendänderung in dieser Entwicklung eintritt.

ANHANG

Anmerkungen

GESCHICHTLICHE VORAUSSETZUNGEN

1 Gaál Károly, akademische Vorlesung Universität Wien, WS 1978

2 Mályusz, 1951–1958, Vol. I Nr. 944

3 Es gibt eine Burg namens Zips im gleichnamigen Gebiet östlich der Tatra

4 Vgl. Gilsenbach, R.: Quellen zur Geschichte der Roma, Gießener Hefte für Tsiganologie, Heft 2/1985, S. 5–6

5 1783 wurde dieser in lateinischer Sprache verfaßte Schutzbrief bei Grellmann abgedruckt, seither oft zitiert; Grellmann, H. M. G.: Die Zigeuner, Dessau und Leipzig 1784, S. 343, ins Deutsche übersetzt von Bert Mayerhofer

6 Vgl. Gilsenbach, a. a. O.

7 Steinhard, S.: Die Zigeuner in Ungarn, In: Österreich und sein Volk in Bildern und Skizzen. Leipzig–Olmütz 1859, S. 417

8 Gilsenbach, a. a. O., S. 5

9 BLA–Eisenstadt, übersetzt von Felix Tobler

10 Grellmann, a. a. O., S. 349. Beylage v. Litterae Palatini Hungariae, ann. 1616. Freibrief (Schutzbrief) des Pfalzgrafen von Ungarn (Georgius Thurzo) vom Jahre 1616: Comes Georgius Thurzo de Bethlenfalva ...: übersetzt von Reiner Gilsenbach

11 Vgl. Benkö, Jóska: Zigeuner, ihre Welt, ihr Schicksal, Selbstverlag 1979. S. 40. Übersetzt von Imre Gyenge

12 Urkunde in: Evangelische Pfarrgemeinde H. B.; Schutzbrief der Zigeuner aus dem Jahr 1674, Archiv der Pfarrgemeinde HB Oberwart. Im (übersetzten) Wortlaut:

Wir, Graf Christof Batthyány, Erbherr der Burg Güssing, geweihter Ritter des Heiligen Römischen Reiches, Kammerherr und oberster Mundschenk des majestätischen Rates Seiner Majestät Leopoldus I., des römischen Kaisers und geweihten Königs, General und Kapitän diesseits der Donau in Ungarn und in den Festungen die gegen Kanisa gestellt sind. Wir geben bekannt, Allen die es wissen sollen, vor allem aber dem Ober- und Vizegespann, dem Kapitänleutnant, den Hofrichtern, den Dreissigstelnehmern und Zöllnern und anderen Beamten, Bürgermeistern, den Richtern der Städte und der Dörfer, daß der Woiwode Martin Sárközi, der diesen Brief vorzeigt, und die zu ihm gehörigen Zigeuner nirgends eine feste Residenz haben und gezwungen sind – um das Leben zu erhalten und sich zu ernähren und ihr Handwerk auszuüben – mitsamt ihren Zelten hin und her zu ziehen. Damit diesen Elendigen weder unterwegs noch an anderen Orten nirgends durch irgend welche beamtete Menschen Kränkung widerfährt, bitten und ermahnen wir jedermann, die oben Genannten und alle, die es angeht, daß sie den genannten Woiwode Martin Sárközi und die dazu gehörenden zeltbewohnenden Zigeuner weder in ihrem Besitz noch in ihrer Person kränken, noch ihnen durch andere Leid zufügen lassen und sie in keiner Weise zu Diensten anhalten. Niemand soll sie zwingen, sie sollen vielmehr überall, wo sie umherziehen, ihren Beruf frei ausüben. Sie sollen außer diesem Zigeuner Martin Sárközi unter den Zigeunern keinen anderen Woiwode nehmen, sondern dieser soll ihnen befehlen. Von ungarischer Seite wird Herr Ludwig Gori bestellt, daß er ihr Pfleger und Woiwode sei und die ganze Schar von Wien abhänge. Es wird hinzugefügt, daß sie alljährlich im Frühling, am Mittwoch der Karwoche, zu unseren Händen jene 25 Taler Steuer unter strenger Strafe bezahlen, entweder in Geld oder in einem guten Roß im selben Wert.

... Exhibent restitut. Rechnitz, am 15. Feber 1674
Graf Christof Batthyany m. p. L. S.

13 Taufregister von Jois im Diözesanarchiv Eisenstadt

14 Kaltenbäck, J. P.: Pantainding in Österreich unter der Enns. Bd. 2, S. 153

15 Vgl. Takáts, Sándor: Türkisch-ungarische Musikanten und Sänger, in: Rajzoka török világból irta 1. Kötel. Budapest, 1915, S. 420

16 Vgl. Heiczinger, János: Anfänge der Zigeunerbesiedlung im Bezirk Fejér um 1700, in: Veab Ertesitö I—II, Stuhlweißenburg 1977, S. 273

17 Feigl, Helmut: Die Niederösterreichische Grundherrschaft. Verein für Landeskunde von Niederösterreich und Wien, Wien 1964, S. 122

18 Vgl. Heiczinger, a. a. O., S. 273

19 Vgl. Jandrisevits, Urkunden und Dokumente. S. 176, Nr. 195

20 Heiczinger, János: Die Lebensumstände der Zigeuner im Komitat Fejer im 18. und 19. Jh., in: Siedlungsgeschichte von Transdanubien I, Veszprem 1976, S. 60

21 Archiv Eszterházy, Eisenstadt, Zit. aus Steindl, M.: Unveröffentlichtes Manuskript zu einer Dissertation

22 Ebenda

23 Kropf, Rudolf: Die Sozialstruktur der Herrschaft Schlaining im 18. und 19. Jahrhundert, phil. Diss., Wien 1966, S. 293

24 »Acta dominorum« des Fürstlichen Eszterházyschen Familienarchivs, Budapest, Herrschaft Landsee

25 Block, Martin: Zigeuner, ihr Leben und ihre Seele, dargestellt auf Grund eigener Reisen und Forschungen, Leipzig 1936, S. 41

26 Zu Illustrationszwecken sei die Abschrift eines Blattes einer Konskriptionsliste aus Wieselburg, aus dem Jahr 1762 im folgenden wiedergegeben.

		Jahr alt
4.	Anna	2
5.	Johanna	1
	Valla	
	Lázar, István ein Schmidt hat seine Hütten	60
	Söhne	
1.	Pyurko verehelicht	35
	Vojda, János ein Schmidt, hat seine Hütten	40
	Söhne	
1.	Istok ist ein Soldat	18
2.	Jakob	14
3.	Pyurko	10

4.	Miska	7
	Töchter	
1.	Marinka	1/2
	Pamhacken	
	Tóköszy, Márton ein Schmidt hat seine Hütten	60
	Söhne	
1.	Márton	22
2.	Istok	8
	Töchter	
1.	Elisabeth	6
2.	Barbara	10
	Tóköszy, János ein Schmidt hat seine Hütten	56
	Söhne	
1.	Antal	9
2.	Sebestin	6
	Töchter	
1.	Barbara	24
	Berky, Thomás ein Schmidt hat seine Hütten	40
	Söhne nicht	
	Töchter	
1.	Marinka	20
2.	Eva	6
3.	Elisabeth	2
	Gattendorff	
	Dany, Jáncsy	40
	Söhne	
1.	Dany Jáncsi	11
	Danÿ Pyurko Bruder des Dany Jáncsi	30

27 Vgl. Heiczinger, a. a. O. 1977, S. 231

28 Vgl. Ferstyanszky, Daniel red: Von dem heutigen Zustande, sonderbaren Sitten und Lebensart, wie auch von denen übrigen Eigenschaften und Umständen der Zigeuner in Ungarn. Allergnädigst—privilegierte Anzeigen aus sämtlich-kais.-königlichen Erbländern, hrsg. von einer Gesellschaft, Teil 5, Wien 1775, S. 819; Grellmann, a. a. O., S. 36 und Clébert, Jean-Paul: The Gypsies, London 1961, S. 102

29 Vgl. Clébert, a. a. O., S. 51

30 Vgl. Ferstyanszky, a. a. O., S. 530

31 Conscriptio Zingarorum. Archiv Györ—Sopron, Györ

32 Intimat des Statthaltereirats 1774, Eisenstadt, BLA Nr. 236, Ex—1173

33 Ficker, Alois: Die Zigeuner in der Bukowina. Separat Abdruck. Statistische Monatsschrift. Jg. 5, Heft 4, Budapest 1837

34 Ethnologische Mitteilungen aus Ungarn. Budapest 1893. I. Opinio, 3. Band, S. 55, 114, 168, 210, 221

35 Czoernig, Karl Freiherr von: Zigeuner, in: Ethnographie der österreichischen Monarchie, Bd. 2 und 3, Wien 1855, S. 189

36

Komitat	Stadt	1780	1781	1782	1783
Eisenburg		1502	1464	1188	+
Wieselburg		257	104	137	+
Raab		654	614	549	587
Raab	Raab	141	134	+	172
Ödenburg		820	865	728	724
Ödenburg	Rust	+	+	41	+

37 Auszug aus Conscriptio Zingarorum. Archiv Szombathely

38 Koo, Silvia: Die Zigeuner im Burgenland, Hausarbeit Univ. Wien, 1979, S. 60

39 Ebenda

40 Alle diese Angaben waren in den Konskriptionslisten einzeln angeführt

41 Conscriptio Zingarorum, Komitatsarchiv Moson

42 Kurrenz—Protokoll vom Markt Geoyß am See, vom 1. März 1819, BLA Eisenstadt

43 Conscriptio Zingarorum, Komitatsarchiv Moson

44 Körner, Erich: Die Zigeuner im Spiegel der Stegersbacher Ortschronik, in: Das Menschenrecht Nr. 1, Wien 1967, S. 3

45 Ebenda

46 Erlaß Nr. 14015 Ex. 1887, Komitatsarchiv Moson

47 Koo, a. a. O., S 80 und M. J. 20. Juni 1900 Zl. 18046, St. E. 9. Juli 1900 Zl. 58241 an alle Bezirksbehörden, BLA Eisenstadt

48 Ethnologische Mitteilungen, Bd. 3, 1893 und Bd. 5, 1896

49 Eisenstädter Zeitung, 30. Mai 1909, S. 3 und 20. Juni 1909, S. 3

50 Ebenda, 30. Mai 1909, S. 3 und 20. Juni 1909, S. 3

51 Protokoll Nr. 15000 vom 11. Juni 1916, Komitatsarchiv Moson

52 Koo, a. a. O., S. 93

53 Kismartoner Zeitung, Juni 1916

54 Koo, a. a. O.

55 Schwicker, J. H.: Zigeuner in Ungarn und Siebenbürgen, Wien 1883, S. 63

56 Opitz, Alexander: Die Zigeunerfrage im Burgenland, in: Volkstum im Südosten, Wien 1939, S. 108

57 1922 und 1923 stellte das Burgenland 71 bzw. 65% aller Auswanderer aus Österreich, Hauptziel waren die USA. Siehe Gerald Schlag; Burgenland, in: Weinzierl/Skalnik, Österreich 1918—1938, Graz 1983

58 Koo, a. a. O., S. 80

59 Portschy, Tobias: Die Zigeunerfrage. Denkschrift des Landeshauptmanns für das Burgenland, Eisenstadt 1938, S. 1

60 Protokoll vom 26. August 1923, BLA Eisenstadt

61 Protokoll »Zigeunerbekämpfung«, Sauerbrunn 14. März 1924, BLA Eisenstadt

62 Koo, a. a. O.

63 Protokoll der Landesregierung vom 28. April 1924, BLA Eisenstadt

64 Koo, a. a. O.

65 Protokoll von Sauerbrunn, 1. Juli 1926, BLA Eisenstadt

66 Die Verteilung nach Bezirken:

Neusiedl am See	292 Zigeuner
Eisenstadt	197
Mattersburg	317
Oberpullendorf	570
Oberwart	2545
Güssing	536
Jennersdorf	742

Zigeunerverzeichnis, 28. Dezember 1925, Zl. A. - 1770/4, BLA

67 Vgl. Steinmetz, Selma: Österreichs Zigeuner im NS—Staat, Wien 1966, S. 49 ff. Die Zählungsergebnisse der Gendarmerie wurden erstmals 1933 publiziert

68 Worm, Reinhold: Zigeunerstatistik des Burgenlands. Authentische Daten eines Landesgendarmeriekommandos. Eisenstadt 1933, S. 1—7

69 Koo, a. a. O., S. 100

70 Österreichische Landpost, 13. Mai 1933, S. 14 und Arbeiter—Zeitung, 16. Februar 1933, S. 12

71 Grabner, Franz: Orts- und Pfarrchronik. Gemeindeamt Stegersbach, S. 280

72 Burgenländische Heimat, 12. Jg., 4. Juni 1932, S. 4

73 Der Freie Burgenländer, 2. Oktober 1932, Eisenstadt

74 Ebenda, 6. August 1932, S. 5

75 Körner, a. a. O., S. 4

76 Ebenda, S. 5

77 Amtliche Mitteilung vom 23. Juli 1932 und vom 23. März 1933, BLA Eisenstadt

78 Einbruchsprotokoll vom 27. März 1929, BLA Eisenstadt

79 Vgl. Portschy, a. a. O. S. 1 und 4

80 Ebenda, S. —7

81 Erlaß vom 17. März 1938, BLA Eisenstadt

82 Oberwarter Zeitung, 11. September 1938

83 zitiert aus: Burggasser, H. M.: Österreichs Zigeuner - Schwerpunkt 1938—1980, Hausarbeit Univ. Wien, 1980

84 Steinmetz, Selma: Zigeuner, in: Widerstand und Verfolgung im Burgenland, Wien 1979, S. 250 ff; Burggasser, H. M.: a. a. O. und Portschy, a. a. O.

85 Die Angaben über die Zahl der Heimkehrer sind unterschiedlich. So etwa kehrten nach Oberwart sieben überlebende Zigeuner von ehemals 300 zurück.

SPRACHE

1 Knobloch, Johann: Romani–Texte aus dem Burgenland, Burgenländische Forschungen Nr. 24, Eisenstadt 1953, S. 69

2 Ebenda, S. 70; auf der Karte zur Dialektverteilung im Jahr 1943 (Seite 54) ist ersichtlich, wo die drei von Knobloch erforschten Dialekte lokalisiert wurden.

3 Josef Archiduc Austriae: Fundamentum linguae Zingaricae. Hrsg. gemeinsam mit Thewrewk E. P. bei Koritschyak J. M., Budapest 1888, S. 7

4 Veiter, Theodor: Die Zigeuner in Österreich, in: Berichte und Informationen des österreichischen Forschungsinstitutes für Wirtschaft und Politik. Jg. 18, Heft 901, Wien 1963, S. 29

5 Tonbandaufnahme, Transkription und Übersetzung von Mozes Heinschink. Mitteilungen zur Zigeunerkunde, 1976, S. 6–10.

FUNKTIONSERGÄNZUNG IN DER DÖRFLICHEN GESELLSCHAFT

1 Krautsieder, Karl: Burgenländische Gendarmerie im Kampf gegen die Zigeunerplage, in: Gendarmerie Rundschau Jg. 1, Heft 4, Eisenstadt 1934, S. 18

INNERE ORGANISATION UND ORDNUNG

1 Siehe Seite 12

2 Vgl. Grellmann, a. a. O., S. 133-136

3 Steinhard, a. a. O., S. 418

4 Satke, Alois: Zigeunersiedlungen, in: Illustrierte Rundschau der Gendarmerie, Folge 1, Nr. 6, Wien 1953, S. 7

5 Weyr, Siegfried: 4.500 »Menschen« leben noch unter uns. Schicksal und Fluch der Zigeuner. Wiener Kurier, Beilage, Wien 5. November 1955, S. 1

6 Knobloch, a. a. O., S. 30

7 Haberlandt, M. und A.: Die Völker Europas und ihre volkstümliche Kultur, Stuttgart 1928, S. 299

8 Ferstyanszky, a. a. O., S. 471

9 Weisbach, A.: Die Zigeuner, in: Mitt. d. Anthropolog. Ges. Nr. 19. Wien 1889, S. 110

10 Ferstyanszky, a. a. O., S. 380

11 Neue Freie Presse, 17. November 1937

12 Ferstyanszky, a. a. O., S. 380

13 Grellmann, a. a. O., S. 78

14 Vgl. Gunda, Belá: Gypsy Medical Folklore in Hungary, in: Journal of American Folklore. Vol. 75, Richmond, Virginia 1962, S. 140

15 Mündliche Mitteilung von Milena Hübschmannova

16 Dostal, Walter: Die Zigeuner in Österreich. Archiv für Völkerkunde. Bd. 10. Univ. Verlag Wien 1955, S. 9

17 Schmid, Leopold: Die burgenländischen Sebastiansspiele im Rahmen der barocken Sebastianverehrung, in: Burgenländische Forschung, Heft 16, Eisenstadt 1951, S. 60

18 Ebenda, S. 62

19 Almassy, Georgine von: Kurgan. Roman aus roter Sturmzeit. Saarlouis 1934, S. 30–32

20 Homma, J. K.: Neujahrslied und zwei Anekdoten über Stegersbacher Zigeuner, in: Volk und Heimat. Jg. 11, Nr. 7 und 8. Eisenstadt 1958, S. 58

21 Thiel, Helga: Die Zigeuner in Neustift an der Lafnitz, in: Österreichische Zeitschrift für Volkskunde, Bd. 28. Wien 1974, S. 279

ARBEIT

1 Zigeunerkonskriptionen 1837, in: Archiv Moson

2 Aumüller, Stefan: Güllwurzel einziehen, in: Wissenschaftliche Arbeiten aus dem Burgenland, Eisenstadt 1966

3 Steinhard, a. a. O., S. 410

4 Conscriptio Zingarorum, 1837. Archiv Moson

5 Steinhard, a. a. O., S. 423

6 Ferstyanszky, a. a. O. 1775, S. 411

7 Kropf, a. a. O., S. 393

8 Portschy, a. a. O., S. 5

9 Gáspár, János: A czigányok, in: Lesebuch für dritte Volksschule. Budapest 1903, S. 21

10 Ferstyanszky, a. a. O., S. 370

11 Österreichisches Morgenblatt. Wien, Nr. 81, 11. Jg., 8. Juli 1846, S. 323

12 Wasserbauer, Arnold: Der falsche Schwur, in: Die Presse. Wien, 18. März 1956, S. 9

13 Nobelschule in Wien

14 Ladvenicza, Ilona: A csobánkai cigányok szegkovácsolása. Néprajzi Ertesitö. Bd. 37, Budapest 1955, S. 230.

15 Ferstyanszky, a. a. O., S. 214

16 Kropf, a. a. O.

17 Ebenda

18 Vgl. Bakó, Ferenc: A Tiszaigari cigányok fémmúvessége (Metallarbeit der Zigeuner im Dorf Tiszaigar) o. J., S. 239–258; Erdös, Kamill: Fémmüves cigányok (Zigeuner als Metallarbeiter) Néprajzi Ertesitö. Budapest 1962, S. 289–306. Bogdál, Ferenc: A Bosod–Abauj–Zemplén me-

gyei cigányok fémmüvessége. Ethnographia 1965, S. 521–546. Deutscher Auszug: Metallarbeit der Zigeuner im Komitat Borsod–Abauj–Zemplén.; Ladvenicze, a. a. O., S. 227–241

19 Aus Oberpullendorf, Kroboten und Liebing liegen solche Berichte vor.

20 Gáspár, a. a. O., S. 170

21 Vgl. Dankó, Imre: A turkevei tippánmeszelö, in: Opuscula Ethnographica, Debrecen 1977, S. 22–27

22 Steinhard, a. a. O., S. 409

23 Ebenda, S. 415

24 Vgl. Bakó, a. a. O., S. 253

25 Steinmetz, Selma: Österreichs Zigeuner im NS–Staat, S. 49

26 Takáts, a. a. O., S. 430 ff

27 Ebenda, S. 117

28 Steinhard, a. a. O., S. 417

29 Haraszti: Histoire de la musique. Paris 1956, S. 41

30 Dömötör, Sándor: Mióta Muszsikusok, Magyarországon a ciganyok? In: A magyar Néprajzi Társaságban tarott eloadás. Budapest 1934, S. 160

31 Takáts, a. a. O., S. 420

32 Ebenda, S. 430

33 Manga, János: Ungarische Volkslieder und Volksinstrumente. Budapest 1969, S. 66

34 Békefi, Antal: Das Musikleben der Vaser Burgen in der Türkenzeit, in: Vasi Szemle 20. Szombathely 1966, S. 34

35 Leser, P. G.: Die Musiker. Folge 6, Folge 7, 1926, S. 3

36 Békefi, a. a. O., S. 38

37 Takáts, S. 420

38 Leser, a. a. O., S. 19

39 Manga, a. a. O., S. 70

40 Ebenda, S. 70

41 Gilliat–Smith, B.: An 18th Century Hungarian Document, in: J. G. L. S. Third Series, Vol. 1–2, London 1963, S. 52

42 Liszt, Franz: Die Zigeuner und ihre Musik in Ungarn. Übertrag von Lina Ramann, Leipzig 1883

43 Gaál, Károly: Die soziale Lage und das Lied, in: Jahrbuch des österreichischen Volksliedwerkes, Bd. 24, Wien 1975, S. 86

44 Ebenda, S. 77–86

45 Vgl. Popp, Adelheid: Jugend einer Arbeiterin, Berlin 1977, S. 103

46 Homma, a. a. O., S. 13

47 Thiel, a. a. O., S. 275

48 Grenzmark Burgenland, 3. Juli 1938, S. 7

49 Satke, a. a. O., S. 12

50 Oberwarter Zeitung, 1933, ohne Datum

51 Knobloch, J., Sudbrack, I.: Zigeunerkundliche Forschungen I. Innsbruck 1977, S. 77

SIEDLUNG UND WOHNKULTUR

1 Portschy, a. a. O., S. 7

2 Thiel, a. a. O., S. 270

3 Resetarits, Valentin: Die Zigeuner, in: Die geistige Kultur meines Schulortes Kroatisch–Ehrendorf. Päd. Akad. Eisenstadt 1950, S. 7

4 Körner, a. a. O., S. 4

5 Josef, Erzherzog: Mitteilungen über die in Alesüth angesiedelten Zeltzigeuner, in: Ethnologische Mitteilungen, Bd. 3, 1893 und Bd. 5, Heft 4, 1896

6 Gjorgjevic, Tibomir: Die Zigeuner in Serbien, Budapest 1903, S. 35

7 Körner, a. a. O., S. 5

8 Gemeinderatsprotokoll Rohrbach, 19. September 1931, BLA

9 Ebenda, 2. September 1938

10 Protokoll, Landrat des Kreises Oberwart Zl. 14–Zi–1/86–1943, BLA

11 Gemeinderatsprotokoll 16. April 1950 und 14. März 1953. Rohrbach, BLA

12 Ebenda, 13. Juni 1953

13 Ebenda, 1963, BLA

14 Schriftliche Mitteilung von M. Steindl, S. 21

15 Ferstyanszky, a. a. O., S. 231

16 Vgl. Steinhard, a. a. O., S. 411; Gáspá, a. a. O., S. 170; Krautsieder, a. a. O., S. 18; Stöger, Otto: Die Zigeuner des Burgenlands, in: Gendarmerie Rundschau, Heft 4. Wien 1934, S. 11; Satke, a. a. O., S. 14

17 Ficker, a. a. O., S. 201

18 Haberlandt, Arthur: Hauskultur und Volkskunst, in: Volkskunde des Burgenlands. Österreichische Kunsttopographie, Bd. 16, Baden bei Wien 1935, S. 207

19 Ebenda

20 Dieser Bau wurde auf meinen Vorschlag hin mit Hilfe des Denkmalamtes erhalten und 1987 ins Freilichtmuseum Bad–Tatzmannsdorf überstellt.

21 Dostal, Walter: Zigeuner in Österreich. Archiv für Völkerkunde. Bd. 10, Wien 1955, S. 13

22 Thiel, a. a. O., S. 275

23 Krautsieder, a. a. O., S. 18

24 Erlaß des Landesrates vom 13. April 1943, Zl. 14—Zi—1/86—1946, BLA—30

NAHRUNGSMITTEL UND ERNÄHRUNGSGEWOHNHEITEN

1 Gendarmerie Rundschau 1934, ohne Datum

2 Krautsieder, a. a. O., S. 17

3 Ferstyanszky, a. a. O., S. 380

4 Oberwarter Sonntagsblatt 1934, ohne Datum

5 Krautsieder, a. a. O., S. 17

6 Ferstyansky, a. a. O., S. 382

7 Oberwarter Sonntagsblatt 1934, ohne Datum

8 Espenh, Fabre: Les Tsiganes sédentaires du Burgenland. Etudes Tsiganes, Paris 1964, S. 9

9 Ebenda, S. 11 und Dostal, a. a. O., S. 10

10 Fertyanszky, a. a. O., S. 221

11 Ebenda, S. 712

12 Ebenda, S. 713

13 Der Raucher 1930, S. 3 (Heft 1), BLA

14 Ebenda, S. 4

15 Koo, a. a. O., S. 103

16 Ferstyanszky, a. a. O., S. 288

KLEIDUNG

1 Grellmann, a. a. O., S. 47

2 Ferstyanszky, a. a. O., S. 309

3 Homma, a. a. O., 1951—1954, S. 10

4 Ferstyanszky, a. a. O., S. 309

5 Ferstyanszky, a. a. O., S. 415

6 Ebenda, S. 512

7 Grellmann, a. a. O., S. 29

Literatur- und Quellenverzeichnis

ARCHIVE

MEGYEI LEVÉLTAR, Györ, Ungarn

MEGYEI LEVÉLTAR, Sopron, Ungarn

MEGYEI LEVÉLTAR, Szombathely, Ungarn

MEGYEI LEVÉLTAR, Moson, Ungarn

BURGENLÄNDISCHES LANDESARCHIV, Eisenstadt (BLA)

BURGENLÄNDISCHES LANDESMUSEUM, Eisenstadt (BLM)

DOKUMENTATIONSARCHIV DES ÖSTERREICHISCHEN WIDERSTANDES, Wien (DÖW)

DIÖZESANARCHIV, Eisenstadt (Matrikelbücher, Taufregister)

EVANGELISCHE PFARRGEMEINDE H. B., Oberwart

ARCHIV ESZTERHÁZY, Eisenstadt

BATTHYÁNISCHES HERRSCHAFTSARCHIV, Pinkafeld

NIEDERÖSTERREICHISCHES LANDESARCHIV, Wien

FÜRSTLICH ESZTERHÁZYSCHES FAMILIENARCHIV, Budapest

PERIODIKA UND WISSENSCHAFTLICHE ZEITSCHRIFTEN

ILLUSTRIERTE RUNDSCHAU DER GENDARMERIE, Folge 1, Nr. 6, Wien 1953

EXTRABLATT, Jg. 1, Nr. 1, Wien 1977

ETUDES TSIGANES 1959. Burgenland 1964, 1975, Jg. 20, Nr. 8, Paris

ACTA ORIENTALIA HUNGARICA, Budapest 1971

GENDARMERIE RUNDSCHAU. 1934: Jg. 1, Heft 3, 4; Jg. 2; 136: Jg. 3; 1958: Folge 8; 1953: Folge 1, Nr. 6

DAS MENSCHENRECHT. 1969: Jg. 24, Nr. 2; 1977: Jg. 32, Nr. 1; 1967: Jg. 22, Nr. 1, 1979/2, Wien und 1980/3, Wien

GIESSENER HEFTE FÜR TSIGANOLOGIE, 1/85 und 2/85

ETHNOLOGISCHE MITTEILUNGEN AUS UNGARN, Budapest 1887–1896

BURGENLÄNDISCHE FORSCHUNG. 1951: Nr. 16; 1953: Nr. 24, Eisenstadt

MITTEILUNGEN ZUR ZIGEUNERKUNDE, Mainz 1976

SONSTIGE PERIODIKA

DIE VÖLKER EUROPAS, Stuttgart 1928

DIE FURCHE, Wien 1965

JOURNAL OF AMERICAN FOLKLORE, Vol. 75, 1962

VOLK UND HEIMAT. 1951–1954 + 1958; 1974 + 1978/79, Jg. 32 + 1958 Jg. 11 Nr. 7 + 8, Eisenstadt

ARCHIV FÜR VÖLKERKUNDE. Bd. 10, Wien 1955

MITTEILUNGEN DER ANTHROPOLOGISCHEN GESELLSCHAFT, Nr. 19, Wien 1889

ÖSTERREICHISCHE ZEITSCHRIFT FÜR VOLKSKUNDE, Bd. 28, Wien 1974

WISSENSCHAFTLICHE ARBEITEN AUS DEM BURGENLAND, Eisenstadt 1966

NÉPRAJZI ERTESITÖ. Bd. 37, Budapest 1955 und Budapest 1962

ETHNOGRAPHIA 1965, Jg. 25, Budapest 1914

OPUSCULA ETHNOGRAPHICA, Debrecen 1977

A MAGYAR NÉPRAJZI TÁRSASÁGBAN TAROTT ELOADÁS, Budapest 1934, Vasi Szemle 20, Szombathely 1966

JOURNAL OF THE GYPSY LORE SOCIETY. Third Series, Vol. 1–2, London 1963 (JGLS)

JAHRBUCH DES ÖSTERREICHISCHEN VOLKSLIEDWERKS. Bd. 24, Wien 1975

ZIGEUNERKUNDLICHE FORSCHUNGEN, Innsbruck 1977

STATISTISCHE MONATSSCHRIFT. Jg. 5, Heft 4, Budapest 1837

VOLKSKUNDE DES BURGENLANDS. Bd. 16, Baden bei Wien 1935

DER RAUCHER, Jg. 3, Heft 3, Wien 1930

BURGENLÄNDISCHE HEIMATBLÄTTER, 1936/5

LACIO DROM, rivista bimestrale di studi zingari. Jg. 15, Nr. 2, Rom 1979 und 1986

ZEITUNGEN

KISMARTONER ZEITUNG (Eisenstädter Zeitung), 30. Mai und 20. Juni 1909, Juni 1916, Eisenstadt

ÖSTERREICHISCHE LANDPOST, 13. Mai 1933

ARBEITER-ZEITUNG, 16. Februar 1933

BURGENLÄNDISCHE HEIMAT. 12. Jg., 4. Juni 1932, 6. August 1932 + Nr. 11, 1931

ÖSTERREICHISCHES MORGENBLATT. Nr. 81, 11 Jg., 8. Juli 1846, Wien

DER FREIE BURGENLÄNDER. Nr. 9, Eisenstadt 1929

DIE PRESSE, 18. März 1956, Wien

GRENZMARK BURGENLAND, 3. Juli und 17. Juli 1938, Eisenstadt

OBERWARTER ZEITUNG, Jg. 91, Nr. 21, 24. Mai 1970, 11. September 1938, 1933 und 1934

OBERWARTER SONNTAGSBLATT, Oberwart 1934

NEUE FREIE PRESSE, 17. November 1937, Wien

GRENZMARKZEITUNG, 4. September 1938, Eisenstadt

WIENER KURIER, 5. Februar 1955 und 5. November 1955, Wien

NEUER KURIER, 16. August 1958, Wien

DIE UNZUFRIEDENE, Nr. 31, Eisenstadt 1933

SONSTIGE QUELLEN

SCHUL- UND ORTSCHRONIK, Krobotek 1955

DISSERTATION KROPF, Institut für Soziologie und Wirtschaftsgeschichte, Universität Wien

HAUSARBEIT KOO, Institut für Soziologie und Wirtschaftsgeschichte, Universität Wien 1979

ORTS- UND PFARRCHRONIK, Gemeindeamt Stegersbach

LESEBUCH DER DRITTEN VOLKSSCHULE, Budapest 1903

HAUSARBEIT RESETARITS, Pädagogische Akademie, Eisenstadt 1950

BURGENLÄNDISCHE STATISTIK, Heft 3, Eisenstadt 1961

HAUSARBEIT BURGGASSER, Institut für Geschichte, Universität Wien 1980

PETROVIC ALEKSANDER: Ich traf sogar glückliche Zigeuner. Spielfilm, Ing. 83 min. o. J.

AUTHENTISCHE DATEN des Landesgendarmeriekommandos.

ZIGEUNERSTATISTIK, Eisenstadt 1933, BLA

LITERATUR

ALMASSY, Georgine von: Kurgan. Roman aus roter Sturmzeit, Saarlouis 1934, S. 30-34

ALSCHER, Otto: Zur Zigeunerfrage, in: Feuilleton der Wiener Zeitung, 18. Juli 1909, S. 2-4

ANONYM: Zigeuner, in: Mitteilungen der K. K. geographischen Gesellschaft, Wien 1896, S. 270

ANONYM: Die Zigeuner, in: Die österreichisch-ungarische Monarchie in Wort und Bild. Bd Bukowina. Kaiserlich-Königliche Hof- und Staatsdruckerei, Wien 1899, S. 330-338

ARNOLD, Hermann: Ein Menschenalter danach. Anmerkungen zur Geschichtsschreibung der Zigeunerverfolgung, 1977

AUMÜLLER, Stefan: Güllwurzel einziehen, in: Wissenschaftliche Arbeiten aus dem Burgenland, Eisenstadt 1966, S. 291 ff und Burgenländische Heimatblätter, Eisenstadt 1970

BAKÓ, Ferenc: A Tiszaigari cigányok fémmüvessége (Metallarbeit der Zigeuner im Dorf Tiszaigar), o. J., S. 239-258

BARTÓK, Béla: Was ist Volksmusik? Baden-Baden 1960, S. 273-281

BARTOS, Tibor: Die Zigeunerprinzessin und andere Märchen der Nagelschmiedzigeuner, Berlin 1964

BÉKEFI, Antal: Das Musikleben der Vaser Burgen in der Türkenzeit, in: Vasi Szemle 20, Szombathely 1966, S. 34

BENKÖ, Jóska: Zigeuner, ihre Welt, ihr Schicksal, Selbstverlag 1979

BÉRES, András: Treiber und Treibgeräte der Hirten, in: Viehzucht und Hirtenleben in Ostmitteleuropa. Ethnographische Studien, Budapest 1961, S. 505-528

BERTA, Josef: Die Schwierigkeit der Zigeuner-Integration, in: Das Menschenrecht. Jg. 32, Nr. 1, Wien 1977

BILMANS, Marthe: Situation juridique des Roma en Europe occidentale, Romano Kongreso, Genêve 1978

BLOCH, Jules: Les Tsiganes, Paris 1953

BLOCK, Martin: Zigeuner, ihr Leben und ihre Seele, dargestellt auf Grund eigener Reisen und Forschungen, Leipzig 1936

BOGDÁL, Ferenc: A Borsod-Abauj-Zemplén megyei cigányok fémmüvessége, Ethnographia 1965, S. 521-546. Deutscher Auszug: Metallarbeit der Zigeuner im Komitat Borsod-Abauj-Zemplén, S. 546

BONSACK, Wilfried: Unter einem Regenbogen bin ich heut gegangen, Sprichworte, Schnurren und Bräuche südosteuropäischer Zigeuner, Kassel 1976

BRESSLAUER MEDICINGESCHICHTE: Sommerquartier 1725

BURGGASSER, Herbert-Michael: Österreichs Zigeuner-Schwerpunkt 1938-1980. Ein Minderheitenproblem. Hausarbeit Univ. Wien bei Prof. Bihl, Historisches Institut, Wien 1980

CLÉBERT, Jean-Paul: The Gypsies, London 1961

CODES DIPLOMATICUS: Zigeuner, Bd. 10, Vol. 6, S. 532

CONSCRIPTIO PROLIUM ZINGARIS: Aufzählung der Zigeunerkinder des Komitats Eisenburg, die 1781 bei bäuerlichen Zieheltern aufgenommen wurden, Megyei Levéltár, Szombathely

CONSCRIPTIO ZINGARORUM: Zusammenschreibung aller Zigeunerfamilien des Komitats Eisenburg, Megyei Levéltár, Szombathely 1789

CONSCRIPTIO ZINGARORUM: Megyei Levéltár, Sopron 1778

CONSCRIPTIO ZINGARORUM: Megyei Levéltár Sopron, Megyei Levéltár Györ 1761, 1768, 1775, 1782, 1783, 1786, 1789, 1837

CZEKE, Alexander: Über ungarische Musik und Zigeuner, in: Westermanns illustrierte deutsche Monatshefte, Braunschweig 1858, S. 588-597

CZOERNIG, Karl Freiherr von: Zigeuner, in: Ethnographie der österreichischen Monarchie, Bd. 2 und 3, Wien 1855, S. 187-192 und 122-124

DANKÓ, Imre: A turkevei tippánmeszelö, in: Opuscula Ethnographica, Debrecen 1977, S. 22-27

DAVID, Henriette: Etudes Tsiganes. Bulletin de la Societé des Etudes Tsiganes, Paris 1955

DOERING, Hans Joachim: Die Zigeuner im SS-Staat. Kriminologische Schriften, Bd. 12, Hamburg 1964

DÖMÖTÖR, Sándor: Mióta Muzsikusok, Magyarországon a cigányok? in: A Magyar Néprajzi Társaságban tarott elöadás, Budapest 1934, S. 157-170

DOSTAL, Walter: Die Zigeuner in Österreich. Archiv für Völkerkunde, Bd. 10, Wien 1955, S. 1-15

DOSTAL, Walter: Zigeunerleben und Gegenwart, in: Auf Zigeunerspuren, München 1957, S. 276-289

DOSTAL, Walter: Dokumentarfilm über den letzten Stamm der Nomadenrasse, 4.500 Zigeuner leben in Österreich, Niederösterreichisches Wochenblatt, 31. Dezember 1954, S. 4

DOSTAL, Walter: Ein Film über die Zigeuner in Österreich, in: Die Presse, Wien, 10. Okt. 1954, S. 6

ERDÖS, Kamill: Fémmüves cigányok (Zigeuner als Metallarbeiter). Néprajzi Értesitö. Budapest 1962, S. 289-306

ERDÖS, Kamill: A classification of Gypsies in Hungary. Acta orient. Hung. Tome 10, Fasc 1, Budapest 1960, S. 79

ESPEN, Fabre: Les Tsiganes sedentaires du Burgenland. Etudes Tsiganes, Paris 1964

ETHNOGRAPHIA: Tod des Vajda. Jg. 17, Budapest 1906, S. 125

ETHNOLOGISCHE MITTEILUNGEN AUS UNGARN: Zigeuner. Bd. 3, Heft 1-2, Budapest 1893, Bd. 5, Heft 5-10, Budapest 1896

ERZHERZOG JOHANN: Mitteilungen über die in Alesüth angesiedelten Zeltzigeuner

FEIGL, Helmut: Die Niederösterreichische Grundherrschaft. Verein für Landeskunde von Niederösterreich und Wien, Wien 1964

FERSTYANSZKY, Daniel red: Von dem heutigen Zustande, sonderbaren Sitten und Lebensart, wie auch von denen übrigen Eigenschaften und Umständen der Zigeuner in sämtlich-kais.-königlichen Erbländern, hrsg. von einer Gesellschaft Teil 5. Wien 1775

FICKER, Alois: Die Zigeuner in der Bukowina. Separat Abdruck. Statistische Monatsschrift. Jg. 5, Heft e, Budapest 1837

GAÁL, Károly: Die Volksmärchen der Magyaren im südlichen Burgenland. Berlin 1970

GAÁL, Károly: Die soziale Lage und das Lied, in: Jahrbuch des Österreichischen Volksliedwerkes Bd. 24. Wien 1975, S. 70-86

GÁRDONYI, Zoltán: die ungarischen Stileigentümlichkeiten der musikalischen Werke von Franz Liszt. Phil. Diss. Univ. Berlin 1931

GÁSPÁR, János: A czigányok, in: Lesebuch für die dritte Volksschule. Budapest 1903, S. 169-173

GEBHARDT, Karl: Die Zigeuner, in: Parr-Lustig, Deutsches Lesebuch Nr. 3, Budapest 1923, S. 116

GILLIAT-SMITH, B.: An 18th Century Hungarian Document, in: J.G.L.S. Third Series, Vol. 1-2, London 1963, S. 50-53

GILLIAT-SMITH, B. und KNOBLOCH, J.: Gypsy Tales Concerning The Mulo. J.G.L.S. Vol. 32. London 1953, S. 124-132

GRAF, W.: Katalog der Tonbandaufnahmen B 1 bis B 3.000 des Phonogrammarchives 1960. Darin B 150-152 Zigeunerisch und Deutsch von Zigeunern aus Zahling

GRELLMANN, H. M. G.: Die Zigeuner, Dessau und Leipzig 1784, Festschrift 1783

GUNDA, Béla: Teknövájó cigány és munkája (Trogmacherzigeuner), in: A Magyar Nemzeti Muzeum Néprajzi Tárának Értesitöje, Bd. 24, Budapest 1934, S. 57-60

GUNDA, Béla: Die Bettler in der Gesellschaft eines Dorfes, in: Festschrift Mathias Zender, Bonn 1972, S. 635-631

HABERLANDT, Michael und Arthur: Die Völker Europas und ihre volkstümliche Kultur. Stuttgart 1928, S. 297-299

HABERLANDT, Arthur: Hauskultur und Volkskunst, in: Volkskunde des Burgenlands. Österreichische Kunsttopographie Bd. 16, Baden bei Wien 1935, S. 207-210

HEICZINGER, János: Anfänge der Zigeunerbesiedlung im Bezirk Fejér um 1700, in: Veab Ertesitö I-II, Stuhlweißenburg 1977, S. 240-245

HEICZINGER, János: Die Lebensumstände der Zigeuner im Komitat Fejér im 18. und 19. Jahrhundert, in: Siedlungsgeschichte von Transdanubien I, Veszprém 1976, S. 243 und Siedlungsgeschichte von Transdanubien II, Pécs 1977, S. 271-275

HEINSCHINK, Mozes: La langue Tsigane parlée en Autriche. Table Ronde de Tsiganologie, Paris 1977

HERMANN, Antal: Mitteilungen zur Zigeunerkunde, in: Ethnologische Mitteilungen aus Ungarn, Zeitschrift für die Volkskunde Ungarns, Hornyanszky, Budapest 1887-1896

HOMEYER, Hartwig: Lieder aus dem Burgenland von Franziska Horvath, in: Zigeunerkundliche Forschungen I, Innsbruck 1977

HOMMA, J. K.: Neujahrslied und zwei Anekdoten über Stegersbacher Zigeuner, in: Volk und Heimat. Jg. 11, Nr. 7 und 8, Eisenstadt 1951-1954 und 1958, S. 10, 13, 58

HOMMA, J. K.: Das Güssinger Land, in: Volk und Heimat Nr. 7, Eisenstadt 1974, S. 13

HÜBSCHMANNOVA, Milena: Attitudes Of Rom Parents Toward Education And School. Prag 1979

HÜBSCHMANNOVA, Milena: Bilingualism Among The Slovak Rom. Intl. J. Soc. Lang, Prag 1979, S. 33-39

HUNFALVY, Paul: Die Zigeuner, in: Ethnographie von Ungarn, Budapest 1877, S. 362-364

JOSEF, ARCHIDUX AUSTRIAE: A cigányokról, in: A Pallas Nagy Lexikon, Bd. 4, Budapest 1893

JOSEF, ARCHIDUX AUSTRIAE: Fundamentum linguae Zingaricae. Herausgegeben gemeinsam mit Thewrewk E. P. bei Koritschyák J. M., Budapest 1888

JOSEF, ARCHIDUX AUSTRIAE: Zigeunergrammatik, Budapest 1902

JOSEF, ERZHERZOG: Mitteilungen über die in Alesüth angesiedelten Zeltzigeuner, in: Ethnologische Mitteilungen Band 3, 1893 und Band 5 Heft 4, 1896 aus Ungarn

JUST, F. K.: Fürstliche Lehrlingsschule in Eisenstadt 1788, in: Österreichische Bildungs- und Schulgeschichte von der Aufklärung bis zum Liberalismus, Eisenstadt 1974, S. 53 ff

KALOV-NAGY, Gyula: Die türkischen Steuerkonskriptionen in den Komitaten Pest, Fejér und Tolna, Budapest 1977

KALTENBÄCK, J. P.: Pantaiding in Österreich unter der Enns, Bd. 2, § 108, S. 153

KARPATI, Mirella und SASSO, R.: Adolescenti Zingari e non zingari. Un approccio sociologico con el test del villagio, Roma 1975

KARPALES, Beno: Beiträge zur Statistik der Zigeuner in Österreich, in: Mitteilungen der Anthropologischen Gesellschaft, Bd. 1, Wien 1891, S. 31-33

KLIER, Karl: Allgemeine Bibliographie des Burgenlands Bd. 5, Eisenstadt 1965, S. 21 ff

KNOBLOCH, Johann: Romani Texte aus dem Burgenland, Burgenländische Forschungen Nr. 24. Eisenstadt 1953

KNOBLOCH, Johann: Romani Texte aus dem Burgenland, phil. Diss. Univ. Wien 1943

KNOBLOCH, Johann und SUDBRACK, Inge: Zigeunerkundliche Forschungen I, Innsbruck 1977

KOO, Silvia: Die Zigeuner im Burgenland. Hausarbeit Univ. Wien 1979

KÖRNER, Erich: Die Zigeuner im Spiegel der Stegersbacher Ortschronik, in: Das Menschenrecht Nr. 1, Wien 1967, S. 3-5

KOUDELKA, Josef: Gypsies - Ein Photobuch, USA 1975

KRAUTSIEDER, Karl: Burgenländische Gendarmerie im Kampf gegen die Zigeunerplage, in: Gendarmerie Rundschau Jg. 1, Heft 4, Eisenstadt 1934, S. 17-20

KROPF, Rudolf: Die Sozialstruktur der Herrschaft Schlaining im 18. und 19. Jahrhundert, phil. Diss. Wien 1966, S. 292-295

LADVENICZA, Ilona: A csobánkai cigányok szegkovácsolása. Néprjzi Ertesitö. Bd. 37, Budapest 1955, S. 227-241. Deutscher Auszug: Die Zigeuner von Csobánka als Nagelschmiede, S. 241

LANG, Francis: Les Tsiganes sédentaires du Burgenland en Autriche, Études Tsiganes, Paris 1959

LESER, P. G.: Die Musiker. Folge 6, Folge 7, 1926, S. 1

LIEGEOIS, Jean Pierre: Mutation Tsigane, Ed. Complex, Bruxelles 1976

LISZT, Franz: Die Zigeuner und ihre Musik in Ungarn, Übertrag von Lina Ramann, Leipzig 1883

MAGYAR STATISZTIKAI: Közlemények Uj folyam 9. Köt, Budapest 1895

MANDATE DES PALATINS: Batthyánisches Herrschaftsarchiv Pinkafeld im Bgld. Landesarchiv, Nr. 31, Eisenstadt 1611

MAXIMOFF, Matéo: Die Ursitory, Zürich 1945

MAYERHOFER, Claudia: Formen des außerfamilialen Sozialisationsprozeßes von Jugendlichen, in: Seminararbeit der Sozial- und Wirtschaftsgeschichte, Univ. Wien 1978

MAYERHOFER, Claudia: Probleme der Erziehung und Unterrichtung von Zigeunerkindern. Bericht bei einem internationalen Pädagogikkongreß in Ungarn, in: Das Menschenrecht, Wien 1979, S. 4

MAYERHOFER, Claudia: Ein Zigeuner hat keine Heimat, Studio Burgenland, April 1978

MAYERHOFER, Claudia: I bambini zingari nelle scuole elementari del Burgenland, in: Lacio drom, rivista bimestrale di studi zingari, Jg 15, Nr. 3. Rom 1979, S. 15-19

MAYERHOFER, Claudia: Zunehmender Missionserfolg der »Pfingstbewegung« unter den europäischen Zigeunern, in: Das Menschenrecht Nr. 3, Wien 1980, S. 5-7

MAYERHOFER, Claudia: Zigeuner heute und morgen? Fernsehsendung, Nachtstudio FS 2, 12. Dezember 1980

MEUSBURGER, Peter: Zigeuner, in: Regionale und soziale Unterschiede des Ausbildungsniveaus der österreichischen Bevölkerung, Habilitationsschrift Univ. Innsbruck 1980, S. 234-245

MIKLOSICH, F. Ritter von: Über die Mundarten und Wanderungen der Zigeuner Europas. Denkschriften der philosophisch-historischen Klasse der kaiserlichen Akademie der Wissenschaften Bd. 23, Wien 1874, S. 273-340. Bd. 24, Wien 1876, S. 1-68

MORAVEK, Karl: Ein Beitrag zur Rassenkunde der burgenländischen Zigeuner, phil. Diss., Wien 1939

MURATORIUS, Ludwig Anton: Historia Miscell. Bononiensi. Litterae Sigismundi pro Zingaris, o. J.

NEUREITER, Bernhard: Zigeuner, Sprache, Herkunft und Ausbreitung in Europa, in: Grenzmark Burgenland, Eisenstadt, 3. Juli 1938, S. 6-7

NEUREITER, Bernhard: Die Zigeuner im Burgenland, in: Grenzmark Burgenland, Eisenstadt, 17. Juli 1938, S. 7

OPITZ, Alexander: Die Zigeunerfrage im Burgenland, in: Volkstum im Südosten, Wien 1939

ÖSTERLEIN, Nicolaus: Zigeuner, in: Österreichisches Morgenblatt, Wien 1846, S. 7

PFERSCHY, Hermann: Ehemalige Zigeunersiedlung in Rudersdorf, in: Bgld. Leben Nr. 11/12, Eisenstadt 1953, S. 34-35

PILS, Heide: Elfriede, oder wie lustig ist das Zigeunerleben, in: Mädchen, Wien 1977, S. 146-162

PORTSCHY, Tobias: Die Zigeunerfrage. Denkschrift des Landeshauptmannes für das Burgenland, Eisenstadt 1938

PORTSCHY, Tobias: Ordnung in der Zigeunerfrage! Grenzmarkzeitung, Eisenstadt, 4. September 1938, S. 1

POTT, A. F.: Die Zigeuner in Europa und Asien, in: Ethnographisch-linguistische Untersuchung vornehmlich ihrer Herkunft und Sprache, nach gedruckten und ungedruckten Quellen. 2 Bände, Halle 1845

POTT, A. F.: Beiträge zur Kenntnis der deutschen Zigeuner, Halle 1894

RESETARITS, Valentin: Die Zigeuner, in: Die geistige Kultur meines Schulortes Kroatisch-Ehrensdorf. Päd. Akad. Eisenstadt 1950, S. 7-9

SÁROSI, Bálint: Zigeunermusik, Wien 1974

SASSIK, Raimund: Burgenland und Burgenländer, in: die Unzufriedene Nr. 31, Eisenstadt 1933, S. 3 ff

SATKE, Alois: Zigeunersiedlungen, in: Illustrierte Rundschau der Gendarmerie, Folge 1, Nr. 5, Wien 1953, S. 12-14

SCHMID, Leopold: Die burgenländischen Sebastiansspiele im Rahmen der barocken Sebastianverehrung, in: Burgenländische Forschung, Heft 16, Eisenstadt 1951, S. 62-64

SCHWICKER, J. H.: Zigeuner in Ungarn und Siebenbürgen, Wien 1883

SEPER, Karl: Die Unterwarter Zigeuner, in: Unterwarter Heimatbuch, Sonderdruck 1978, S. 132-135

STEINDL, Maria: Manuskript zu einer Dissertation, S. 111 f

STEINHARD, S.: Die Zigeuner in Ungarn, in: Österreich und sein Volk in Bildern und Skizzen, Leipzig-Olmütz 1859, S. 407-423

STEINMETZ, Selma: Widerstand und Verfolgung im Burgenland 1934-1945, Dokumentationsarchiv des österr. Widerstandes, Eisenstadt 1955

STEINMETZ, Selma: Österreichs Zigeuner im NS-Staat, Europaverlag, Wien 1966

STEINMETZ, Selma: Die Problematik der Zigeunerintegration am Wiener Stadtrand, in: Das Menschenrecht, Wien 1969, S. 7-9

STEINMETZ, Selma: Österreichs Zigeuner, eine Minderheit besonderer Art, in: Arbeit und Wirtschaft Nr. 2, Wien 1972, S. 20-25

STEINMETZ, Selma: Die NS-Zigeunerverfolgung im Licht der Gegenwart, in: Das Menschenrecht, Wien 1977, S. 9-11

STEINMETZ, Selma: Zigeuner, in: Widerstand und Verfolgung im Burgenland, Wien 1979, S. 244-293

STÖGER, Otto: Die Zigeuner des Burgenlands, in: Gendarmerie-Rundschau, Heft 4, Wien 1934, S. 10-13

SZALAY, Béla: Daten zur Geschichte der Zigeuner, in: Ethnographia, Jg. 25, Budapest 1914, S. 89-93

TAKÁTS, Sándor: Türkisch-ungarische Musikanten und Sänger, in: Rajzoka török világból irta 1. Kötel, Budapest 1915, S. 416-438

THIEL, Helga: Die Zigeuner in Neustift an der Lafnitz, in: Österr. Zeitschrift f. Volkskunde Bd. 28, Wien 1974, S. 269-280

THURNER, Erika: Nationalismus und Zigeuner in Österreich, Wien 1983

UNGARISCHE STATISTISCHE MITTEILUNGEN AUS DEM BURGENLAND: Ergebnisse der in Ungarn am 31. 1. 1893 durchgeführten Zigeuner Conscription. Fünf graphische Belege im Auftrag des königlich-ungarischen Handelsministeriums, Budapest 1895

WAGNER, Johann: Die Zigeuner im Burgenland, in: Bgld. Heimat Nr. 11, Eisenstadt 1931, S. 5

WALTER-KAINED, Robert: Mord in Jormannsdorf, in: Der Freie Burgenländer Nr. 9, Eisenstadt 1931, S. 5

WASSERBAUER, Arnold: Der falsche Schwur, in: Die Presse. Wien, 18. März 1956, S. 9

WEISBACH, A.: Die Zigeuner, in: Mitt. d. Anthropolog. Ges. Nr. 19, Wien 1889, S. 107-117

WEYR, Siegfried: 4.500 »Menschen« leben noch unter uns. Schicksal und Fluch der Zigeuner. Wien-Kurier, Beilage, Wien, 5. November 1955, S. 1

WINDISCH: Zigeuner, in: Geographie von Ungarn I, S. 75-76

WLISLOCKI, Heinrich von: Volksglaube und religiöser Brauch der Zigeuner, Münster 1891

WORM, Reinhold: Zigeunerstatistik des Burgenlandes, Authentische Daten eines Landesgendarmeriekommandos, Eisenstadt 1933

ZIMMERMANN, Edmund: Über die Zigeuner im Burgenland, in: Volk und Heimat Nr. 2, Jg. 32. Eisenstadt 1978, S. 18-19

ZIMMERMANN, Bernhard: Zur Zigeunerfrage, in: Volkstum im Südosten, Jg. 5, Heft 1. Wien 1943, S. 20

Claudia Mayerhofer Veröffentlichungen

Claudia Mayerhofer, Dr. phil., geboren in Villach, lebt in Wien.

RUNDFUNKSENDUNGEN

Ein Zigeuner hat keine Heimat. 50 min., Studio Burgenland 1978
Zigeuneralltag, unsere Klichees, ihre Wirklichkeit. Die Burgenland–Rom, in: Ö 3–Musikbox 4. 4. 1984
Begegnungen mit makedonischen Zigeunern am Heiligen Georgstag, 50 min., Ö 1–Feature, 30. 6. 1984
Die Gondelbauer, akustischer Streifzug durch die Kanäle von Venedig zu den letzten Meistern des Gondelbaus. 50 min., Kopfhörer 24. 11. 1985

FILME

Zigeuner heute und morgen? 20 min., Nachtstudio 12. 12. 1980.
Die Reise ins Mutterland od. (Rom das heißt ein Mensch). 90 min., Drehbuch- und Filmförderung des Bundesministeriums für Unterricht und Kunst, Kinofilm und FS 1 am 4. 11. 1985

VORTRÄGE

Zigeunerkinder in den Elementarschulen des Burgenlandes. Internationaler Pädagogenkongreß in Pecs (Ung.) 16. 2. 1979.
Geschichte der Zigeuner im Burgenland, Museum für Volkskunde 24. 2. 1984
Gastarbeiterzigeuner aus Jugoslawien, Päd. Inst. 3. 6. 1986.

AUSSTELLUNGEN

Geschichte und Kultur der Zigeuner. Fotos und Texte, Kulturverein Mölkerstiege Nov. 1984
Franz Liszt und die Zigeuner, Wunschbild und Realität, Burgenländisches Landesmuseum Mai–Okt. 1986
4 Zigeunergruppen sind heute in Österreich vertreten. Gesamtösterr. Minderheitenausstellung Austria Ethnica 1985 (Konzepterstellung)

SONSTIGE PUBLIKATIONEN:

Probleme der Erziehung und Unterrichtung von Zigeunerkindern, Bericht über einen internationalen Pädagogenkongreß in Ungarn, in: Das Menschenrecht, Wien, Juni 1979
I bambini zingari nelle scuole elementari del Burgenland, in: lacio drom, rivista bimestrale di studi zingari Nr. 3, anno 15. 1979
Zunehmender Missionserfolg der »Pfingstbewegung« unter den europäischen Zigeunern, Internationales Treffen in Ennordres (Fr.), in: Das Menschenrecht 35. Jg. Nr. 3. Sept. 1980
Zigeuner in Österreich, in: »erziehung heute« Heft 12, Dez. 1983, S. 26–28
Mitarbeit an »Tsiganes et Voyageurs«, in: Europarat, Strasbourg 1985
Franz Liszt und seine Beziehung zu den Zigeunern, Katalogbeitrag zur Franz Liszt–Ausstellung, Eisenstadt 1985
Gli Ungrika–Roma del Burgenland, in: lacio drom Nr. 6. Rom 1986
Situation der Zigeuner in Wien, Projekt für das Kulturamt der Stadt Wien, 1986

Bildnachweis

Der Picus Verlag dankt allen Inhabern und Eigentümern der Rechte nachstehender Abbildungen für die freundliche Genehmigung der Publikation:
Seiten 14, 85 (rechts), 108, 118, 121, 125, 132, 145, 150, 162, 176, 177, 179, 182, 184 (oben und unten): Österreichische Nationalbibliothek/Bildarchiv, Wien. – Seiten 37, 71, 89 (oben), 102, 107, 137, 138 (oben und unten), 151, 178, 181, 183, 192, 193, 194, 195, 207, 215: Illustrierte Rundschau der Gendarmerie bzw. Gendarmerie-Rundschau, Wien. – Seiten 38 (links und rechts), 39 (links und rechts), 69, 73, 85 (links), 123, 136, 168, 173, 180, 202, 203, 207, 208 (links und rechts), 211, 212 (links und rechts), 213 (links), 214: Burgenländisches Landesmuseum, Eisenstadt. – Seiten 46, 47: Banny, Lackenbach. – Seiten 48, 49, 158: Dokumentationsarchiv des Österreichischen Widerstandes, Wien. – 50, 206 (unten links), 215: Sammlung Selma Steinmetz, Wien. – Seiten 67, 213: Mozes Heinschink, Wien. – 76–80, 86, 141, 157: Institut für Zeitgeschichte, Wien. – Seiten 94, 97 (links), 158, 159, 186, 187, 206 (oben): Josef Berta, Unterwart. – Seite 119: Graphische Sammlung Albertina, Wien. – Seite 152: Bundesarchiv, Koblenz. – Seite 111: Heide Pietschmann, Wien. – Seite 174: Atelier Karner, Pinkafeld.
Die hier nicht ausdrücklich angeführten Abbildungen hat Claudia Mayerhofer fotografiert.

PICUS VERLAG

Ceija Stojka
WIR LEBEN IM VERBORGENEN
Erinnerungen einer Rom-Zigeunerin

Herausgegeben von Karin Berger

Ceija Stojkas Erinnerungen sind ein seltenes Dokument, die erste Autobiographie einer Rom-Zigeunerin.
Als Neunjährige wurde sie verhaftet und nach Auschwitz deportiert, mit zwölf war sie eines der wenigen Kinder, die in Bergen-Belsen noch befreit werden konnten. Das Schreiben brachte sie sich nach ihrer Rückkehr selbst bei.

In einer bildhaften und sensiblen Sprache erzählt sie von ihrem Überleben im KZ, von der Schwerarbeit, die sie und ihre Geschwister leisten mußten, von der Mutter, die wußte, daß auch die Blätter des Baumes eßbar sind.
In einem anschließenden Gespräch mit der Herausgeberin erinnert sich Ceija Stojka an das Reisen mit der Familie in der Kindheit, an ihr Leben in Wien während der ersten Jahre der NS-Zeit. Daß die anderen Kinder nicht mit »Zigeunerkindern« spielen durften, konnte sie ebensowenig vergessen, wie die Hilfsbereitschaft einzelner Menschen. Nach dem Krieg setzten sich Verachtung und Ignoranz ungebrochen fort. Ausgegrenzt vom »Wiederaufbau«, blieb Ceija Stojka bis heute auf sich und den Zusammenhalt der Familie gestellt.

Ca. 176 Seiten, Leinen mit Schutzumschlag.
Erscheint im Herbst 1988.

*

PICUS VERLAG